Ralf T. Vogel (Hrsg.)
Die Psychotherapiestation

Reihe »Forschung psychosozial«

Ralf T. Vogel (Hrsg.)

Die Psychotherapiestation

Praxis und Forschung in der Stationären Psychotherapie
eines psychiatrischen Versorgungskrankenhauses

Psychosozial-Verlag

Bibliografische Information der Deutschen Nationalbibliothek
Die Deutsche Nationalbibliothek verzeichnet diese Publikation in der Deutschen
Nationalbibliografie; detaillierte bibliografische Daten sind im Internet über
<http://dnb.d-nb.de> abrufbar.

Originalausgabe
© 2001 Psychosozial-Verlag
E-Mail: info@psychosozial-verlag.de
www.psychosozial-verlag.de
Umschlagabbildung: Egon Schiele, Komposition dreier Männerakte, 1910
Umschlaggestaltung: Till Wirth nach Entwürfen des Ateliers Warminski, Büdingen-
Printed in Germany
ISBN 978-3-89806-056-1

Ralf T. Vogel (Hrsg.)

Die Psychotherapiestation

Praxis und Forschung in der Stationären Psychotherapie
eines psychiatrischen Versorgungskrankenhauses

Psychosozial-Verlag

Bibliografische Information der Deutschen Nationalbibliothek
Die Deutsche Nationalbibliothek verzeichnet diese Publikation in der Deutschen
Nationalbibliografie; detaillierte bibliografische Daten sind im Internet über
<http://dnb.d-nb.de> abrufbar.

Originalausgabe
© 2001 Psychosozial-Verlag
E-Mail: info@psychosozial-verlag.de
www.psychosozial-verlag.de
Umschlagabbildung: Egon Schiele, Komposition dreier Männerakte, 1910
Umschlaggestaltung: Till Wirth nach Entwürfen des Ateliers Warminski, Büdingen-
Printed in Germany
ISBN 978-3-89806-056-1

Inhaltsverzeichnis

Forschung (Fortsetzung)

Der Boden gibt schon lange nach
unter meinen Füßen.
Schwankende, fallende Gestalt,
die sich manchmal hochzieht.
Unsichere Gedanken zerren sie
immer wieder hinunter.
In ein dunkles Nirgendloch.
Welchen Sinn hat dieses grausame Spiel?

Die Füße leben, das Gehirn
ist so gut wie tot.
Die Vernunft gebietet das Unvernünftige,
das Lachen verbirgt nur das Weinen,
die Freude lacht sich aus.
Alles liegt verborgen in einem
dunklen Nirgendloch.

Vielleicht ist es nur so dunkel,
weil mein Schatten sein Licht verbirgt.
Zeit sich fallen zu lassen,
um nirgendwo aufzukommen.

Heike Bader

Zum Buch

Der vorliegende Sammelband war nicht geplant. Die Idee, darzustellen, was wir tun und wie wir darüber denken, entwickelte sich im Laufe mehrerer Jahre. Zunehmend wuchs unsere Zufriedenheit mit unserer Arbeit und wir freuten uns über das Interesse, das ›unserer Station‹ von KollegInnenseite entgegengebracht wurde. Gleichzeitig erfolgte eine kontinuierliche Darstellung und Diskussion unserer Arbeit auf nationalen und internationalen Kongressen des Fachs. Diese beiden Entwicklungsstränge, verbunden mit einer wachsenden Zahl an Forschungsarbeiten v.a. durch Diplomandinnen des Psychologiestudiengangs der Universität Eichstätt führte zur Entscheidung, das, was wir tun, einer breiteren Öffentlichkeit nutzbar zu machen. Auch wir haben viele Anregungen aus kollegialem Austausch, Besuchen in ähnlich konzipierten Einrichtungen etc. erfahren und erlebt, daß die Erfahrung anderer in unserer konkreten Arbeit gewinnbringend umgesetzt werden kann.

Die vorliegende Darstellung unserer Arbeit und deren wissenschaftliche Sichtung soll nicht im Sinne eines ›so wird's gemacht‹ verstanden werden. Wir kennen zur Genüge psychotherapeutische Einrichtungen mit ziemlich anderer Konzeption, deren Arbeit ohne jeden Zweifel gut und erfolgreich ist.

»Stationäre Psychotherapie hat – anders als andere Formen der Medizin im Krankenhaus – nur zum Teil mit therapeutisch-technischer Instrumentalität, mit der methodengerechten Behandlung von Krankheiten und der Beherrschung manualgängiger therapeutischer Regeln zu tun, sondern vor allem mit interpersonellen Prozessen.« *(Streek 2000, S. 56)*

Wir versuchen mit unseren Beiträgen gerade diesem Aspekt Rechnung zu tragen und verstehen sie als Möglichkeit für Leserinnen und Leser unterschiedlichster Interessenslage, genauere Einblicke in die konkrete Arbeit einer psychotherapeutisch konzipierten Station zu erhalten. Sowohl Professionelle, die sich fragen, ob und wann sie einer/einem PatientIn eventuell eine stationär-psychotherapeutische Maßnahme empfehlen sollen, wie auch KollegInnen unterschiedlichster Berufsgruppen, die in ähnlichen Arbeitszusammenhängen stehen, mögen sich anhand unserer Darstellungen Anregungen holen. Aber auch von seelischem Leid Betroffene, die sich fragen, ob sie sich eventuell für eine stationäre Therapiemaßnahme entscheiden sollten, haben die Möglichkeit kennenzulernen, ›was denn da so passiert‹. Hier sei den beiden ehemaligen Patientinnen unserer Station in besonderer Weise für ihre Beiträge gedankt.

(Stationäre) Psychotherapie hat in der heutigen Psychiatrie nicht selbstverständlich ihren Platz, und auch unsere Station mußte und muß mit vielen Infragestellungen umgehen. Das Klima zur Entfaltung echter psychotherapeutischer Handlungsweisen entwickelt sich nur schwierig in psychiatrischen Institutionen, dies war auch in Ingolstadt nicht anders. Das Vorwort unseres ›Chefs‹ macht dies in eindrücklicher Weise spürbar, und die dort vertretene Ansicht, Psychotherapie sei per se ein Teil der Psychiatrie, kann nicht unwidersprochen bleiben. Daß die Arbeit aber trotz allem auch viel Freude mit sich brachte, auch das wird, so hoffen wir, in den Beiträgen der Teammitglieder deutlich.

Das Forschungskapitel enthält einige nicht gerade dem ›mainstream‹ der akademischen, einheitswissenschaftlichen Therapieforschung folgende Beiträge. Die zur Anwendung gekommenen Forschungsmethoden erwiesen sich im Vergleich zu interferenzstatistischen Untersuchungen jedoch als ungleich handlungsrelevanter für das die Untersuchungsergebnisse rezipierende therapeutische Team. So gehen wir davon aus, daß auch der/die an praktischer Umsetzung des Gelesenen interessierte LeserIn diese Beiträge mit Gewinn studieren wird. Auf gängige Studien der Psychotherapieforschung wird in Literaturangaben verwiesen. Wir sehen uns mit dem Forschungsteil aber auch in guter Gesellschaft. Betrachtet man die von verschiedenen AutorInnen vorgenommene Aufteilung der Psychotherapieforschung in Entwicklungsabschnitte (zum Beispiel *Fischer & Klein 1997*), so befänden wir uns mit unseren Strategien durchaus in der dritten und momentan aktuellen Phase der »Wendung zu den realen Praxisbedingungen mit ›Verbraucherbefragung‹, Katamnestik und Fallorientierung«. (ebd. S. 18)

Das Buch ist äußerst heterogen in seiner Zusammensetzung. Es muß in keinem Fall von vorne bis hinten durchgearbeitet werden, um daraus Nutzen ziehen zu können. An bestimmten Forschungsmethoden interessiert, mag man Konzeptdarstellung und Tätigkeitsberichte einfach überblättern, andere picken sich eventuell gerade das für ihre Berufsgruppe Relevante heraus, wieder andere interessieren sich für die Darstellung Stationärer Psychotherapie im Allgemeinen…

So heterogen wie die Themen und die sie bearbeitenden Personen, so verschieden sind auch Schreibstil und Darstellungsweise. Bewußt wurde hier auf eine Vereinheitlichung verzichtet, die Beiträge behalten somit ihren authentischen Charakter.

Wir haben uns bemüht, unsere Beiträge bei all dem damit verbundenen Risiko so ehrlich wie möglich zu verfassen. Probleme und Konflikte, die in unserer Arbeit auftauchen, werden nicht verschwiegen, unterschiedliche Auffassungen werden durchaus deutlich. Insofern spiegelt das Buch in vielen Aspekten auch die ›Lage‹ eines psychotherapeutischen Teams zu einem gewissen Zeitraum wieder. Die Entwicklung ist inzwischen weitergegangen, Veränderungen sind angestanden, die jetzige Psychotherapiestation ist nicht mehr exakt die hier beschriebene. So soll dieses Buch auch als Anregung zur Weiterentwicklung verstanden werden und als Möglichkeit, sich hierfür die persönlich relevanten Aspekte auszuwählen und seine eigenen Ansichten zu entwickeln.

Viel Spaß beim Lesen!

R. T. Vogel

Vorwort

In das 1982 eröffnete Klinikum Ingolstadt wurde eine Psychiatrische Klinik und in diese Psychiatrie eine Psychotherapiestation integriert. Dafür gab und gibt es drei gewichtige Gründe: Erstens den Versorgungsauftrag, zweitens die Gemeindenähe der Einrichtung und drittens die Aufgabe der Integration der Psychotherapie in die Psychiatrie. Beginnen wir mit dem Versorgungsauftrag: Jede Psychiatrische Klinik hat ständig Patienten zu versorgen, die einerseits stationär behandelt werden müssen, die aber andererseits von den gemeindeferneren psychotherapeutisch-psychosomatischen Kliniken abgelehnt wurden. Auf einer psychiatrischen Akutstation ist es schwierig, den Bedürfnissen dieser Kranken gerecht zu werden: sie kommen entweder zu kurz oder sie ziehen umgekehrt zu viel Aufmerksamkeit auf sich. Diesen Kranken nützt eine Station, auf der das gesamte therapeutische Milieu spezifisch für ihre Bedürfnisse gestaltet wird, ähnlich wie in den spezialisierten Einrichtungen, und sich die Behandlung dadurch nicht in wenigen Gruppen- oder Einzelsitzungen erschöpft.

Die Gemeindenähe bringt zum einen Realität in die Beziehung mit ein, zum andern erlaubt sie einen gleitenden Übergang von der stationären zur ambulanten Therapie. Ein enger Kontakt mit den niedergelassenen Psychotherapeuten ist dabei eine ständige Aufgabe der Station. Nach unserer Ausbildung und Auffassung war Psychotherapie immer ein Teil der Psychiatrie. Das ergibt sich schon aus der Tatsache, daß es vor der Einführung der Krampfbehandlungen in den 30er Jahren keine wirksame somatische Behandlung der damals so genannten endogenen Psychosen gab. Der viel zitierte, unselige Streit in der deutschen Psychiatrie galt bei den psychiatrischen Protagonisten vor allem der Frage der Wissenschaftlichkeit und dem Alleinvertretungsanspruch der Psychoanalyse, keineswegs einer Psychotherapie an sich. In der Praxis führte dieser Streit dazu, daß nicht nur tiefenpsychologisches Denken und Handeln, sondern auch Psychotherapie überhaupt aus der Psychiatrie verbannt wurde. Wir wollten demgegenüber mit der Eröffnung einer Psychotherapiestation ein Zeichen setzen, zumal in einer Zeit, in der die biologische Psychiatrie die Meinungsführung in der offiziellen Psychiatrie übernahm. Inzwischen wird versucht, die Aufgabe, Psychotherapie in die Psychiatrie zu integrieren, über die Facharztweiterbildung des Psychiaters zu lösen.

Die Rolle einer Psychotherapiestation in einem psychiatrischen Versorgungskrankenhaus ist nicht ohne Probleme: einmal gibt es den Neid der sogenannten

Normalstationen, die sich weder ihre Patienten aussuchen, noch deren Zahl begrenzen können. Wir haben früher einmal dafür das Wort von der Psychiatrie zu Fuß und jener hoch zur Couch geprägt. Auf der anderen Seite entwickelt sich auf Psychotherapiestationen schnell das Gefühl überlegener therapeutischer Potenzen. Beide Einstellungen gefährden die Integration in die Klinik als Ganzes. Recht typisch für Psychotherapiestationen scheint uns ein Gefühl, unzureichend besetzt zu sein – oder wenn man böse ist, nicht genügend von der Übermutter Klinik (oder dem Übervater Chef) gefüttert zu werden.

Für die Gesamtklinik war die Psychotherapiestation über ihre eigentlichen Aufgaben hinaus richtungsweisend: Die Idee, Patienten je nach ihrer Störung mit einem einheitlichen Konzept unter Einsatz gruppentherapeutischer Verfahren und aller Mitarbeitergruppen unter besonders intensiver Milieugestaltung auf einer Station zu behandeln, griff auf andere Bereiche der Klinik über. So entstanden weitgehende Spezialisierungen des psychiatrischen Krankenhauses und erfolgte nicht zuletzt der Wandel des Leiters von einem Psychiater, der anfangs glaubte, alles auf einer Station behandeln zu können, zu einem Psychiater, der heute davon überzeugt ist, daß die moderne Psychiatrie eine hochgradige Spezialisierung in einzelne kleinere Behandlungseinheiten fordert.

Die Aufgabe eines in ein großes Allgemeinkrankenhaus integrierten Zentrums für Psychiatrie und Psychotherapie ist auf jeden Fall die Integration aller relevanten psychotherapeutischen Richtungen in die stationäre Versorgung. Dies kann sicher nicht alleine über eine vereinzelte, randständige Psychotherapieabteilung erreicht werden, sondern über eine Integration der Psychotherapie in die alltägliche psychiatrische Behandlung. Nach unserer Auffassung ist eine spezialisierte Psychotherapiestation dabei eine große Hilfe.

Mit Freude begrüße ich das anliegende Buch, das die praktische Arbeit auf der Psychotherapiestation des Zentrums für Psychiatrie und Psychotherapie des Klinikums Ingolstadt aus der Sicht der verschiedenen, an der Behandlung beteiligten Berufsgruppen beschreibt. Das Ziel der Ingolstädter Psychiatrie, die Integration der Psychiatrie in das Allgemeinkrankenhaus, darf nicht an den Grenzen des Zentums Halt machen: Die Integration, sowohl der verschiedenen Berufsgruppen als auch der verschiedenen relevanten therapeutischen Verfahren, in die alltägliche Arbeit des Psychiaters, Psychologen und Psychotherapeuten, muß das Ziel einer zeitgemäßen Versorgungspsychiatrie sein.

W. Hartmann

❧

Irgendwann werde ich Euch vielleicht erzählen,
in mir sitzt eine tiefe Traurigkeit,
die mich unfähig macht
zu handeln und zu sprechen, die mich völlig lähmt.

Irgendwann werde ich Euch vielleicht erzählen,
ich habe Angst vor Euch,
vor Euren Augen, in die ich nicht sehen kann,
vor Euren Stimmen, denen ich nichts entgegensetzen kann,
vor Euren Ohren, von denen ich nicht weiß, was sie hören.

Irgendwann werde ich Euch vielleicht erzählen,
in mir toben so viele Gefühle,
ich würde sie Euch gerne zeigen,
aber ich habe sie schon zu lange verborgen.

Irgendwann werde ich Euch vielleicht erzählen,
immer öfter suche ich die Einsamkeit,
und die nagt an mir, macht mich
zum Versager und Fremden in dieser Welt.

Irgendwann werde ich euch vielleicht erzählen,
ich könnte weinen, wenn Ihr miteinander streitet,
ich könnte laut schreien, wenn jemand am Boden liegt,
aber meine Stimme versagt.

Irgendwann werde ich Euch vielleicht erzählen,
ich bin nicht stark genug,
um mich unter Euch zu behaupten,
ich liege am Boden und brauche
eine Hand, die mich hochzerrt.

Irgendwann werde ich Euch vielleicht erzählen,
ich sehe keinen großen Sinn in meinem Leben.
Es ist nur näher und vertrauter
als der Tod.

Irgendwann werde ich Euch vielleicht erzählen,
ich mag Euch sehr gern.
Vielleicht werde ich es Euch einmal erzählen – irgendwann,
aber ich habe Angst, daß Ihr es nicht versteht.

Heike Bader

R. T. Vogel

Stationäre Psychotherapie: Einführung und Überblick

1 Historisches und Grundsätzliches

Vernachlässigt man die jahrtausendealten philosophischen und geisteswissenschaftlichen Wurzeln, die schamanistischen und mystischen Traditionen (für die
Stationäre Psychotherapie vor allem der Asklepioskult bis zirka 400 n.Chr., zum
Beispiel *Schott 1993*) wie auch die Entwicklung der Lehren über den ›tierischen
Magnetismus‹, die im 18. Jahrhundert eng mit der Bestimmung des Begriffs ›Psychotherapie‹ einhergingen, so wird der Beginn der modernen, in unserem Sprach-
verständnis bestimmten Psychotherapie mit Recht nicht selten mit den 1895 veröf-
fentlichten ›Studien über Hysterie‹ von *Bereuer & Freud* assoziiert. Doch bereits
1890 hielt *Freud* den Vortrag ›Psychische Behandlung‹ in dem er definierte:
»Psyche ist ein griechisches Wort und lautet in deutscher Übersetzung ›Seele‹.
Psychische Behandlung heißt demnach Seelenbehandlung...Behandlung von
der Seele aus, Behandlung seelischer oder körperlicher Störungen mit Mitteln,
welche zunächst und unmittelbar auf das Seelische des Menschen einwirken.«
(GW Bd. 5) Dieser Definition wurde bis heute nur wenig Entscheidendes hinzugefügt.

Nicht lange nach den beginnendenen Schritten der modernen Psychotherapie
folgten bereits die ersten Anwendungsversuche dieser neuen Disziplin im Krankenhaussetting: Die Freud-Schüler *Abraham, Adler, Simmel* und einige andere versuchten sich in den für die psychisch Kranken eingerichteten Lazarett-Abteilun-
gen des 1. Weltkriegs an der Anwendung deutlich modifizierter psychoanalytischer
Techniken: »Festzustellen, daß psychoanalytische Tätigkeit nicht identisch ist
damit, Psychoanalysen durchzuführen, mag zumal für Kliniker höchst banal und
selbstverständlich sein. Allerdings war das nicht immer so: psychoanalytisch tätig
zu sein und Psychoanalysen durchzuführen meinte einmal weitgehend dasselbe.«
(Streek 1991, S.15)

Bereits 1927 nahm das von *Simmel* in Berlin gegründete ›Sanatorium Schloß Tegel‹ seine insgesamt vierjährige Arbeit auf. *Fromm-Reichmann* in Heidelberg und *Groddeck* in Baden-Baden starteten, ebenfalls in den 20-ern, ähnliche Versuche. (Einen ungewöhnliche Ansatz zur Herleitung Stationärer Psychotherapie aus den Wasserheilanstalten des 19. und anfangenden 20. Jahrhunderts legt *Shorter* 1999 vor).

Simmel – übrigens lange Jahre auch Vorsitzender des Vereins sozialistischer Ärzte – wollte, wie er 1927 auf dem 10. Internationalen Psychoanalytischen Kongreß erläuterte, eine Klinik für die Schwererkrankten, für diejenigen, die ohne entsprechende Behandlung »schließlich enden durch Selbstmord, im Gefängnis oder im Irrenhaus« und er gab »der Hoffnung Ausdruck, daß aus den heutigen Anfängen heraus später eine systematische klinische Psychotherapie erwachsen wird. Sie soll uns befähigen, das kostbare Instrument, das uns *Freud* mit der Psychoanalyse in die Hand gegeben hat, noch umfassender und allgemeiner, als es jetzt möglich ist, in den Dienst jener Schwerstkranken zu stellen, die bisher an ihrem eigentlichen Leben vorbei zu sterben gezwungen waren.« *(Simmel 1993)*

Der Klinik ging das Geld aus und *Simmel* floh mit den meisten Pionieren (stationärer) Psychotherapie vor den Nationalsozialisten.

Nach der Stagnation der Nazizeit gründeten sich in Heidelberg und in Tiefenbunn bei Göttingen in den Jahren nach 1945 die maßgeblichen Zentren Stationärer Psychotherapie unter der Federführung bekannter, zurückgekehrter Psychoanalytiker.

1976 stieß die Verhaltenstherapie, bisher Domäne psychotherapeutisch tätiger PsychologInnen, mit der Gründung der ersten verhaltensmedizinischen Klinik in Windach am Ammersee auf das Gebiet der Stationären Psychotherapie vor.

Auch in der ehemaligen DDR konnte sich gleich nach Kriegsende, ausgehend von einem Ambulatorium im Ostberliner ›Haus der Gesundheit‹ (siehe *Tress & Ott 1997)*, ein Bereich Stationärer Psychotherapie etablieren, doch im Gegensatz zum Westen mit einem deutlichen Überwiegen des Akutbereiches: »Überproportional war die stationäre Psychotherapie entwickelt, wenn man die viermal geringere Bevölkerungszahl der DDR in Rechnung stellt: Mit rund 40 Abteilungen (ohne Suchtabteilungen) und etwa 800 Betten besaß sie beinahe bundesrepublikanische Dimensionen. Der Rehabiliationsbereich existierte nur in Form einiger Kureinrichtungen mit psychotherapeutischer Ausrichtung.« *(Geyer u. a. 1994)*

Ein veröffentlichter Überblick über die damalige Szene steht nach Kenntnis des Autors leider noch aus, »genaue statistische Erhebungen« über die Situation zu DDR-Zeiten »gibt es im gesamten Psychotherapiebereich nicht« *(Frohburg 2000)*. (Lediglich einige psychoanalytisch orientierte AutorInnen bilden in der Darstellung ihrer Erfahrungen in der ehemaligen DDR eine gewisse Ausnahme (zum Beispiel *Geyer 1994, Maaz 1995*)

Begünstigt durch die Aufteilung der finanziellen Trägerschaft therapeutischer Einrichtungen in ein Krankenkassen- und ein Rentenversicherungssystem (Akut- und Rehabereich) entwickelte sich ein in der Welt einzigartiges stationär-psychotherapeutisches Szenario: Stationäre Psychotherapie wird in der Bundesrepublik – allerdings mit erheblichen Unterschieden in Zahl und Größe – heute betrieben von (vgl. *Vogel 1999*)

– kleinen Spezialabteilungen in Unikliniken,
– spezialisierten Stationen in Internistischen Kliniken,
– Psychotherapiestationen in psychiatrischen Versorgungskrankenhäusern,
– spezialisierten Psychosomatisch-Psychotherapeutischen (Reha-) Kliniken.

Jannsen et. al. (1998) weisen darauf hin, »quantifizierende Angaben zu der Anzahl der Krankenhäuser und Betten« seien »schwierig zu ermitteln, da bisher nicht eindeutig definiert ist, welche Abteilungen dazugerechnet werden können und welche nicht« (S. 266). Einsprechend unterschiedlich fallen denn auch die Zählungen aus.

Die Reha-Kliniken decken hierbei jedoch eindeutig den größten Teil stationär-psychotherapeutischer Versorgung ab: Es »ist festzustellen, daß sich etwa 70 Prozent der Behandlungsplätze im Rehabilitationsbereich und nur etwa 30 Prozent der Betten im Akut-Bereich finden... Nach Berechnungen... gab es 1993 insgesamt zirka 14 000 Betten für die stationäre psychotherapeutische Versorgung. Nicht berücksichtigt werden konnten hierbei die Psychotherapiebetten in psychiatrischen Krankenhäusern.« *(Koch u. a. 1994)*

Potreck-Rose und andere geben 1994 folgende Analyse von insgesamt 101 psychosomatischen Einrichtungen mit Weiterbildungsermächtigung heraus:

Tabelle 1: Psychosomatische Einrichtungen mit Weiterbildungsermächtigung nach Potreck-Rose, 1994

	Institutionen n=101	Betten n=8972
Alte Bundesländer insgesamt	86 (85,1%)	8411 (93,7%)
Neue Bundesländer insgesamt	15 (14,9%)	561 (6,3%)
Krankenhäuser	55 (54,5%)	2517 (28,1%)
Rehabilitationskliniken	46 (45,5%)	6455 (71,9%)
Institutionen mit tiefenpsychologischem Konzept	82 (81,2%)	6707 (74,7%)
Institutionen mit verhaltenstherapeutisches Konzept	10 (9,9%)	1344 (15,0%)
Institutionen mit Tiefenpsychologischen und verhaltenstherapeutischem Konzept	8 (7,9%)	913 (10,2%)

Diese Zahlen müssen aktuell vor allem durch die im Osten Deutschlands hinzugekommenen Kliniken erweitert werden, wobei sich auch hier ein Trend zugunsten tiefenpsychologischer Konzeptionen abzuzeichnen scheint.

Meermann & Vandereyclen (1996) stellen in einer etwas älteren Untersuchung von Anfang der 90er Jahre folgende Tabelle für die BRD zusammen:

Tabelle 2: Psychosomatische Einrichtungen mit Weiterbildungsermächtigung nach Meermann & Vandereyclen, 1996

	Betten	Erläuterung
Universitätsabteilungen (17)	365	8 bis 48 Betten pro Abteilung
Städtische u. kommunale Krankenhäuser beziehungsweise Abteilungen	907	
Psychosomatische Fach- und Rehakliniken	7064	50 bis 250 Betten pro Klinik
Betten für Fachpsychotherapie	8317	davon 1800 verhaltenstherapeutisch

2 Was ist Stationäre Psychotherapie?

Zur Definition Stationärer Psychotherapie schreibt *Schepank (1987)*, es handle sich um »die im Einvernehmen geplante Anwendung verschiedenartiger umschriebener psychologischer Interventionstechniken in einem hierfür in besonderer Weise organisierten Krankenhaussetting zwecks intensiver Behandlung einer überwiegend psychogenen Erkrankung mit dem Ziel von Besserung und Heilung«, und *Senf (1988)* fügt hinzu: »Heute ist die stationäre Psychotherapie eine eigenständige Therapieform, die in ihrer Aufgabenstellung, Methodik und Indikation von den ambulanten Therapieformen abzugrenzen ist.«

Für den Bereich der Verhaltensmedizin wir zum Beispiel von *Zielke (1994)* eine Erweiterung den Psychotherapiebegriffs für stationäre Settings versucht, indem zum Beispiel der »gleichberechtigten Kooperation zwischen den beteiligten Fachdisziplinen« Rechnung getragen wird bis hin zu der etwas euphemistischen Feststellung, ein solchermaßen verhaltensmedizinisch erweiterter Psychotherapiebegriff würde sich eben durch diese Erweiterung »letztlich auflösen«. (S. 10)

Die Eigenständigkeit Stationärer Psychotherapie als selbständiger Therapieform (vgl. dazu auch *Ruff & Leikert 1995*) ist folgendermaßen bestimmt: Sie

- behandelt Gruppen und Einzelne durch Gruppen und Einzelne,
- definiert einen eigenständigen Indikationsbereich,
- arbeitet (in der heutigen Zeit) mit mehr als einer Therapiemethode (s.u.),
- findet in einem eigens dafür konzipierten räumlich-zeitlichem Umfeld statt,
- verwirklicht eigenständige therapeutische Wirkfaktoren (etwa das ›Therapeutische Milieu‹ (zum Beispiel *Heim 1985*) oder die ›Therapeutische Gemeinschaft‹ (zum Beispiel *Hilpert u.a. 1981*).

Es läßt sich also zusammenfassend definieren:

Stationäre Psychotherapie ist die theorieorientierte und geplante gemeinsame Anwendung unterschiedlicher psychologischer Methoden durch unterschiedliche Personen innerhalb eines bestimmten, hierfür gestalteten sozialen und räumlichen Umfelds unter besonderer Berücksichtigung und Nutzung eben dieses Umfelds zur konsenshaften Einflußnahme auf eine Gruppe von Menschen mit überwiegend oder teilweise psychogen bedingten Beeinträchtigungen der Erlebens und Verhaltens.

Der Nachweis also, daß wir es hier mit einer eigenständigen Therapieform zu Tun haben, scheint hinreichend erbracht. Betrachten wir zur besseren Übersicht stationär-psychotherapeutisches Tun zusätzlich aus einer Dreiebenenperspektive und fassen eine *konzeptionelle*, eine *institutionelle* und eine *Tätigkeitsperspektive* ins Auge. Bei dem sich daraus ergebenden Bild finden wir auf konzeptioneller Ebene diese, inzwischen althergebrachte Unterscheidung (vgl. u. a. *Janssen 1983*):

Quasi-ambulante Therapiekonzeptionen

   In direkter Folge der ersten stationär-psychotherapeutischen Einrichtungen im ersten Drittel des 20. Jahrhunderts arbeiten hier EinzelpsychotherapeutInnen weitgehend so, als kämen ihre PatientInnen nicht von einer Klinikstation, sondern von zu Hause zu ihnen in die Therapiestunde. Dem Krankenhaus kommt lediglich eine sogenannte ›Hotelfunktion‹ zu, allenfalls balneologische Maßnahmen werden zusätzlich zur Einzelpsychotherapie angeboten. Zwar gibt es, folgt man den einschlägigen Veröffentlichungen zum Thema, eigentlich keine Psychotherapieeinrichtung mehr, die sich ausschließlich dieser Konzeption verpflichtet fühlt, abgemilderte Formen dieses Vorgehens finden aber nach wie vor ihre Anhängerschaft. Namentlich verhaltenstherapeutische Einrichtung scheinen immer wieder in Gefahr zu kommen, das Geschehen vor, nach und zwischen den einzel- (und gruppen-) therapeutischen Sitzungen in der Therapiebetrachtung zu vernachlässigen und ausschließlich auf das Geschehen in den Therapiestunden bzw. während der therapeutischen ›Hausaufgaben‹ zu fokussieren.

Bipolare Therapiekonzeptionen

   In dieser Variante wird sich um eine mehr oder weniger strenge Trennung zwischen ›Therapieraum‹ und ›Realraum‹ bemüht. In ersterem findet die ›eigentliche‹ Psychotherapie, sprich die Einzel- und Gruppentherapien statt. Zweiterem fällt die Aufgabe der Vermittlung der Realität, in einigen Konzepten auch die Durchführung soziotherapeutischer Maßnahmen zu. Es soll geschütztes Experimentieren mit neu gewonnenen Einsichten ermöglicht werden. Personell ergibt sich meist eine Trennung insoweit, als das akademische Personal den Therapiedas pflegerische Personal den Realraum gestaltet.

Integrative Therapiekonzepte

   Diese geben die Unterscheidung zwischen Therapie- und Realraum auf. Alles, was auf der Station geschieht, wird unter psychotherapeutischem Blickwinkel betrachtet (und dieser Blickwinkel kann psychoanalytisch, durchaus aber auch verhaltenstherapeutisch oder rogerianisch-personenzentriert sein), alle Mitglieder des Stationsteams erhalten mehr oder weniger differenzierte therapeutische Aufgaben. Die Ingolstädter Psychotherapiestation fühlt sich diesem Ansatz verpflichtet.

Zurecht weist *König (1995)* darauf hin, daß die meisten heute arbeitenden Therapieeinrichtungen auf einem Kontinuum mit den beiden Außenpolen Bipolare versus Integrative Therapiekonzeption anzusiedeln sind.

Innerhalb vieler verhaltenstherapeutischer Kliniken hat sich inzwischen eine konzeptionelle Entwicklung etabliert, die nicht ohne weiteres in die oben dargestellten Formen stationärer Psychotherapie subsumierbar ist. Es wird hier mit in ›TherapeutInnenpaare‹ (BezugstherapeutIn plus Co-TherapeutIn, eventuell noch somatisch arbeitender Arzt/Ärztin unterteilte therapeutische Teams gearbeitet (vgl. u. a. *Zielke 1993*). Die Gesamtkonzeption unterscheidet zwischen zieloffenen und störungsspezifischen einzel- und vor allem auch gruppentherapeutischen Angeboten (vgl. u. a. *Janssen et al. 1998*).

Die *institutionelle Ebene* stationär-psychotherapeutischen Handelns wurde teilweise bereits in Abschnitt eins dargestellt. Es handelt sich hierbei um die organisatorische Einbettung der Therapieeinrichtung. Dabei ist, wie oben beschrieben zum eine gemeint in welchem konkreten Umfeld (Internistischen Krankenhaus, Psychiatrische Klinik etc.) stationäre Psychotherapie betrieben wird. Nicht zu vernachlässigen ist bei der Betrachtung dieses Blickwinkels aber auch die Frage nach der Trägerschaft (privater Träger, weltanschaulich gebundener Träger, Öffentliche Hand etc.) und die damit aufgeworfenen Interessens- und Konfliktlagen sowie die Frage nach der Institutionskultur (z.B. Gestaltung und Handhabung der Hierarchien und des kollegialen Umgangs etc.). Auch die finanzielle Ausstattung und das Ausbildungsniveau der MitarbeiterInnen fällt unter diesen Parameter.

Zuletzt soll ein Blick auf die *Tätigkeitsebene* stationärer Psychotherapie geworfen werden. Auf der Linie des institutionellen Faktors geht es um die Herstellung einer Vereinbarkeit zwischen allgemein mit dem Terminus 'Krankenhaus' assoziierter institutionalisierter somatischer Medizin und den Grundvoraussetzungen psychotherapeutischen Handelns, nämlich dem Erkennen des ›eigenen Anteils‹ sowohl an der Entstehung als auch an der Behandlung einer psychischen Störung. Der professionelle Faktor meint die Integration verschiedener Berufsgruppen und deren unterschiedlicher Vorstellungen von sinnvoller therapeutischer Arbeit. Drittens weist der Behandlungsfaktor auf das Problem von Kombination und Integration verschiedener psychotherapeutischer Behandlungsformen, am krassesten aber des psychotherapeutischen und psychopharmakologischen Zugangs hin. Schließlich ist als Vierter der PatientInnenfaktor aufzuführen, der das Zusammenspiel von PatientInnen mit unterschiedlichsten Störungsbildern, intellektuellen, persönlichkeitsspezifischen und demographischen Voraussetzungen meint.

Erst die systematische und immer wieder wiederholte Beachtung der hier fast unzulässig verkürzt dargestellten Funktionsfaktoren ermöglicht eine übergeordnete und umfassende Sichtweise stationär-psychotherapeutischer Bedingtheiten.

3 Indikation zur Stationären Psychotherapie

»Wohl in keinem anderen Themenbereich der wissenschaftlichen Forschung und Praxis in der Psychotherapie findet man eine derartige Vermischung von wissenschaftlich getarnter Vorurteilsnahme und einem Mangel an universitärer Forschung bei gleichzeitig vorhandenem klinisch gesicherten Handlungswissen wie im Bereich der Indikationsstellung« *(Zielke & Sturm 1993, S. 141)*. Diese nunmehr bereits einige Jahre alte Feststellung zweier stationär-psychotherapeutisch ausgewiesenen Verhaltenstherapeuten hat wohl bis heute nichts an Aktualität eingebüßt. Noch immer fehlen wissenschaftlich begründete Kriterien für die Indikationsstellung zu einer Stationären Psychotherapie.

Die Entscheidung, ob einer/einem bestimmten PatientIn eine stationäre Psychotherapie anzuraten ist, folgt einer linearen Entscheidungskette:

– Ist überhaupt Psychotherapie indiziert?
– Wenn ja, ist eine ambulante (wenn vorhanden tagesklinische) oder eine stationäre Psychotherapie indiziert?
– Welche Therapieform (mehr Einzel- oder mehr Gruppensetting) ist indiziert?
– Welche Therapierichtung (-schule) ist am ehesten indiziert?

Erst die Beachtung all dieser Faktoren kann zur Empfehlung einer bestimmten Einrichtung führen.

Es ist hier nicht der Platz, auf das generelle Problem der Indikationsstellung zur Psychotherapie einzugehen. Vergleiche dazu unter anderem die ausführlichen Überlegungen in *Fiedler 2000*, der die Indikationsfrage folgendermaßen zusammenfaßt: »Welches Psychotherapiekonzept und von wem durchgeführt ist bei welchen Personen mit welchen psychischen und Persönlichkeitsstörungen und welchen weiteren spezifischen Problemen und unter welchen Rahmenbedingungen am effektivesten?« (ebd. S. 3). An dieser Stelle soll sich lediglich auf die Frage der Indikation einer *Stationären* Psychotherapie begrenzt werden.

Für welche Menschen ist nun nach Meinung der ExpertInnen ein stationär-psychotherapeutisches Vorgehen tatsächlich angezeigt? Sichtet man die verschiedenen Indikationskataloge, so fällt auf, daß die dem jeweiligen Konzept zugrundeliegende Therapieschule für die Indikation wohl kaum eine Rolle spielt. Vielmehr heben die jeweiligen Autoren ab auf

- PatientInnenfaktoren (Symptomatik, Persönlichkeit, Therapiemotivation etc.) oder
- Institutionsfaktoren (Stationäre Psychotherapie in der Psychiatrie
  oder in Reha-Kliniken, Stationäre Psychotherapie als Möglichkeit,
  aktuellen Konflikten zu entgehen etc.).

»Eine positive Indikation für eine stationäre psychotherapeutisch-psychosomatische Behandlung liegt in den nachfolgend aufgeführten Fällen vor:
- Bei Neurosen mit einer Symptomatik, die der Teilnahme an einer ambulanten
  psychotherapeutischen Behandlung entgegensteht ...,
- bei Kranken mit schweren neurotischen Persönlichkeitsstörungen ...,
- bei Patienten ... die zu schwereren Formen des Agierens neigen ...,
- bei einer akuten Dekompensation neurotischer oder von Persönlichkeitsstörungen ...,
- bei Patienten, die unter ambulanten Bedingungen ... nicht zu motivieren
  sind ...,
- zur Herauslösung aus einem pathogenen Milieu ...,
- bei schwerwiegenden sozialen Folgeerscheinungen ...,
- bei Patienten mit Störungen, bei denen die erforderliche Dichte des Behand-
  lungsarrangements ambulant nicht zu gewährleisten ist,
- bei Vorliegen von Multimorbidität ...,
- um einen geeigneten therapeutischen Zugang zu eröffnen, der dann ambulant
  fortgeführt werden kann,
- bei Erkrankungen primär somatischer Genese ... mit psychischer oder psycho-

somatischer Destabilisierung durch bisher latente neurotische Konfliktsituationen oder einer relativ stabil kompensierten Persönlichkeitsstörung,
– bei Patienten, bei denen es durch Art und Verlauf einer körperlichen Erkrankung … sekundär zu schweren psychischen Veränderungen kommt.«
(Streek & Ahrens 1997, S. 606f).

Ermann (1997) schlägt einen ganz ähnlichen Katalog vor, in dem er ausführt:
»Kriseninterventionen bei akuten psychischen Krisen…, Behandlungen bei Störungen, die wegen der Art der Symptomatik nicht ambulant behandelt werden
können…, Milieugründe…, Borderline-Behandlungen…, Behandlungsversu-
che und Behandlungseinleitungen« (S. 280).

Diese Aufzählung macht auch deutlich, daß nur in seltenen Fällen anhand
einer gestellten Diagnose eine Indikationsentscheidung getroffen werden kann.
Vielmehr kommt es auf die Frage nach der Notwendigkeit einer hohen Betreu-
ungsintensität, der Anwendung unterschiedlicher psychotherapeutischer Methoden (ein/e ambulant arbeitende/r PsychotherapeutIn darf schon allein aufgrund
der Psychotherapierichtlinien immer nur ein einziges Verfahren zur Anwendung
bringen) oder der ›Herausnahme‹ aus dem gewohnten Umfeld an.

Kontraindikationen beschreiben zum Beispiel *Paar & Schneider (1999)*:
– schwere körperliche Erkrankung/Behinderung, die eine regelmäßige
Teilnahme am Rehabilitationsangebot verhindert,
– akute und chronische Psychosen (insbesondere ohne Krankheitseinsicht),
– akute Suizidalität,
– hirnorganisches Psychosyndrom,
– floride, substanzgebundene Abhängigkeitserkrankung.

Relative Kontraindikationen sind:
– Alter unter 18 Jahren (bei Kliniken ohne Abteilung für Kinder und Jugendliche),
– starke Fremdmotivation. (ebd. S. 28)

Klussmann (2000) führt einen auch aus psychoanalytischer Sicht wohl doch etwas
zu weit gefassten Kontraindikationskatalog an, der hier der Vollständigkeit halber
aber ebenso angeführt werden soll:
– akute, ernsthafte Suizidimpulse,
– sexuelle Perversionen als Hauptsymptom,

- neurotische Erkrankungen, bei denen eingefahrene Ersatz-
  befriedigungshaltungen im Vordergrund stehen (Sucht),
- Verwahrlosungshaltungen (›Psychopathien‹),
- hirnorganische Persönlichkeitsveränderungen,
- endogene und exogene Psychosen,
- epileptische Wesensveränderungen. (ebd. S. 221)

Zielke & Sturm (1993) beschreiben in ihrem oben genannten Aufsatz auch die Voraussetzungen, die für eine adäquate Indikationsstellung erforderlich sind und nennen

- die Qualifikation der Indikationsstellenden,
- die Vollständigkeit der Beurteilungsunterlagen sowie
- die realistische Beschreibung der Behandlungsziele der
  Behandlungsmethoden und des Behandlungsablaufs

als wesentliche Kriterien für »die Richtigkeit und die Zuverlässigkeit von Indika- tionsstellungen« (S. 142 f).

Eine spezielle Indikationsreihe zur stationären psychosomatischen rehabilita- tionsbehandlung beschreiben *Paar & Schneider (1999)*: Die Behandlung kann notwendig sein bei

- der Gefährdung der Berufs- und Erwerbsfähigkeit,
- chronischen Funktionsstörungen, die die Teilnahme des Patienten
  an einer ambulanten Therapie erheblich einschränken,
- einer erforderlichen vorübergehenden Distanzierung von privatem
  und/oder beruflichem Milieu aus therapeutischen Gründen,
- einer eingeschliffenen Symptomatik (Problemverhalten), die der
  willentlichen Steuerung (Eigenkontrolle) des Patienten weitgehend
  entzogen ist,
- der Verbindung einer psychosomatischen Erkrankung mit einer schweren körperlichen Symptomatik. (S. 26)

All diesen Aufzählungen ist nichts mehr substantiell hinzuzufügen. Kritisch anzu- merken bleibt aber, daß, sichtet man die bunten Werbebroschüren der einzelnen psychosomatischen Kliniken, oftmals mit der Indikationsfrage eher nachlässig umgegangen wird. Viele behaupten, alles behandeln zu können und hinterfragen wohl zu wenig die Grenzen ihrer eigenen Institution.

Schneider (1999) faßt zusammen: »Die Indikationsentscheidung zu einer Psychotherapie und gerade für eine stationäre Psychotherapie ist also ein vielschichtig determinierter Prozeß, in den Patientenvariablen, Einflüsse des psychosozialen Umfelds, Variablen des Therapeuten und des therapeutischen Settings, Faktoren des indikationsstellenden Diagnostikers einfließen, die untereinander wiederum komplexe Wechselwirkungen aufweisen. Über diese Faktoren und ihre wechselseitige Interaktion bestehen auf seiten der Experten theoretisch und klinisch begründete Annahmen hinsichtlich ihrer Aussagekraft für die differentielle Indikationsstellung. Inwieweit überhaupt eine generelle ›schulenübegreifende‹ Antwort auf das Indikationsproblem möglich ist, bleibt berechtigt zu hinterfragen« (S. 297 f).

4 Stationäre Psychotherapie: Integrativ, eklektisch, allgemein oder was?

»Die meisten TherapeutInnen machen die Erfahrung, daß ihre ursprünglich gelernten Konzepte und therapeutischen Vorgehensweisen in der Alltagsrealität nicht ausreichen. Als Reaktion darauf integrieren einige TherapeutInnen, andere verfeinern ihre Techniken, einige ziehen sich in die Isolation zurück, und wieder andere spezialisieren sich. Viele TherapeutInnen versuchen, Konzepte oder Methoden von anderen Ansätzen ›auszuleihen‹. Wäre es nicht so, das PraktikerInnen ein Bedürfnis haben, sich mit ihrem eigenen Ansatz zu identifizieren, und gäbe es nicht die Tendenz von therapeutischen Schulen oder Institutionen, sich zu stabilisieren, dann würden wahrscheinlich sogar noch mehr TherapeutInnen ehrlich sagen, daß ihre Methoden eingeschränkt sind und sie würden nach neuen Möglichkeiten suchen« *(Caspar & Grave 1992, S. 10).*

Der Berufsverband deutscher Psychologinnen und Psychologen (BDP) kam anläßlich einer 1996 von *Butolllo* und anderen durchgeführten Befragung seiner Mitglieder zu dem Ergebnis, daß 99 Prozent der Befragten angaben, in mindestens zwei Therapierichtungen ausgebildet zu sein. 93 Prozent stehen deiner schulübergreifenden Integration positiv gegenüber. Dies zum ambulanten Sektor. Stationäre Psychotherapie bedeutet in der heutigen Zeit fast automatisch die Anwendung unterschiedlicher therapeutischer Methoden. Im Begriff der Verhaltensmedizin ist dies per definitionem bereits impliziert, psychoanalytische Konzeptionen haben längst eine große Methodenvielfalt erreicht. Allerdings besteht keine Einigkeit darüber, wie denn nun das Zusammenwirken unterschiedlicher therapeutischer Konzeptionen theoretisch gefaßt und somit verstehbar gemacht werden.

Orthodoxe VertreterInnen der einzelnen Schulrichtungen halten ohnehin so wenig von den Methoden ›der anderen‹ daß sie eine entsprechende Berücksichtigung derselben kategorisch ablehnen: »Die Forderung nach gegenseitiger Anerkennung ist keine überflüssige. Die gegenseitigen Vorbehalte sind enorm, und die Bereitschaft zur Entwertung ist hoch. Die einen halten zum Beispiel Gesprächspsychotherapie für ein Verfahren, das für schwerer gestörte Patienten gänzlich ungeeignet ist, die anderen die Verhaltenstherapie für eine Reparaturwerkstatt, in der Ersatzteile eingesetzt werden, aber das Wesentliche übersehen wird, und wieder andere halten die psychoanalytischen Verfahren für unwissenschaftlich und wirkungslos« *(Eckert 1996, S. 333)*

Es läßt sich durchaus eine Reihe von Vermutungen formulieren, warum wohl VertreterInnen namentlich der beiden etablierten Schulrichtungen den Kontakt mit den KollegInnen der jeweils alternativen Therapierichtung oft scheuen ›wie der Teufel das Weihwasser‹. So sind die VerhaltenstherapeutInnen wegen des langjährigen Ankämpfens gegen die Psychoanalyse als dem einzigen und bis in die 60er Jahre mit Psychotherapie schlechthin gleichgesetzten Verfahren wohl immer noch damit beschäftigt vor sich und der Welt ihre Eigenständigkeit und Existenzberechtigung zu rechtfertigen, unter anderem indem sie versuchen, ihre Überlegenheit zu demonstrieren. PsychoanalytikerInnen wiederum haben eine leidvolle Vergangenheit mit dem Thema ›Methodenintegration‹ zu bewältigen, war doch in der Nazi-Zeit M. H. Görings »Deutsches Institut für psychologische Forschung und Psychotherapie« der erste Versuch – unter der Beteiligung namhafter nicht-jüdischer Analytiker – die bis dahin bereits zersplitterten psychoanalytischen Richtungen ›schulübergreifend‹ wieder zusammenzuführen.

Namentlich die kleinen psychiatrischen Psychotherapiestationen sind in der heutigen stationär-psychotherapeutischen Szene die Vorreiterinner für Konzepte, die nicht davor zurückscheuen, auch Elemente der großen Therapieschulen – Verhaltenstherapie und Psychoanalyse / Tiefenpsychologie – zusammen zur Anwendung zu bringen.

Butollo (1999) schlägt zwei ›Verknüpfungsregeln‹ verschiedener Therapiesysteme vor: 1. Hintergrundmodelle werden nicht berücksichtigt, 2. Kombination aufgrund eines neu entwickelten Theoriegefüges. Er kommt dann auf vier ›Hauptwege der Integration‹: Gemeinsame Wirkfaktoren, Technischer Eklektizismus, Theoretische Integration und Empirisch-theoretische Erklärungsmodelle (S. 16 ff).

Für unseren Zusammenhang ist diese Unterscheidung jedoch zu ›theorielastig‹, wie an der weiteren Darstellung deutlich werden wird. Es bieten sich bei Sichtung der stationär-psychotherapeutischen Konzeptionen mehrere Modelle an, die sich zum Teil durchaus mit *Buttollos* Ansatz überschneiden, allerdings näher am tatsächlichem therapeutischen Geschehen liegen:

– allgemeine Psychotherapie
– ekletische Psychotherapie
– kombinierte Psychotherapie
– indikativ-differenzierte Psychotherapie
– integrative Psychotherapie.

Sie sollen im Anschluß genauer dargestellt und auf ihre Brauchbarkeit vor allem unter dem Blickwinkel Stationärer Psychotherapie diskutiert werden.

Allgemeine Psychotherapie

Die ›Allgemeine Psychotherapie‹ (zum Beispiel *Grawe 1995*) und ihre auf dem Fuße folgenden Nachfolgerinnen (siehe unten) geht dabei am Weitesten. Der Ausdruck ist alt und stammt wohl von *Jaspers*, der ihn 1959 in anderem Zusammenhang einführte und auch die Forschungstradition, sich auf die Suche nach ›common factors‹ für die Wirkung von Psychotherapie zu begeben zählt lange Jahre (zum Beispiel *Frank 1961*).

Seit einiger Zeit erlebt die Allgemeine Psychotherapie nun wieder eine Renaissance und gibt sich modern: In der Folge der Ergebnisse der Gruppe um *Orlinsky* (zum Beispiel 1999) und schließlich – in etwas modifizierter Manier – der Berner Psychotherapiestudie *(Grawe u. a. 1994)* wurde in einem fortlaufenden Prozeß versucht, allgemeine Wirkprinzipien sämtlicher psychotherapeutischer Methoden dingfest zu machen.

Im Gegensatz zu den therapieschulgebundenen Theorien seien die so konzipierten ›Theorien der zweiten Generation‹ *(Grawe 1995)* rein empirisch fundiert. Dabei ist vom momentanen Standpunkt aus nicht mehr leicht zu erfassen, was denn nun *Grawe* selbst unter ›Allgemeiner Psychotherapie‹ versteht, da seine Konzeptentwicklung eine rasante Tempo vorgibt. Er definiert 1995: »Eine allgemeine psychotherapeutische Veränderungstheorie erklärt möglichst viele der bisher durch die Psychotherapieforschung festgestellten Zusammenhänge zwischen bestimmten therapeutischen Vorgehensweisen und ihren Wirkungen.« Folgende unterschiedlichen Konzeptionalisierungen der wirkungesrelevanten Faktoren von (allgemeiner) Psychotherapie lassen sich bei *Grawe* auffinden:

- Problembewältigungsperspektive
- Klärungsperspektive   } Grawe et. al. (1994)
- Beziehungsperspektive

- Problemaktualisierung
- Aktive Hilfe zur Problembewältigung   } Grawe (1995)
- Klärungsperspektive

- Evaluations-Dimension
- Prozeß-Dimension
- System-Dimension   } Grawe (1997), ausgehend von den vier
- Kommunikations-Dimension   oben genannten Wirkungsprinzipien
- Psychologische Dimension

- Intentionsrealisierung
- Intentionsveränderung   } Grawe (1998)
- Prozessuale Aktivierung
- Resourcenaktivierung

- Aktivierung und Stärkung
- Destabilisierung von Störungsattraktoren } Grawe (1999), Dreikomponentenmodell
- Hemmung der Vermeidungskomponenten   wirksamer Psychotherapie

Die ›schulenübergreifende‹ Idee, die eigentlich nie wirklich eine war, wird von *Grawe* zwar weiterhin in Anspruch genommen, durch eine strikte Orientierung an den Ergebnissen der empirisch-psychologischen Forschung (s. u.) andererseits auch weitgehend aufgegeben. Andere Autoren sind hier bedeutend kongruenter und sprechen ohne Umschweife von Verhaltenstherapie als *der* Psychologischen Psychotherapie schlechthin *(Fiedler 1999)*.

Mit der ›Evidence Based Psychotherapy‹ formulierte *Grawe (1997)* noch einmal, worum es ihm eigentlich geht: Die Gleichsetzung von psychotherapeutisch zu verwendenden Methoden mit den Ergebnissen der von ihm als einzig akzeptable Form psychologischer Wissensgenerierung dargestellten Art von Psychotherapieforschung.

In einem zweiten *Graweschen* Monumentalwerk wandelt sich die Allgemeine Psychotherapie in eine Psychologische Therapie und auch die Wirkfaktoren werden erneut reformuliert. Es sind dies nun Intentionsrealisierung, Intentionsveränderung, prozessuale Aktivierung sowie Resourcenaktivierung *(Grawe 1998)*.

1999 beschreibt er dann genauer, ausgehend von einem »Dreikomponentenmodell wirksamer Psychotherapie« (s.o.) seine ›inkonsistenztheoretisch« fundierte Vorstellung einer maximalen Annäherung an das ›Ideal‹ einer Allgemeinen Psychologie und schlägt erneut eine darauf abgestimmte Forschungsstrategie, die ›Wirkfaktorenanalyse‹ vor. (ebd. S.117 ff).

Es soll an diesem Ort darauf verzichtet werden, die Ergebnisse der Berner Studie und die daraus gezogenen Schlußfolgerungen zu kritisieren. Ihre grundlegenden Mängel wurden an zahlreichen Stellen (von psychoanalytischer, vor allem aber auch von verhaltenstherapeutischer und Psychotherapieforschungs-Seite) aufgezeigt und ihr begrenzter (aber durchaus vorhandener) Wert damit eindeutig nachgewiesen (z.B. *Leichsenring 1996, Reimer, Eckert, Hautzinger & Wilke 1996, Fäh und Fischer 1998, Fiedler 1998, Tschuschke u. a. 1997, Hager u. a. 2000*) bis hin zu der lapidaren Frage *Riefs (1999, S. 62)*: »Braucht man wirklich eine allumfassende Theorie und ein allumfassendes Therapiemodell?«

»Außerdem wird ein einseitig nomothetisches Wissenschaftsverständnis als allgemeinverbindlich unterstellt, während andere Untersuchungsverfahren, wie zum Beispiel hermeneutische, die sonst in den Geistes- und Sozialwissenschaften eine erhebliche Rolle spielen, kaum berücksichtigt werden. Die genaue Durchsicht der direkten Vergleichsstudien zwischen Psychoanalyse und Verhaltenstherapie ergibt, daß nur etwa die Hälfte dieser Studien methodisch brauchbar ist, weil beispielsweise keine adäquate Therapiedauer gewährleistet war oder nicht ausreichend qualifizierte Therapeuten eingesetzt wurden. Berücksichtigt man nur die methodisch einwandfreien Vergleichsstudien, erweist sich keines der beiden Verfahren als überlegen. Zahlreiche klinisch hochrelevante naturalistische Studien, deren Gegenstand die im Alltag tatsächlich praktizierte Psychotherapie war, fanden leider keine Berücksichtigung.« *(Potthoff 1997, S. 12)*

Für den Bereich der stationären Psychotherapie bleibt aus der Sicht des Klinikers folgendes festzuhalten:

1. Die von *Grawe* geforderten ›Allgemeinen Wirkprinzipien‹ (1995 formulierte er wie weiter oben bereits genannt zum Beispiel Resourcenaktivierung, Problemaktualisierung, aktive Hilfe zur Problembewältigung und Klärungsperspektive) sind durch die Methodenvielfalt und die multidisziplinäre Ausrichtung Stationärer Psychotherapie längst Standard (vgl. u. a. *Vogel & Weimer 1997*). Der Satz von *Eckert (1996)*, »die vier von ihm (Grawe, Anm. d. A.) benannten Wirkprinzipien sind seit Jahrzehnten bekannt« (S.337) gilt erst recht für den uns hier interessierenden stationär-psychotherapeutischen Anwendungsbereich.

2. Diese Tatsache deutet darauf hin, daß auch ohne Rückgriff auf neu zu entwikkelnde ›Theorien zweiter Generation‹ das, was *Grawe* als wirksam entdeckt zu haben glaubt, zur Anwendung kommt.

3. Es erfolgte innerhalb der Konzeptionen Stationärer Psychotherapie bisher kaum ein Rekurs auf *Grawes* Ideen zu einer Allgemeinen Psychotherapie, vielmehr wurden diese im stationären Bereich weitgehend ignoriert (wie *Grawe* selbst den Bereich stationärer Psychotherapie ebenfalls weitgehend unbeachtet läßt).

4. Forschung in der stationären Psychotherapie (aber auch in der Psychotherapie allgemein) braucht ein weitergefasstes Verständnis von Wissenschaft, als dies bei *Grawe* und seiner weitgehenden Beschränkung auf kontrollierte und randomisierte Psychotherapiestudien zu finden ist. Dies gilt sowohl innerhalb der nomothetischen Forschungstradition, indem etwa auch naturalistische Forschungsdesigns als als relevant betrachtet werden, erst recht aber gilt dies für die Anerkennung indiographischer Wissenschaftsstränge. Obwohl von *Grawe* wie auch von anderen Protagonisten des reduzierten naturwissenschaftsorientierten Denkansatzes so getan wird, ist nämlich noch in keiner Weise (und für den psychotherapeutisch tätigen Praktiker schon gar nicht) entschieden, ob es sich bei der Psychotherapie nicht vielleicht doch eher um ein Geschehen handelt, das sich primär mit sich nicht wiederholenden, einzigartigen Geschehnissen zu beschäftigen hat, die der Suche nach naturgesetzlichen Korrelationen entzogen sind und vielmehr Forschungsansätzen wie wir sie etwa aus der Geschichtswissenschaft oder anderen geisteswissenschaftlichen Disziplinen kennen zugänglich gemacht werden können.

Schließlich ist anzumerken, daß der Terminus ›Allgemeine Psychotherapie‹ auch im heutigen psychotherapeutischen Sprachgebrauch bei weitem nicht immer im *Graweschen* Sinne gebraucht wird. Als Beispiel hierfür sei *Becker (1999)* angeführt, der in Abgrenzung zur ›Differentiellen Psychotherapie‹ schreibt:»Während die Allgemeine Psychotherapie, so wie wir sie hier verstehen, nach generell beziehungsweise auf möglichst viele Fälle anwendbaren Konzepten und Prinzipien sucht und damit eher störungsübergreifend orientiert ist, befaßt sich die Differentielle Psychotherapie mit den Variationen des psychotherapeutischen Vorgehens in Abhängigkeit von den individuellen Besonderheiten...« (ebd. S.197)

Stationäre Psychotherapie wäre nach dieser Definition in unterschiedlichen Verwirklichungsgraden sowohl Allgemeine als auch Differentielle Psychotherapie. In ihren tiefenpsychologischen Ausprägungen sucht sie, zum Beispiel durch die Beachtung und Nutzung der Gruppendynamik und der ›Inszenierungen‹ nach eher allgemeinen Wirkprinzipien; verhaltensmedizinische Kliniken spezialisieren sich mehr und mehr (meist intern) auf bestimmte Störungsbilder und begegnen diesen mit eigens dafür konzipierten Vorgehensweisen, wären also primär als Differentielle Therapieform einzuordnen (siehe dazu auch Abschnitt *Indikative Differenzierung* ab Seite 34).

Aber auch hier sind Erosionen dieser Regel unübersehbar: Analytische orientierte Kliniken arbeiten zunehmend auch störungsspezifisch (Paradebeispiel sind hier die einschlägigen Konzepte zur Behandlung von Anorexien); verhaltenstherapeutische Kliniken bauen das ›szenische‹ Geschehen in der Klinik durch zieloffene Gruppenangebote in die Therapie ein.

Eklektizismus

Der Begriff des ›Eklektizismus‹ meinte ursprünglich die Einstellung derjenigen Philosophen, Künstler oder auch religiösen Denker, die aus den verschiedenen Lehrgebäuden diejenigen Elemente auswählten, die ihnen am nächsten waren. In Psychologie und Psychotherapie wird der Begriff oft unterschiedlich und somit irreführend verwandt:»Der Terminus ›eklektisch‹ ist nicht präzise operationalisiert und wird zumeist als identisch angesehen mit ›integrativer Therapie‹ oder ›Allgemeiner Therapie‹«. *(Tschuschke 1999, S.221)*

Huber (1997) zitiert die Definition von English u. English aus dem Jahre 1958: »Bei der Konstruktion von theoretischen Systemen, die Auslese und geordnete

Kombination vereinbarer Elemente aus verschiedenen Quellen, manchmal aus
sonst unvereinbaren Theorien und Systemen, das Bemühen, in allen Lehren oder
Theorien gültige Elemente zu finden und sie zu einem harmonischen Ganzen zu
kombinieren. Das sich ergebende System ist für konstante Revision offen, selbst in
seinen wichtigen Grundzügen.« Weiter unterscheidet *Huber* vier Untergruppen
von Eklektizismus:

– Der synkretische Eklektizismus wählt und kombiniert die Komponenten
  nach der subjektiven Vorliebe des Autors,
– im systematisch-kritischen Eklektizismus geschieht dies auf kritische und
  systematische Weise,
– der theoretische Eklektiszismus erstrebt die Integration verschiedener
  Theorien, während
– der technische Eklektizismus Techniken gebraucht, die aus verschiedenen
  Quellen und Theorien stammen, wobei er nicht unbedingt die Theorien
  akzeptiert, aus denen die Techniken stammen. (ebd. S. 228)

Stützt man sich allerdings auf seine ursprüngliche, bereits im Altertum geltende
Bedeutung, so meint Eklektizismus in der Psychotherapie die weitgehend theorie-
lose Zusammenstellung unterschiedlicher therapeutischer Methoden innerhalb
eines Behandlungsplans (bzw. stationären Therapiekonzepts).»Die unübersicht-
lichste Kombination ist aus unserer Sicht die eklektische. Dabei werden einzelne
Verfahren aus einzelnen Therapieformen zusammengewürfelt, ohne daß ein kon-
zeptionelles Hintergrundsgerüst erkennbar wird« *(Hoffmann et. al. 1998, S. 284)*.

Im Gegensatz zur Allgemeinen Psychotherapie *Grawes*, der zumindest im
Nachhinein versucht, etwa mit Hilfe der Schematheorie oder des Inkonsistenz-
modells (s. o.), ein theoretisches Grundgerüst zu entwerfen, verzichten also Eklek-
tiker auf dieses und begnügen sich mit einer möglichst effizient zusammenge-
stellten Methodenkombination: »Wir scheinen uns derzeit in eine atheoretische
Ära der Psychotherapie hineinzubewegen, in das Zeitalter des Eklektizismus und
Empirismus« *(Tschuschke 1999, S. 221)*. Hergeleitet wird der psychotherapeutische Elektizismus nicht selten mit der in den 70 er Jahren hoch im Trend stehenden sogenannten Wirkfaktoren-Theorie und -Forschung (quasi dem Vorläufer-
Modell Grawescher Analyse), die von allen Therapieformen gemeinsamen wirk-
samen Variablen (etwa die therapeutische Beziehung) ausgeht, die dann ohne
theoretischem Background aneinadergereiht werden.

Für den Bereich der Stationären Psychotherapie ergeben sich hierbei schwere Probleme von denen hier nur die zwei herausragendsten genannt seien:

– Die unterschiedlichen Therapiemethoden und ihre VertreterInnen
  sprechen unterschiedliche ›theoretische Sprachen‹, was ein gemeinsames
  Arbeiten ›im Team‹ erschwert.

– Den PatientInnen wird mit unterschiedlichen, sich im Extremfall sogar
  sich wiedersprechenden Methoden begegnet, was diese in große Verwirrung
  über ihre Sicht von sich und ihrer Problematik zu stürzen vermag.

Und im Hinblick auf die Beforschbarkeit solcher therapeutischer Konzepte meint *Doubrawa (1992, S. 25)*: »Ohne ein stringentes theoretisches Rahmenkonzept für die Anwendung therapeutischer Methoden und Techniken kann letztlich keine aussagefähige Wirksamkeitsforschung betrieben werden. Denn bei rein eklektischem Vorgehen können empirisch festgestellte Effekte keine schlüssige Zuordnung und Interpretation finden. Ohne klare Ausgangshypothesen bleiben die Ergebnisse in ihrer Bedeutung letztlich unbestimmt. Antworten auf Warum-Fragen können nur in Theorien geliefert werden. Eklektische Modelle bleiben zwangsläufig beliebig.«

Kombinierte stationäre Psychotherapie

Nahe verwandt aber doch verschieden ist das Vorgehen bei einer Methodenkombination (›Kombinierte stationäre Psychotherapie‹). Es geht hierbei darum, zwei (oder auch mehrere) unterschiedliche therapeutische Richtungen mit all der ihnen innewohnenden Konsequenz einem/einer einzelnen PatientIn angedeihen zu lassen. So schreiben etwa *Sass & Herperth (1999)*, denkbar sei »eine Kombination von Methoden unterschiedlicher Schulen, weniger im Sinne eines praktisch-klinischen Eklektizismus, als unter dem Leitgedanken der Komplementarität… Die Auswahl der Methoden richtet sich dann im einzelne nach der klinischen Notwendigkeit, nach dem Stadium der Behandlung beziehungsweise der Entwicklung im therapeutischen Prozeß, nach dem Ausbildungsstand und schließlich nach der persönlichen Präferenz des Therapeuten.«

Es sollen hier also nicht wie im Eklektizismus nur Teilstücke umfassender therapeutischer Methoden miteinander in Beziehung gesetzt werden, sondern es sollen durchaus eine Verhaltenstherapie und eine tiefenpsychologische Psychotherapie *als Ganzes* parallel durchgeführt werden: »Das Behandlungskonzept kombiniert additiv beide Therapieverfahren« *(Nickel u. a. 1999).* Während eklektisch arbeitende TherapeutInnen oftmals ihren PatientInnen überhaupt kein stringentes Therapie- und Störungsmodell vermitteln, wird hier den PatientInnen also die Fähigkeit abverlangt, unterschiedliche Modelle ihrer psychischen Störung nicht nur nebeneinander stehenzulassen, sondern in der jeweiligen Therapiesitzung sich auch möglichst getreu der einen oder anderen Auffassung zu verhalten. Neben dieser Problematik kommt bei derartigen Modellen nicht selten ein Konkurrenzdruck der beteiligten TherapeutInnen auf.

Hoffmann et. al. (1998) beschreiben ein derartiges, von ihnen als additive Kombination bezeichnetes Therapiemodell genauer und kommen zu aufschlußreichen »Hypothesen zur Wechselwirkung von Verhaltenstherapie und psychodynamischer Therapie« (S. 285 ff).

Indikative Differenzierung

Eine vierte Möglichkeit, die unterschiedlichen psychotherapeutischen Methoden miteinander in Beziehung zu setzen, besteht in der indikativen Differenzierung einer psychotherapeutischen Klinik, bzw. im ambulanten Sektor einer indikativen Zuweisung zu einem/einer VertreterIn einer bestimmten Schulrichtung:

»Der Weg zu einer möglichst optimalen psychotherapeutischen Versorgung von möglichst vielen unterschiedlichen Patienten wird nicht über den ›integrierten‹, d. h. möglichst viele Interventionen und Behandlungsmöglichkeiten beherrschenden Therapeuten führen, sondern über mehr Wissen darüber, welcher Patient in welchem Behandlungsmodell wahrscheinlich am besten aufgehoben ist, d. h. über eine differentielle Therapieindikation.« *(Eckert 1996, S. 333)*

Fiedler, einer der modernen verhaltenstherapeutischen Protagonisten indikativer Differenzierung, plädiert mit seiner »differentiellen, phänomen- und störungsspezifischen psychologischen Psychotherapie« (u. a. 1998) für eben diesen Ansatz indem er schreibt: »Die phänomen- und störungsspezifische Perspektive könnte eine neue Art Brücke über die bisherigen Grenzen und Abgrenzungsversuche der Therapieschulen bauen helfen … Die Störungsorientierung ermöglicht das Wegrücken von ideologischen Konkurrenz- und Abgrenzungsdebatten …, geht sie doch in jedem Fall an die Substanz tradierter Omnipotenzphantasien, die nach wie vor verfahrensspezifisch und zu wenig störungsdifferentiell in jeder Therapieschule vertreten sind.« (ebd. S. 55 f)

Für die Stationäre Psychotherapie würde dies eine Zuweisung der PatientInnen orientiert an den angebotenen Therapieverfahren bedeuten, für eine große Psychotherapieeinrichtung eventuell auch eine interne Ausdifferenzierung. Das Konzept einer Aufnahmestation, deren primäre Aufgabe es ist, den/die einzelne PatientIn unter anderem entweder einem psychoanalytischen, einem psychodramaorientierten oder einem verhaltenstherapeutischen Setting zuzuweisen beschreibt zum Beispiel *Döring* 1996.

Integrative stationäre Psychotherapie

Trotz der bestechenden Argumentation der VertreterInnen der indikativen Differenzierung soll diesem Modell wie auch allgemeiner, eklektischer und kombinierter stationärer Psychotherapie hier das Konzept einer Integrativen stationären Psychotherapie gegenübergestellt werden. Der vielstrapazierte Begriff ›integrativ‹ ist dabei klar zu definieren:

> Integrative stationäre Psychotherapie meint die Anwendung unterschiedlicher therapeutischer Methoden auf dem theoretischen Boden einer definierten therapeutischen Schulrichtung. Dabei ist es unumgänglich, vor der Integration eines Therapieelements einer therapeutischen Richtung dieses in die theoretische Sprache den Basistheorie zu übersetzen und ihre Wirksamkeit mit den Möglichkeiten der Basistheorie zu erklären.

›Integration‹ meint im allgemeinen Sprachgebrauch den Zusammenschluß, die Bildung übergeordneter Ganzheiten (lat. integer: unverletzt, unversehrt, ganz) (*Brockhaus dtv Lexikon 1980)*

Unsere sich darauf beziehende Definition grenzt sich also von anderen Begriffsbestimmungen ab, die etwa das integrative Element in der gleichberechtigten Ergänzung und gegenseitigen Abstimmung einzelner therapeutischer Verfahren (z. B. *Streek & Ahrens 1997*) sehen.

Auch die Konzeption einer Integrativen Psychotherapie *Fiedlers (2000)*, der ebenfalls von einem zunächst durchaus positiv zu wertenden Ergänzungsverhältnis der Therapieschulen ausgeht, meint bei genauer Betrachtung anderes wenn er »Phänomenorientierung und Störungsspezifität als Integrationsmodell« vorschlägt: »Das wesentliche Merkmal einer Phänomenorientierung und Störungsspezifität ist, wie gesagt eine ätiologietheoretische Begründung des konkreten psychotherapeutischen Vorgehens... Sie erlaubt eine vorurteilsfreie Diskussion der Frage, welches konkrete Psychotherapieverfahren bei welcher psychischen Störung weshalb die besseren Voraussetzungen erfüllt.« (S. 64f)

Bei der Beschreibung der Basismodule einer Integrativen Therapie greift *Fiedler* mit Patientenschulung, Problemaktualisierung, Aktivierung persönlicher und sozialer Ressourcen sowie Transfersicherung *(Fiedler 2000, S. 81)* auf altbekannte Bestandteile allgemeiner oder common-factors Theoriebildungen zurück. *Fiedlers* Integration bedeutet also einen durchaus begrüßenswerten Ansatz, entpuppt sich bei genauerer Betrachtung aber auch nicht als »Zusammenschluß, Bildung übergeordneter Ganzheiten« (s.o.), sondern bewegt sich weiterhin im Zwischenbereich zwischen Differentieller Indikation und Allgemeiner Psychologie.

Dagegen bedeutet der hier vorgeschlagene Integrationsbegriff konkret etwa für eine stationäre Einheit zum Beispiel: Bevor eine tiefenpsychologisch ausgerichtete Psychotherapiestation ein verhaltenstherapeutisches Element – etwa das Selbstsicherheitstraining nach *Ullrich & Ullrich (1976)* – in ihren Therapieplan aufnimmt, muß dieses in der Anwendung und Wirksamkeit in psychoanalytischen Termini darstellbar sein. »Die Einbeziehung von Elementen therapeutischen Handelns aus anderen Therapiemodellen wird immer nur an die Bedingung geknüpft, daß solche ›Abweichungen‹ zu reflektieren sind und theoretisch begründbar (und zwar innerhalb des Theorierahmens der ›Basistheorie‹, im genannten Beispiel also der psychoanalytischen Theorie (Anm. d. Verf.)) sein sollten. *(Eckert 1996, S. 334)*

Als Basistheorien eignen sich nach Ansicht des Autors beim derzeitigen Stand der Entwicklungen die psychoanalytische, die (konitiv-) verhaltenstherapeutische sowie in Einschränkungen die non-direktiv-gesprächspsychotherapeutische Theorie. Daß aber eine Basistheorie notwendig ist, betonte *H. Petzold*, der schon in den 60er Jahren den Begriff der Integrativen Therapie in die Psychotherapie-Diskussion einbrachte: »Es gibt nicht die Integrative Therapie und nicht die Integrative Theorie, – ich habe das immer so vertreten –, sondern es gibt verschiedene Wege des Integrierens von verschiedenen ›Heimatländern‹ aus. Nur wenn man einen solchen Heimatort hat, kann man mit anderen Orten überhaupt sinnvoll korrespondieren und sich vielleicht das andere Territorium auch etwas vertraut machen.« *(Petzold 1992, S. 46)*

Doubrawa hat 1992 bereits dargelegt, was dies zum Beispiel aus der Sicht der Verhaltenstherapie bedeuten könnte:»Beibehaltung empirisch bewährter theoretischer Konzepte und therapeutischer Methoden, Abbau bisher noch bestehender ideologischer Grenzen gegenüber der Erweiterung theoretischer Konzepte und des Spektrums der diagnostischen und therapeutischen Methoden gemäß den wachsenden Herausforderungen des klinischen Alltags.

Zugleich aber auch Begrenzung des eigenen konzeptionellen Rahmens. So kann ich mir zum Beispiel nicht vorstellen, daß es sinnvoll und möglich ist, die Psychoanalyse insgesamt oder die Körpertherapie nach *Lowen* in die Verhaltenstherapie zu integrieren, wie ich natürlich auch eine Integration in umgekehrter Richtung für unmöglich halte. Was aber möglich ist, ist die Einbeziehung einzelner, ursprünglich theoretisch andersartig begründeter Konzepte sowie auch pragmatisch bewährter, ursprünglich nicht schulspezifisch ausgerichteter Verfahren zur Erweiterung des eigenen, bisher verkürzten, einseitigen Sichtweise… So können bestimmte körpertherapeutische Verfahren durchaus, wie es bereits geschieht (und auch theoretisch begründbar ist) in die Verhaltenstherapie wie auch in andere Therapiekonzepte integriert werden.« (S.27)

Schon 1987 berichtet *Fürmaier* in einem kurzen Aufsatz über einen Integrationsversuch in einer psychosomatischen Klinik, in der ein Psychoanalytiker als Oberarzt einer verhaltenstherapeutischen Station fungierte:»Das Ziel einer so gestalteten Arbeit ist die Lernerfahrung, daß eine solche intensive psychoanalytisch orientierte Supervision eine Einstellungsänderung dem Patienten und seinem Leiden gegenüber bringt, die Einfluß auf jede angewandte Technik hat… Verständigungsschwierigkeiten scheinen weniger inhaltlicher Art zu sein, sondern auf konträren sprachlichen Konzepten zu beruhen, hinter deren Andersartigkeit bei genauer Betrachtung oft verblüffende Ähnlichkeiten stehen.« (ebd. S. 291)

Die hier intendierte Form der Integrationsarbeit mag eine anspruchsvolle Aufgabe sein und bleibt eventuell ein Annäherungsmodell. Schwerpunktsetzungen innerhalb der zugrundeliegenden therapeutischen Modelle, vor allem aufgrund unterschiedlicher zugrundeliegender Menschenbildannahmen und all den damit verbundenen Implikationen (etwa für die Psychotherapieforschung), werden verbleiben und sollen in diesem Ansatz bewußt keiner Gleichmacherei unterzogen werden (so daß ein gewisser, wenn auch geringerer Grad differentieller Indikationsstellung verbleiben wird). Der Versuch, eine so definierte Integration zu verwirklichen, ermöglicht jedoch die gegenseitige Befruchtung der großen Therapieschulen, die in ihren bewährten Strukturen erhalten blieben, ihre Burgmentalität den anderen Schulen gegenüber aber aufgeben und voneinander viel lernen könnten, ohne eine generelle Infragestellung ihrer selbst befürchten zu müssen.

Der Vollständigkeit halber ist hier *Butollo (1999)* zu nennen. In seinem durchaus schätzenswerten Versuch einer integrativen Psychotherapie bei Angststörungen weist er deutlich auf seine Sicht der hier propagierten Integrationsarbeit hin: ›Übersetzungsmodelle‹ seien nicht wirklich integrativ »auch wenn es sich ... um dringend nötige Vorarbeiten zur Psychotherapie-Integration handelt« (S.15, zu *Butollos* Verknüpfungsregeln siehe oben).

An dieser Stelle ist es wichtig zu betonen, daß auch der Autor die Bedenken zahlreicher Protagonisten der psychoanalytischen wie auch der verhaltenstherapeutischen Schulen teilt, *innerhalb* einer therapeutischen Methode (zum Beispiel einer psychodynamisch ausgerichteten Gruppentherapie) Elemente einer anderen (zum Beispiel eine Verhaltensübung) einzubauen, und zu versuchen, sich zwischen zwei »möglicherweise kaum oder nicht miteinander integrierbaren Gruppen- (Anm. d. Verf.: aber auch Einzel-) therapiewelten« *(Fiedler 1999, S.19)* hin und her zu springen. Obwohl durch eine wirkliche, im obigen Sinne gemeinte Integration (vor allem auf dem Boden der ›Übersetzung‹ der integrierten Therapiebausteine in die eigene Therapietheorie) wohl auch hier ein gewisser Spielraum zu eröffnen ist.

Bei all den Überlegungen zur theoretischen Fassung von Anwendungen unterschiedlicher therapeutischer Methoden innerhalb eines einzigen Behandlungssettings soll abschließend darauf hingewiesen werden, daß eine gewisse Anzahl an Kliniken durchaus – und das mit nicht zu verachtendem Erfolg – noch relativ ›reinrassig‹ und stringent ein verhaltenstherapeutisches oder psychoanalytisches Konzept umsetzen (vgl. z. B. *Schmitt u. a. 1993* für die analytische und *Meermann u.a. 1991* für die verhaltenstherapeutische Richtung).

5 Stationäre Psychotherapie in der Psychiatrie

Psychotherapie und Psychiatrie gingen in deutschen Landen von jeher getrennte Wege. Während in Österreich und vor allem in der Schweiz Psychiater seit langem auch eine psychotherapeutische Identität erwerben, baute sich bei uns ein Konkurrenzverhältnis auf, das durch berufspolitische Auseinandersetzungen zwischen PsychologInnen und ÄrztInnen verschärft wurde. Doch diese ›Feindschaft‹ ist alt:

»In der Hochschulmedizin der Weimarer Zeit fand die Psychoanalyse (eine andere Form der Psychotherapie gab es damals nicht, Anm. d. Verf.) paradoxerweise in der inneren Medizin mit ihrem psychosomatischen Ansatz mehr Aufnahmebereitschaft als mit ihrem neurosen- und psychosentherapeutischen Ansatz in der Psychiatrie ... In der Psychiatrie stand einer teilweisen Rezeption durch *Kretschmer, Mauz, Sommer, Störring* die Ablehnung durch *Jaspers* und die erbitterte Gegnerschaft von *Bumke, Hoche* und *de Crinis* sowie die Gleichgültigkeit der schweigenden Mehrheit entgegen« *(Meyer 1997, S. 2)*

Berger (1995) stellt die Frage: »Worin liegt die Ursache, daß Deutschland das wohl einzige Land der Welt ist, in dem es über mehrere Jahrzehnte zu einer weitgehenden, unsachlichen und ärztlich ausgesprochen bedenklichen Spaltung zwischen Psychotherapie und Psychiatrie gekommen ist? Eine Spaltung, die soweit geht, daß viele Psychiater, wenn sie eine psychoanalytische Ausbildung durchlaufen hatten, ihre Identität als Psychiater aufgaben und andererseits über mehrere Jahrzehnte Psychiater von psychotherapeutischen Verfahren unberührt ihre Patienten behandeln.«. *Berger* kommt damit auf Bedingungsfaktoren innerhalb der Psychiater- wie auch der Psychotherapeutenschaft.

Dies wirkte sich auf die Versorgung stationärer PatientInnen zum einen dahingehend aus, daß psychiatrische und psychotherapeutisch-psychosomatische Kliniken parallel und zum Teil in Konkurrenz zueinander existieren (s.u.), zum andern psychiatrische Kliniken sich über lange Zeit (und bis zu einem gewissen Grad bis heute) schwertun, Psychotherapie als gleichwertiges und bisweilen sogar überlegenes Behandlungsverfahren anzuerkennen und ihm dem gebührenden Platz einzuräumen. Zwar wird in jüngster Zeit versucht (u.a. durch die rasche Umbenennung nahezu sämtlicher Psychiatrischer Versorgungskliniken in ›Zentren für Psychiatrie und Psychotherapie‹) und ›Erhebungen‹ über die Arten und Weisen der in den psychiatrischen Kliniken durchgeführten Psychotherapien nachzuweisen, daß Psychotherapie eine zentrale Rolle bei der Versorgung stationär-psychiatrischer PatientInnen spiele, bei genauer Betrachtung kann eine solchermaßen als Psychotherapie ausgewiesene Behandlungstätigkeit die im Eingangsabschnitt aufgeführten Definitionskriterien des Faches aber nicht annähernd erfüllen. Dies gilt vor allem für ›psychotherapeutische‹ Einsprengsel auf psychiatrischen Akut- oder Allgemeinstationen.

Folgende Modelle der Integration psychotherapeutischen Handelns in die psychiatrische Versorgungsklinik sind denkbar *(vgl. Vogel & Weimer 1996)*:

- Psychotherapie auf psychiatrischen Allgemeinstationen,
- Psychotherapie in speziellen Psychotherapeutischen Abteilungen,
- Psychotherapie durch eine stationsübergreifende Psychotherapeutische Task-Force,
- Psychotherapie in der psychiatrischen Institutsambulanz,
- Psychotherapie in speziellen Liaison- bzw. Konsiliardiensten.

Legt man allerdings wie gesagt die obigen Kriterien für die Definition von Psychotherapie zugrunde, so reduziert sich das therapeutische Angebot einer psychiatrischen Versorgungsklinik nicht selten (nicht aber gezwungenermaßen) auf die ausgewiesenen Spezialstationen für Psychotherapie. Die Bettenzahl dieser Stationen macht allerdings oft nur einen Bruchteil der Gesamtkapazität der jeweiligen Klinik aus und sie fristen nicht selten das Dasein geduldeter Exoten innerhalb eines auf die biologische Psychiatrie ausgerichteten Gesamt-Klinikskonzeptes.

Und dies, obwohl diesen kleinen Behandlungseinheiten gerade im Zuge der Entwicklung des Facharztes für Psychiatrie *und* Psychotherapie und den Approbationsvoraussetzungen für Psychologische PsychotherapeutInnen sowohl in der Versorgung als auch in der Ausbildung eine zentrale Rolle zukommen sollte.

Ihr Aufgabenspektrum umfaßt:
- die Psychotherapeutische Versorgung schwergestörter Patienten und Patientinnen, die in anderen psychotherapeutischen Einrichtungen nicht behandelbar sind (etwa weil eine größere Aufmerksamkeitsdichte oder die Rückgriffmöglichkeit auf Akutstationen erforderlich ist),
- die Psychotherapeutische Versorgung chronifizierter Patienten und Patientinnen, die in sonstigen psychotherapeutischen Settings abgelehnt würden,
- die Psychotherapeutische ›Akut‹-Versorgung (Beginn therapeutischer Intervention in einem Krankheitsstadium, der ein psychiatrischen Krankenhaus noch nötig macht, zum Beispiel bei schwersten Anorexien oder Zwangsstörungen), bevor die Weiterleitung an komplementäre Einrichtungen erfolgen kann,
- die Ausbildung von ÄrztInnen und PsychologInnen in Psychotherapie,
- die Implementierung eines ›Psychotherapeutischen Moments‹ in die psychiatrische Routinelandschaft.

Es wird hier also die Idee der *Komplementarität* psychiatrischer Psychotherapie (›Akut-Psychotherapie‹, vgl. dazu auch *Hofmann u.a. 1999*) und stationärer Psy-

Die Situation der psychiatrischen Psychotherapiestationen in Bayern

An die 21 bayrischen Bezirkskrankenhäuser (entspricht den Landeskranken-häusern anderer Bundesländer) wurde ein Erhebungsbogen (siehe Anhang) geschickt, der neben einigen allgemeinen Angaben zur jeweiligen Station vor allem Fragen zum Therapiekonzept enthielt.

Der Rücklauf betrug 81 Prozent, das entspricht 19 Kliniken. Von einer Klinik erhielten wir mündlich Auskunft zu den meisten Fragen; wo immer dies zutrifft, wurde diese Station in der Auswertung mitberücksichtigt. Zwei der Kliniken gaben an, keine Psychotherapiestation zu betreiben.

Von den restlichen 17 (plus eins mündlich) arbeiten 10 Stationen (56%) tiefenpsychologisch/analytisch, 3 Stationen (17%) verhaltenstherapeutisch, 5 Stationen (28%) sowohl verhaltenstherapeutisch als auch tiefenpsychologisch nach ihrem zugrundeliegenden Konzept.

16 Stationen gaben an, nach einem integrativen Therapiekonzept zu arbeiten, 1 Station siedelte sich zwischen bipolarer und integrativer Konzeption an, 1 Station arbeitet nach einem bipolaren Konzept.

Sämtliche Stationen arbeiten auch psychopharmakologisch, allerdings schätzen 15 Stationen (83%) den Stellenwert der Pharmakotherapie niedriger ein als den der Einzel- oder Gruppentherapien.

Sämtliche Stationen bieten sowohl Gruppen- als auch Einzeltherapien an. 7 Stationen schätzen den Stellenwert der Gruppentherapie höher ein als den der Einzeltherapie, 6 Stationen schätzen den Stellenwert der Einzeltherapie höher ein, 4 Stationen beurteilen Gruppen- und Einzeltherapie als gleichwertig.

Die Größe der Stationen variiert von 10 bis 26 Betten, 11 Stationen (61%) bieten als Zusatzverfahren eine Form der Körpertherapie an, 12 Stationen (67%) bieten als Zusatztherapie Musiktherapie an.

Alle Stationen bieten als Zusatztherapie Kunst- bzw. Gestaltungstherapie an.

chotherapie in Reha-Kliniken vertreten. Dies ist wichtig zu betonen, da derzeit von beiden Seiten eher an einem Konkurrenzverhältnis gebastelt wird, wer denn nun besser ›therapiert‹: »Es gibt einige Hinweise dafür, daß ein Teil der früher in den psychiatrischen Kliniken behandelten Patienten, nämlich vor allem Patienten mit Anpassungs- und Persönlichkeitsstörungen sowie Patienten mit neurotischen Erkrankungen, inzwischen zunehmend in psychosomatischen Rehabilitations-kliniken behandelt werden … Mit dem vermehrten Ausbau psychotherapeutischer

Angebote in psychiatrischen Kliniken scheint aber der nächste Konflikt für die psychosomatische Rehabilitation programmiert zu sein... Vor allem dort, wo psychosomatische Rehabilitationskliniken in stärkerem Maße auch psychopharmakolo-
gische Behandlungsmethoden einsetzen und auch bereit sind, traditionell in der
Psychiatrie behandelte Patienten (zum Beispiel Patienten mit Psychosen) aufzunehmen, bahnt sich der Konflikt an.« *(Koch & Potreck-Rose 1994, S. 204 f)*

Psychotherapie ist in keiner Weise integraler Bestandteil der Psychiatrie, auch
wenn dies von namhaften Standesvertretern (auch in diesem Band) immer wieder
behauptet wird. Sowohl die historische Entwicklung wie auch der tatsächliche
Stand der Dinge (zum Beispiel die Verteilung der Psychotherapiebetten oder die
Verteilung der Forschungsaktivitäten) sprechen eine deutlich andere Sprache.
Psychotherapiestationen können sich im Blick etablierter Psychiater allenfalls
eine ›randständige‹ (*Hartmann* im Vorwort) erstreiten.

Aber: Psychiatrische Psychotherapiestationen müssen sich in keiner Weise hinter anderen stationär-psychotherapeutischen Einrichtungen verstecken (was umso
mehr eine möglichst klare Aufgabenteilung mit psychotherapeutischen Reha-
Kliniken erfordert, um nicht in unfruchtbare Konkurrenzsituationen zu verfallen,
s. o.). Sowohl in der Qualifikation der MitarbeiterInnen als auch in den vorgehal-
tenen Therapieformen besteht in stattliches Repertoire, vor allem in Bezug auf die
doch eher kleinen PatientInnenzahlen. Daß dies nötig ist zeigt ein zweiter Blick
auf obigen Indikationskatalog. Vor allem die ›schwierigen‹ PatientInnen, die –
oft über lange Zeit – den verstärken Aufwand psychiatrischer Kliniken bedürfen
und trotzdem spezialisiert psychotherapeutisch behandelt werden sollen, zählen
zu ihrem Klientel. Es sind die sich ständig selbst verletzenden, chronisch oder
rezidivierend suizidalen sowie die latent aggressiven PatientInnen, die von diesen
Teams behandelt werden, bei denen eine besondere Betrachtung der durch sie aus-
gelösten Dynamik notwenigster Behandlungsbestandteil ist (vgl. *Vogel 1997*) und
die sowohl die stationären als auch komplementären Einrichtungen eines psychiatrischen Versorgungszentrums (etwa auch die Institutsambulanz mit kombinier-
ten ambulant-stationären Behandlungskonzepten) benötigen (z.B. *Vogel 1996*).

Die Umfrage macht auch, trotz aller Unkenrufe, die nach wie vor bestehende
Dominanz tiefenpsychologischer vor kognitiv-verhaltenstherapeutischer Stations-
konzeptionen deutlich (wie oben dargestellt gilt dies durchaus eindrucksvoll auch
für den Reha-Bereich). Dies ist in doppelter Weise erstaunlich. Zum einen bieten
sich verhaltenstherapeutische Interventionsformen vor allem im Rahmen ohne-

hin sehr störungsspezifisch ausgerichteter psychiatrischer (Groß-) Krankenhäuser viel eher an als tiefenpsychologische Konzepte, die die ›Symptomebene‹ oftmals als zweitrangig zu betrachten scheinen. Zum anderen ist Verhaltenstherapie vor allem mit ihren psychoedukativen Ansätzen bei Psychiatern insofern eher beliebt, als sie deren primär biochemisch-somatisches Modell psychischer Störungen viel weniger infrage stellt als die alternativen Erklärungsansätze psychoanalytischer Herkunft. Daß trotzdem die Tiefenpsychologie weiterhin überwiegt mag folgende Gründe haben:

− Tiefenpsychologie in psychiatrischen Psychotherapiestationen versteht sich als pragmatische Anwendung psychoanalytischen Basiswissens in schwierigem Kontext und verlangt nicht die Anwendung der ›reinen Lehre‹ (und damit auch nicht immer eine Vollausbildung zum Psychoanalytiker, wovor wegen des enormen Aufwandes immer mehr ÄrztInnen zurückschrecken).

− Wie die Befragung deutlich machte, integrieren sämtliche Psychotherapie-stationen (im übrigen wie auch die Reha-Kliniken) unterschiedlichste Zusatz-verfahren, die sich in tiefenpsychologisches Denken leichter einfügen lassen als in ein behaviorales (zum Beispiel Gestaltungs- oder Körpertherapien, die sich zum Teil explizit über die psychoanalytische Theorie definieren).

− Die fachhistorisch lang tradierte Dichotomisierung tiefenpsychologisch/psy-choanalytisch arbeitender ÄrztInnen versus verhaltenstherapeutisch arbeiten-der PsychologInnen scheint sich auf den zum größten Teil ärztlich dominier-ten Psychotherapiestationen weiter zu halten.

− Trotz unbestreitbarer Aufholjagd bieten die psychoanalytisch fundierten Konzepte bis heute den größeren Fundus an Handwerkszeug für den thera-peutischen Umgang mit schwerstgestörten PatientInnen.

− In der stationären Psychotherapie bildet sich auch die ambulante Versorgungs-situation ab, wo ebenfalls tiefenpsychologisch/psychoanalytisch arbeitende TherapeutInnen weit in der Überzahl sind: »Die Anzahl der kassenzugelasse-nen Verhaltenstherapeuten stieg von 2247 … 1991 bis Ende 1998 auf 4900 an (3736 Psychologen und 1164 Ärtze). Die tiefenpsychologischen und ana-lytischen Therapeuten (einschließlich der Kinder- und Jugendtherapeuten) überwiegen jedoch mit 12832 (8571 Ärzte, 4261 Psychologen) immer noch deutlich.« *(Hand 2000, S. 4)*

Abschließend bleibt anzumerken, daß die primäre Definition der befragten Stationen als psychotherapeutisch und nicht als psychiatrisch im übrigen in den eindeutigen Angaben zum Stellenwert psychopharmakologischer Therapie deutlich
wird, der in der Fragebogenuntersuchung nahezu einhellig als zweitrangig betrachtet wird.

Auf die bedeutsame und äußerst kontrovers diskutierte Frage der Differential-
indikation zwischen psychotherapeutischer Akut- und Rehabehandlung kann hier
nicht ausreichend eingegangen werden (s. o.). Es ist allerdings zu betonen, daß zu
dieser Fragestellung bisher keine wissenschaftlich gesicherten Erkenntnisse vorliegen. Die Entscheidung zwischen beiden Formen Stationärer Psychotherapie folgt
daher im Allgemeinen pragmatischen und vor allem auch sozialrechtlichen Kriterien. Die wichtige Rolle des Medizinischen Dienstes der Krankenkassen (MdK) in
diesem Zusammenhang kann hier nur angedeutet werden.

6   Zum Stellenwert stationärer Psychotherapie

Der Aufenthalt eines Menschen für längere Zeit in völlig neuer Umgebung, mit
völlig neuen Erfahrungsfeldern und nicht selten bedrohlichen, angstmachenden
Erlebnissen bedeutet einen erheblichen Einschnitt in die Biographie des Individu-
ums (vgl. u. a. *Kühnlein & Mutz 1996*). Wie rechtfertigt sich der große Aufwand
an seelischer Energie, an ökonomischen Ressourcen?. Stationäre Psychotherapie
hat inzwischen längst ihre Sinnhaftigkeit in einem rein monetären Kosten-Nut-
zen-Vergleich nachgewiesen (vgl. u. a. *Zielke 1993*) und konnte sich nicht zuletzt
deswegen im Reha- und Gesundheitswesen der Republik behaupten. Wo nun liegt
ihr Nutzen unter rein fachlicher Perspektive?

Es ist davon auszugehen, daß bei weitem nicht alle PatientInnen nach einer
(durchaus erfolgreich verlaufenen) stationären Therapie ›völlig geheilt‹ und
ohne jegliche Symptomatik die Klinik verlassen. Es ist vielmehr häufig richtig,
daß »stationäre Psychotherapie einen Behandlungsabschnitt im Rahmen eines
Gesamtbehandlungsplans« *(König 1987)* ausmacht – nicht mehr, aber auch
nicht weniger. Diese Tatsache ergibt sich schon alleine aus dem Faktum, daß stationäre Therapie zu einem Großteil schwererkrankte oder chronifizierte Patient-
tInnen zu versorgen hat bzw. PatientInnen aufgenommen werden, die wegen akuter Verschlechterungen nicht mehr ambulant behandelbar sind.

Der Stellung im Gesamtbehandlungsplan ist am besten schon zu Beginn der stationären Behandlung Rechnung zu tragen. VorbehandlerInnen sind um Informationen und Zusammenarbeit zu bitten, NachbehandlerInnen sind rechtzeitig ausfindig zu machen und zu kontaktieren. Idealerweise arbeiten Klinik und niedergelassene PsychotherapeutInnen mit dem- selben Konzept und in ständigem Austausch. Stationäre Psychotherapie hat ihren Stellenwert also in Abgrenzung (in Indikation, Aufgabenstellung etc.), nicht aber in Konkurrenz zur ambulanten Therapie zu finden. Veränderte psychosoziale Landschaften (Praxisdichte, Beratungsstellen, Sozialpsychiatrische Dienste etc.) bringen somit auch einen veränderten Stellenwert mit sich.

Neben diesem fachlichen Blick auf den Stellenwert Stationärer Psychotherapie soll aber nicht der ökonomische Faktor vergessen werden: »Der Rechtfertigungsdruck für die Existenz eines jeden Bettes und der anfallenden Verweiltage unserer Patienten ist enorm, was uns unmittelbar vor die bange Frage stellt, wie stationäre Psychotherapie sich unter diesen gewandelten Verhältnissen noch behaupten kann.« *(Tress 2000, S. 7)*

Im Kampf um knapper werdende finanzielle Ressourcen wird nicht zuletzt auch die ›Qualität der Qualitätssicherung‹ zur bestimmenden Größe. Neben den Ergebnisnachweisen bedeutet dies ein vielschichtiges Geflecht von Maßnahmen, das hier nur genannt werden kann (vgl. dazu z.B. *Broda 1998, Mans 1998*) und wohl in der Zukunft mehr und mehr den klinischen Alltag bestimmt.

R. Juranek

Zur Geschichte der
Psychotherapiestation

Es begann mit dem Wechsel des Chefarztes in die hiesige Klinik und den Erfahrungen, die er mitbrachte. Er wollte, daß seine Psychotherapiestation sehr realitätsbezogen, bodenständig, pragmatisch und auf keinen Fall ›abgehoben‹ ausgerichtet sein sollte. Sie sollte verhaltens- und soziotherapeutisch arbeiten und aus diesem Grund (so sagte er), war es ihm wichtig, das Pflegepersonal psychotherapeutisch tätig werden zu lassen. Bis zu diesem Zeitpunkt, Herbst 1983, war dies nur in psychosomatischen Kliniken üblich und vor allem überwiegend in Ersatzfunktionen, wenn Psychologen oder Sozialpädagogen ausfielen.

So wurde durch den Oberarzt, den Psychologen und Stationsleiter, der aus einer der obengenannten Kliniken kam und mir, der pflegerischen Stationsleiterin, ein Konzept für die Station entwickelt. Die Co-Therapeutenrolle des Pflegepersonals, mit Aufgaben wie: Gruppenleitung, Trainerfunktion in verschiedenen Verfahren, Gesprächsführung und anderem unter Supervision des Psychologen, wurde in diesem Konzept festgeschrieben. Das Pflegepersonal hatte natürlich auch die Aufgabe, das entsprechende therapeutische Milieu zu gestalten, in dem ein Konzept der ›Hilfe zur Selbsthilfe‹ möglich wurde. Ebenso blieben alle anderen Aufgaben der Organisation und der Pflege weiter pflegerisch Tätigkeit.

Ein Zitat aus dem damaligen Konzept: »Ein Grundgedanke ist, daß ein wesentlicher Teil der Therapie zwischen den therapeutischen Veranstaltungen stattfindet, der Patient also von Anfang an zur Selbstkontrolle und Selbsttherapie angeregt wird ... Als grundlegendes Therapieziel gilt die Förderung der eigenen Möglichkeiten des Patienten um seine körperlichen, seelischen und sozialen Probleme bewältigen zu können. Einerseits sollen Hilfen zum Abbau problematischer Erlebens- und Verhaltensweisen erarbeitet, gleichzeitig aber auch der Spielraum an genußvollen und konstruktiven Möglichkeiten aktiv ausgeweitet werden.«

Von Anfang an war klar: Auf dieser Station werden die Patienten oder Klienten gefordert, sie sollen mit unserer Unterstützung an sich arbeiten und nur in bedingtem Maß ›versorgt‹ werden. Es soll möglichst kein Schonklima entstehen und der Boden für eine Reinszenierung ihres Lebens in der Therapie bereitet werden. Außerdem hatten wir den Vorsatz, mit so wenig Medikamenten als irgend möglich auszukommen. Patienten, die in erster Linie medikamentös behandelt werden mußten, sollten nicht auf diese Station kommen. Diese Vorgaben schlossen somit von vornherein Patienten aus, die nicht motiviert waren, sich selbst kennenzulernen und an sich zu arbeiten. Deshalb führten wir Vorgespräche, um die Motivation, die Eignung und die Möglichkeit zur Zusammenarbeit abzuklären.

Zitat aus dem ersten Therapiekonzept: »Die Station soll im Prinzip für alle Patienten offen sein, die nicht primär medikamentös behandelt werden und bei denen durch die mehrwöchige Behandlung mit den psychologischen Therapieverfahren der Station eine positive Veränderung des Verhaltens, Befindens und Erlebens, erwartet werden kann. Im einzelnen werden folgende Störungsbilder vorgeschlagen:

1. Neurosen und neurotische Störungen,
2. psychovegetative bzw. funktionelle Störungen,
3. psychosomatische Erkrankungen,
4. psychische Probleme bei chronisch.körperlichen Erkrankungen.«

Die Station wurde am 21.11.1983 eröffnet – mit acht Patienten. Die Gruppengröße wurde auf maximal 12 Patienten festgelegt, da die Patienten an allen Gruppen teilnehmen sollten und damit ein effektives Arbeiten noch möglich sein konnte. Für einzelne Patienten kamen noch Spezialtherapien wie zum Beispiel Desensibilisierungstraining dazu.

Da der Psychologe seine Arbeit unter das Motto »mens sana in corpore sano« gestellt hatte, wurde großer Wert auf körperliche Stabilisierung und Ertüchtigung gelegt. Wir führten also jeden Morgen auf Station mit den Patienten Frühsport durch und motivierten sie, das Sporttherapieprogramm im Hause für sich zu nutzen. Die ›Konfliktgruppen‹ (Aufgabe der Pflege: Co-Therapeutenrolle) führte der Psychologe sehr konfrontativ, zukunftsorientiert, aber im Hier und Jetzt. Jeder Patient erhielt in der Woche zwei Einzelgespräche, meist eines beim Psychologen und eines bei einer Pflegekraft. Die Ergotherapeutin kam nach drei Monaten zum Team dazu und führte Beschäftigungstherapie und später Gestaltungstherapie mit den Patienten durch.

Der Rest der Gruppen – Selbstsicherheitstraining nach *Ullrich & Ullrich*, Kommunikationstraining nach *Schwäbisch-Siems*, *Jacobson*-Entspannung, Autogenes Training (das ab 1987 durch die Veränderung des Klientels nicht mehr durchgeführt werden konnte), Positiver Tagesrückblick, Frühsport – wurde von Pflegepersonal durchgeführt.

Dazu waren häufige Teamsitzungen, Fortbildungen, Fallvorstellungen und stationsinterne Supervision nötig. Einmal wöchentlich kam der Oberarzt zur Visite und übernahm die medikamentöse Therapie.

Unser Vorsatz »so wenig Medikamente als möglich« , ließ sich nur schwer in die Tat umsetzen. Stundenweise stand der Station eine Sozialarbeiterin zur Verfügung. Im Januar 1984 führte unser Psychologe einen Teil aus der Transaktionsanalyse ein – den ›heißen Stuhl‹. Unser Personalstand: ein Oberarzt, ein Psychologe, fünf Pflegekräfte, eine Ergotherapeutin, stundenweise eine Sozialarbeiterin. Ab Februar 1984, als unsere Nachbarstation eröffnet wurde, mußten wir von der Pflege im 14-tägigen Rhythmus einen Nachtdienst stellen. Das hieß, daß wir sehr oft als Pflegekräfte alleine in der Schicht arbeiteten und auch die Gruppen alleine durchführten. Ende Mai 1984 verließ uns der Psychologe wieder und ging zurück in seine frühere Klinik. Unser Stationsschiff blieb zwei Monate ohne Kapitän. Wir wurden vom Psychologen der Nachbarstation mitversorgt und hielten uns tapfer.

Erst im August 1984 kam eine Psychologin und neuer Kapitän auf die Station. Sie war Verhaltenstherapeutin und hatte vorher im Max-Planck-Institut unter anderem mit *Ullrich & Ullrich* am ATP-Selbstsicherheitstraining mitgearbeitet und sie hatte eine Zusatzausbildung in Psychodrama nach Moreno. Entsprechend änderte sich unser Grundkonzept schwerpunktmäßig und ebenso die Ausbildung des Pflegepersonals. Aus dem heißen Stuhl wurde Psychodrama, in Konfliktgruppen spielte mehr und mehr die Vergangenheit der Patienten, Traumata und Lebenserfahrungen eine wichtige Rolle.

Der Führungsstil unserer neuen Psychologin war weniger konfrontativ und der vorher oft vorhandene ›pädagogische touch‹ verschwand aus dem Umgang mit den Patienten. Trotzdem blieb als Schwerpunkt die Verhaltenstherapie und wir feilten am Selbstsicherheitstraining, unserer Gruppenführung und der Gesprächsführung mit den Patienten. Das Klima der Station veränderte sich zu mehr Partnerschaft mit den Patienten, Kongruenz und Empathie wurden wichtige Maßstäbe für die Arbeit. Die Verantwortung für seine körperliche Fitness überließen wir nun jedem einzelnen Patienten, ohne eine ressourcenorientierte Freizeitgestaltung zu vernachlässigen. Wie zu erwarten veränderte sich auch das Klientel. Es kamen vermehrt Patienten mit Gewalterfahrungen, Persönlichkeitsstörungen, Eßstörungen und mehr jüngere Patienten in Adoleszenzkrisen. Nach wie vor hatten wir Patienten mit Angststörungen, sekundären Alkoholproblemen, Patienten in Lebenskrisen und mit Depressionen. Von 1985 an hospitierten regelmäßig Psychologen, beziehungsweise Psychologiestudentinnen auf Station und brachten ihre Sichtweisen und ab und zu spezielle Therapieverfahren mit, die zum Teil in das therapeutische Geschehen integriert wurden (zum Beispiel imaginative Verfahren).

Die Stellen für das Pflegepersonal wurden im Januar 1985 auf sechs aufgestockt und der Streß ein wenig geringer. 1986 begann die Psychologin mit einer Katamnesestudie über entlassene Patienten. Dabei stellte sich heraus, daß das therapeutische Milieu bei den früheren Patienten die nachhaltigste Wirkung hatte und das blieb so, auch bei der Untersuchung nach vier Jahren. Aber ich greife vor! Es kam noch ein Musiktherapeut zum Team, der einmal wöchentlich eine Therapiegruppe für die Patienten hielt.

Die Patienten wurden/werden uns von niedergelassenen Psychiatern und Neurologen und durch Ärzte oder Psychologen der anderen Stationen unserer psychiatrischen Klinik zugewiesen. An dieser Stelle bleibt zu erwähnen, daß unsere Stellung in der psychiatrischen Klinik immer eine ›besondere‹ war und ist. Das mag überwiegend daran liegen, daß unser ›Bettenstand‹ weit geringer ist als auf anderen Stationen und offensichtlich bei vielen Stationsärzten der Eindruck entstand, hier würde nicht gearbeitet. Ein wichtiger Grund könnte die ambivalente Einstellung unseres Chefarztes zu der Station sein, die er in Aussagen wie: »Die Psychotherapiestation baut Orchideen an, die anderen Kartoffeln‹ ausdrückt, was mehr oder weniger (überflüssiger) Luxus bedeutet. Die Zuweisung gestaltet sich, je nach Stimmungslage, mehr oder weniger schwierig. Der Ruf der Station unter den niedergelassenen Psychiatern war/ist wesentlich besser. Eine ähnliche Stellung hat das Pflegepersonal der Station, zum Teil noch immer, unter den Kollegen aus der Pflege. Dies hat sich erst durch die ‚Einsätze‘ der einzelnen Kollegen auf Station durch die Fachweiterbildung Psychiatrie ein wenig geändert. Diese Fachweiterbildung zur Schwester/zum Pfleger für Psychiatrie wird seit 1987 im Klinikum Ingolstadt durchgeführt und das Pflegepersonal der Station hat sie überwiegend absolviert.

1988 verließ uns unsere Psychologin, um in eigener Praxis weiter zu arbeiten. Ihr Nachfolger war ein Psychoanalytiker, Dipl. Psych. und Theol. und Dr. phil. Das blieb natürlich nicht ohne großen Einfluß. Der gesamte therapeutische Ansatz veränderte sich und mit ihm veränderte sich auch unsere Klientel. Im Herbst 1988 tauchte erstmals die Diagnose ›Verdacht auf Borderline‹ auf. Unsere Arbeit wurde komplizierter und viele Verfahren, wie zum Beispiel imaginative Verfahren konnten wir nicht oder nur selten, je nach Zusammensetzung der Gruppen, anwenden. Die Arbeit erforderte mehr Struktur und auf der Suche danach entwickelten wir ein Bezugspersonenmodell, das aber am geringen Personalstand scheitern mußte. Die Schwierigkeiten mit der Belegung blieben und ebenso die Schwierigkeiten mit der Verwaltung des Hauses, die sich am Bettenstand orientierte und nicht am Konzept der Psychotherapiestation. Das führte sogar dazu, daß ein Teil unserer Station einige Monate mit gerontopsychiatrischen Patienten belegt wurde! Unser Psychologe modifizierte 1989 das Konzept der Station in interdisziplinärer Zusammenarbeit mit dem gesamten Team, dessen zahlenmäßiger Stand sich im Übrigen nicht verändert hatte. Der Oberarzt hatte einige Male gewechselt und ebenso vereinzelt Pflegekräfte, aber der harte Kern war geblieben.

Im modifizierten Konzept wurden die einzelnen Gruppen und ihr Modus beschrieben und dieser unterschied sich gewaltig vom Anfangskonzept der Station: »Die ›Konfliktgruppe‹ basiert auf einem tiefenpsychologisch fundierten Ansatz. Symptome werden dabei als Ausdruck einer lebenslangen Beziehungsstörung verstanden. Diese Beziehungsstörung wiederholt sich immer wieder in Konflikten sowohl im stationären Alltag, wie auch im familiären bzw. beruflichen Umfeld (zum Beispiel Abhängigkeits-, Autonomie-Konflikt). Entsprechend werden Konflikte auf ihre Bedingung durch äußere Repression beziehungsweise Symbiotisierung sowie durch eine gestörte Lebensstilentwicklung hin untersucht. In der Gruppe wird versucht, zunächst aus dem konkreten Erleben und Verhalten im Hier und Jetzt die je individuellen Konfliktgründe (d.h. Beziehungsstörungen) herauszuarbeiten; dies geschieht unter anderem auch mittels Gruppenfeedback und Übertragungsdeutungen…« (aus dem Therapiekonzept).

Ein weiterer Punkt gewann an Wichtigkeit, und zwar die Nachsorge und weiterführende Therapie nach der stationären Psychotherapie. Der Psychologe errichtete eine nachstationäre Ambulanzgruppe für entlassene Patienten, an der sie etwa noch ein halbes Jahr teilnehmen sollten. Da sich inzwischen die ambulante Versorgung in der Region verbessert hatte, konnten viele Patienten an niedergelassene Therapeuten angebunden werden, oder setzten die Therapie bei ihrem vorher Behandelnden fort.

Das Pflegeteam war durch die Minimalbesetzung und die Vergrößerung der Aufgaben überlastet und beantragte deshalb Supervision. Wir hatten uns bereits in der Zeit mit unserer früheren Psychologin immer wieder einen ganzen Tag Supervision gegönnt und vermutlich damit erreicht, daß nur geringe Fluktuation im Pflegeteam herrschte. Mit viel Ausdauer gelang es uns, diese Supervision wieder zu erhalten und die Arbeitszeit dafür vom Haus gestellt zu bekommen. Bezahlen mußten wir sie selbst.

Auf Station war es nicht mehr möglich eine Therapiegruppe als Pflegekraft alleine durchzuführen, da die Schwere der Erkrankungen (wir hatten wesentlich mehr Patienten mit Persönlichkeitsstörungen) wesentlich mehr Beobachtung und Präsenz erforderte. Wir benötigten daher immer eine weitere Kraft als Co-Therapeut für die Durchführung und das hieß für uns Arbeitsstunden, wo es anderweitig möglich war, einzusparen. Deshalb entschieden wir im Team und in Absprache mit der Pflegedienstleitung die Patienten an den Wochenenden generell nach Hause zu schicken.

Wenn ein Patient dazu nicht in der Lage war, mußte er auf die Vorstation zurückverlegt werden. So hatten wir unter der Woche mehr Personal zur Verfügung und bekamen natürlich auch weniger Geld, da die Zuschläge für ungünstige Arbeitszeiten wegfielen. Diesen Modus behielten wir von Februar 1991 bis Ende 1993 bei.

Die Lage spitzte sich im Laufe des Jahres 1993 extrem zu, da wir immer häufiger Patienten über das Wochenende verlegen mußten. Die Schwere der Erkrankungen hatte sehr zugenommen und so war es nicht mehr möglich, so zu verfahren. Aber ich habe bereits wieder vorgegriffen. Dazwischen fand nämlich noch ein Therapeutenwechsel statt, der große Auswirkungen hatte.

Ab August 1991 fanden Konzeptbesprechungen mit dem Chefarzt der Klinik, dem Psychologen und Stationsleiter, einem zur Psychotherapieausbildung eingesetzten Arzt, der Sozialarbeiterin, der pflegerischen Stationsleitung (mir), meiner Stellvertretung, dem Oberarzt und dem Ergotherapeuten statt. Das Ergebnis war, daß das gesamte Konzept, das unser Psychologe 1989 modifiziert hatte, mit der Aufgabenverteilung zwischen dem Psychologen und dem Rest des Teams, bestätigt und festgeschrieben wurde. Auch unsere Formblätter, die wir zum Teil schon seit Beginn der Station verwendeten, wie zum Beispiel den ›Lazarus-Bogen‹ zur Erhebung der Lebensgeschichte, sollten wir weiter benutzen.

Im Sommer 1992 hatte sich unser Psychologe entschieden zugunsten einer eigenen Praxis, seine Arbeitszeit in der Klinik zu reduzieren. Aus diesem Grund kam im Herbst sein Nachfolger, ebenfalls ein Analytiker, auf die Station und übernahm sie 1993. Eine der ersten Arbeiten war die Modifizierung des Konzepts, mit genauer Definition der Gruppen und des gesamten Settings einer »Psychotherapeutisch orientierten Spezialstation der psychiatrischen Klinik im Klinikum Ingolstadt« (siehe dort).

Er stellte, begründet auf die Katamnesestudie der früheren Psychologin und natürlich eigene Erfahrung, den wichtigen Anteil des therapeutischen Milieus und der therapeutischen Gemeinschaft heraus. Die Ausbildung und Supervision für das multidisziplinäre Team war für unseren neuen Psychologen ein großes Anliegen und so hielt er diverse Fortbildungen und Fallvorstellungen ab. Teamsitzungen erhielten mehr Raum und Gewicht und wir waren alle motiviert, am selben Strang zu ziehen. Die Arbeit wurde trotz mehr Einsatz, bedingt durch immer schwerer kranke Patienten (siehe Konzept) interessanter und befriedigender.

Sein Engagement bezog sich aber nicht nur auf die Station, sondern auch auf die Ausbildung der pflegerischen Fachkräfte für Psychiatrie im Haus und die Weiterbildung seiner ärztlichen Kollegen. Wir profitierten davon und wurden bald ein ›eingeschworener Haufen‹. Durch die Öffentlichkeitsarbeit veränderte sich zunehmend auch der Ruf der Station und des Personals in der Klinik und bei den niedergelassenen Nervenärzten und Nervenärztinnen, unseren Hauptzuweisern, zum Positiven.

Wir hatten nur noch selten Schwierigkeiten, die Station voll zu belegen – zeitenweise hatten wir eine Warteliste von oft drei bis vier Monaten. Im Laufe der Jahre wurden unsere Therapieplätze auf 16 erhöht und wir bekamen zusätzlich eine Therapiewohnung für jeweils zwei Patient/innen, die von unserer Sozialpädagogin betreut wurde.

Der Personalstand hatte sich nicht wesentlich verändert. Ein Psychologe als Haupttherapeut und Stationsleiter, ein Bereichsleiter oder Oberarzt, eine Ärztin in Psychotherapieausbildung, meist 6,75 Stellen für das Pflegepersonal – wovon eine Drei-Viertel-Stelle von einer Krankenschwester und Körpertherapeutin (auch sonst in der Klinik eingesetzt) besetzt war/ist –, halbtags eine Sozialpädagogin, halbtags ein Ergotherapeut und stundenweise eine Musiktherapeutin. Dazu kam in Abständen ein/e Psychologiestudent/in im Praktikum und als ›absoluter Luxus‹ eine psychologische Assistentin.

Die seit einigen Jahren stattfindenden Psychotherapietreffen und natürlich die Fortbildungen, die der Psychologe auf Kongressen oder Tagungen hielt, festigten den Ruf der Station, vor allem außer Haus. Um so erstaunlicher waren die Forderungen an uns im Haus. Immer noch sollte weiter expandiert werden, wurde mehr Durchlauf, eine kürzere Therapiezeit und mehr Erfolg mit möglichst weniger Personal erwartet. Der Trend zum Wirtschaftsunternehmen war nicht zu übersehen. Und immer noch kamen Drohungen, bei nicht entsprechender Funktion die Station in eine ›offene Aufnahmestation‹ zu verändern; ebenso Bemerkungen wie am Anfang dieses Berichts bereits erwähnt.

Seit dem Sommer 1999, als klar war, daß uns unser Leiter verlassen wird, um eine andere Klinik mitaufzubauen, ist die gesamte Station wieder im Umbruch. Es gab auch sonst wesentlich mehr Veränderungen im Team, die eine nicht zu unterschätzende Auswirkung hatten. Das Stationsteam wurde heftig verunsichert und wieder, wie viele Jahre vorher, standen wir unter Beweispflicht, daß die Station sinnvoll und notwendig ist.

Das alles hat, wie zu erwarten, große Auswirkungen auf das therapeutische Milieu, das Team, auf die ganze Arbeit, auch wenn der Therapeutenwechsel inzwischen vollzogen ist. Die neue Leiterin ist eine Psychologin mit verhaltenstherapeutischem und systemischem Ansatz. Es wird also wieder mehr oder weniger große Veränderungen, weitere Anpassung des Konzepts geben, verbunden mit Verteidigung altbewährter Verfahren und bei aller Spannung, wenn Neues entsteht, Basisverlust, Unsicherheit und für jeden im Team die Notwendigkeit den eigenen Platz neu zu finden und zu definieren. Da wir solche Phasen in diesen mi ttlerweile 16 Jahren schon mehrmals überstanden haben und oft zum Positiven hin entwickeln konnten, besteht Hoffnung für die Station (das Wort zum Sonntag), daß sich wieder Gutes und Effektives daraus entwickeln läßt.

❦

Irgendwann werde ich rauskommen aus dieser Welt.
Zwielichtige Gestalten sagen Dir,
eines Tages wirst Du es schaffen.
Ich mag diese zwielichtigen Gestalten,
sie nähren meine Träume.
Endlos sind die Wege durch den Irrgarten,
der sich Welt nennt.

Heike Bader

R. T. Vogel

Das Therapiekonzept der Ingolstädter Psychotherapiestation

Dargestellt wird das Therapiekonzept, wie es bis zum Herbst 1999 Geltung hatte. Aktuelle Veränderungen, unter anderem durch den Wechsel der psychologischen Stationsleitung bedingt, fanden keine Berücksichtigung. Die Vorstellung des Ingolstädter Therapiekonzept folgt einer langen Tradition der Veröffentlichung klinisch-therapeutischen Vorgehens (zum Beispiel *Becker & Senf 1987* mit dem Heidelberger Modell, *Flatten u. a. 1999* mit dem Aachener Modell).

1 Zur Einleitung

Die ›Psychotherapeutisch orientierte Spezialstation‹ im Zentrum für Psychiatrie und Psychotherapie (Psychiatrische Klinik) Ingolstadt besteht seit Oktober 1983. (Die Psychiatrische Klink ist in ein Klinikum der dritten Versorgungsstufe integriert und gewährleistet mit ihren 250 Betten und 20 Plätzen in einer Tagesklinik sowie einer Institutsambulanz die stationär-psychiatrische Versorgung der Region 10 mit zirka 420 000 Einwohnern).

Es wurde zunächst versucht, in Anlehnung an bewährte verhaltenstherapeutische Konzepte psychosomatisch-psychotherapeutischer Rehakliniken ein für eine kleine psychiatrische Psychotherapieeinrichtung geeignetes Stationskonzept zu erarbeiten. Lange Zeit war dieses zunächst an der Behandlung von PatientInnen mit Neurosen oder Psychosomatosen orientierte Konzept nur geringen Veränderungen unterworfen. Mehr und mehr jedoch wurde deutlich, daß die bisherige Stationsstruktur den heute zur stationären Therapie anstehenden PatientInnen nur mehr in Teilbereichen gerecht werden konnte. Das vermehrte und verbesserte psychotherapeutische Angebot sowohl im ambulanten als auch im sonstigen stationären Bereich aber eventuell auch eine Verlagerung psychopathologischer Krankheitsbilder brachte für die Station eine Veränderung der Klientel hin zu ›schwereren‹ Symptombildern. Damit nahm die Station den ihr zustehenden Platz im Gesamtbereich stationärer Therapieangebote ein: als in eine psychiatrische Klinik integriert behandelt sie nun die Klientel, die für die sonst zur Verfügung stehenden Therapiemöglichkeiten nicht infrage kommt; das heißt es werden auch PatientInnen aufgenommen, die weder ambulant noch in nicht-psychiatrischen Psychotherapiekliniken behandelbar sind oder dort bereits (oft mehrmals) behandelt wurden, ohne eine dauerhafte Stabilisierung zu erreichen, und von denen trotzdem angenommen werden kann, aus einem psychotherapeutischen Zugang Nutzen ziehen zu können. Diese Definition einer ›psychiatrischen‹ Psychotherapiestation erscheint im übrigen sowohl aus fachlichen als auch ökonomischen Gründen sinnvoll (vgl. Einführungskapitel).

Die Entwicklung einer neuen Stationskonzeption berücksichtigte dabei die fast 15-jährige Erfahrung mit den bisher angewandten Grundsätzen und übernahm diese insoweit als sie der neuen Klientel angemessen waren: Nach wie vor folgt die Methodenauswahl der Station einer undogmatischen Denkweise, das heißt Techniken und Methoden unterschiedlicher Therapieschulen werden im stationären Rahmen auf integrative Weise angewandt. Hinzu kommt ein fokaltherapeutisches und resourcenorientiertes Vorgehen, das auf tiefenpsychologischer Grundlage eine stationäre Kurzzeittherapie ermöglicht.

Bei der Fülle der angewandten therapeutischen Vorgehensweisen besteht nun freilich die Gefahr einer bloßen eklektizistischen Aneinanderreihung therapeutischer Techniken nach dem Motto ›viel hilft viel‹. Um dieses zu verhindern ist ein roter Faden notwendig, der sowohl die einzelnen Verfahren als auch die Gesamtreflektion des Teams durchzieht und der aus den metapsychologischen Konzepten und den Behandlungstechniken der Tiefenpsychologie als einem (nicht dem einzigen) angewandten Zweig der Psychoanalyse als klinischer Theorie besteht und in unserem Falle über herkömmliche, enge Definitionen »tiefenpsychologisch fundierter Psychotherapie« (vgl. *Mertens 1990*) hinausgeht.

Unter einer tiefenpsychologischen Orientierung stationär-psychotherapeutischen Handelns wollen wir als Hauptcharakteristika die Berücksichtigung unbewußter Vorgänge und deren Auswirkungen im lebensweltlichen Hier und Jetzt der PatientInnen wie auch den BehandlerInnen gefaßt wissen: »Psychoanalytisch ist die stationäre Psychotherapie nicht aufgrund regelhaft und methodisch exakter psychoanalytischer Technik, sondern durch die psychoanalytische Identität der Teammitglieder.« *(Becker 1988, S. 38)*. Fokaltherapeutische Ausrichtung ermöglicht freilich keine ausgedehnte *Arbeit* am Unbewußten, was nicht heißt, daß die Reflektion des Behandlungsgeschehens diesen Aspekt vernachlässigen dürfte).

In diese Reflektion des Behandlungsgeschehens wie auch in die Diagnostik gehen dabei nicht nur die Erkenntnisse der klassischen Psychoanalyse mit ihren vier ›ehrwürdigen‹ Säulen (entwicklungspsychologisches, ökonomisches, topisches und dynamisches Prinzip) ein; Schwere und Eigenart vieler Störungsbilder verlangen zudem sowohl die Einbeziehung ich-psychologischen und objektbeziehungstheoretischen Wissens als auch die Integration progressionsorientierter *(Fürstenau 1992)* und eher psychoedukativ denkender *(König 1993)* psychoanalytischer Autoren, deren Erkenntnisse jedoch an stationäre Erfordernisse zu adaptieren sind. Hinzu kommen moderne Überlegungen zur Fokusformulierung, wie sie etwa 1992 von *Lachauer* erarbeitet wurden.

Diese umfassende Sichtweise sowohl der PatientInnen als auch der Interaktion auf der Station, ermöglicht eine konzeptionelle Begründung der Zusammenstellung der verschiedenen therapeutischen Verfahren für jede/n einzelne/n PatientIn sowie im Therapieverlauf ein Ineinandergreifen der auf den ersten Blick so divergenten Einzeltechniken. Eine so verstandene tiefenpsychologische Grundorientierung bildet dabei also den roten Faden, an den indikationsorientiert Methoden anderer Therapierichtungen angeknüpft werden können.

Unter Integrativer Stationärer Psychotherapie soll also diejenige gemeinsame Anwendungsform therapeutischer Methoden unterschiedlicher Therapie-›schulen‹ verstanden werden, die diese auf der Grundlage einer Basistheorie beschreibt, auswählt und anwendet.

Integrative Psychotherapie unterscheidet sich demnach also wesentlich von eklektischem Arbeiten oder einer an methodendifferentielle Indikationsentscheidungen gebundene ›Kombinationstherapie‹ (vgl. auch Einführungskapitel).

Erforderlich ist also zum Beispiel die Überführung der Wirksamkeitserklärung einer Therapiemethode (wie die des verhaltenstherapeutischen Reizkonfrontations-Reaktionsverhinderungs-Vorgehens) in die Terminologie etwa der (psychoanalytischen) Ichpsychologie oder Objektbeziehungstheorie. Der Begriff ›Integration‹ impliziert das Vorhandensein einer einheitlichen psychotherapeutischen Grundtheorie, in unserem Fall der Psychoanalyse, auch wenn aus anderen Denkmodellen stammende Therapiebausteine zur Anwendung gelangen. (vgl. *Vogel 1999*)

Im Laufe der Jahre entwickelte sich – wohl auch im Zusammenhang der Schwere des Leids, mit dem das therapeutische Team sich täglich konfrontiert sah – innerhalb der oben dargestellten psychoanalytisch orientierten Arbeitsweise eine anfangs fast unmerklich vollzogene Hinwendung zu existentiellen Themen innerhalb der Psychotherapie. Nicht mehr die Symptomreduktion allein konnte im Mittelpunkt der therapeutischen Aufmerksamkeit stehen. Menschen, die zum Teil jahrzehntelang schwerste psychische Traumata erlebten, die sich nahezu täglich die Frage nach Leben oder Tod stellen, die nicht selten schon diverse Male auf der Intensivstation wieder zu sich kamen, diese Menschen verlangen mehr als eine Konzentration auf aktuelle Symptomkonstellationen. Die jungianische Analytische Psychotherapie (zum Beispiel *Kast 1992*) und die Existentielle Psychotherapie zum Beispiel *Yalom (1989)* bieten hier die adäquaten und notwendigen Anregungen: »Meiner Meinung nach sind vier existentielle Grundtatsachen in der Psychotherapie besonders relevant: die Unausweichlichkeit des Todes für jeden von uns und für die, die wir lieben; die Freiheit, unser Leben nach unserem Willen zu gestalten; unsere letztendliche Isolation und schließlich das Fehlen eines erkennbaren Lebenssinns.« *(Yalom 1999, S.11)*

Ohne es zu beabsichtigen, ›schleichen‹ sich diese Themen in nahezu jede Form der Psychotherapie. Statt sie zu verleugnen versucht das therapeutische Team unserer Station, ihnen Platz zu geben; einzelne therapeutische Instrumente, namentlich die Gruppenpsychotherapie, wurden dafür Modifikationen unterzogen.

Die in weiten Teilen *symptomunspezifische Behandlungsweise* (es gibt zum Beispiel keine Depressionsgruppe, keine spezielle Anorexietherapie etc.), die auf die Bedeutung und Behandlung grundlegender Beziehungs- und Lerndefizite verweist, wurde weiterhin beibehalten; lediglich verhaltenstherapeutische Elemente des Gesamtkonzepts arbeiten in gewissen Abschnitten des Therapieverlaufs symptomzentriert (siehe unten). Andere Therapievorgaben des ›alten‹ Konzeptes, wie etwa das Bestehen auf einem Standardprogramm für alle PatientInnen wurden modifiziert. In den letzten Jahren konnte in Anpassung an die veränderte Klientel vor allem auch der Bereich der nonverbalen Therapieverfahren entscheidend erweitert werden (siehe unten).

2   Therapeutisches Vorgehen

2.1 Allgemeines

Die Station ist eine ›offene‹ Spezialstation mit derzeit 16 Betten. Die Therapiedauer beträgt maximal sechs Wochen in der Kurzzeittherapiegruppe und regulär zehn Wochen in der längerfristigen Therapiegruppe mit der Möglichkeit, um zwei, maximal vier Wochen zu verlängern (formal betrachtet handelt es sich natürlich bei beiden Therapiegruppen um eine kurzzeittherapeutische Intervention). Dies bedeutet unter anderem eine notgedrungene, fast erzwungene Konfrontation mit dem Thema ›Zeit‹, wie sie von zahlreichen Praktikern unterschiedlicher kurzzeittherapeutischer Konzeptionen als durchaus wünschenswert formuliert wurde: »Jede Psychotherapie, die zeitlich begrenzt ist, schürt erneut den bei jedem Menschen schwelenden Konflikt zwischen Zeitlosigkeit, unendlicher Zeit, Unsterblichkeit und den Allmachtsphantasien der Kindheit auf der einen, und Zeit, endlicher Zeit, Realität und Tod auf der anderen Seite ... Je größer die Klarheit in Bezug auf die Behandlungsdauer ist, desto schneller und angemessener wird kindhafte Zeit der Wirklichkeit gegenübergestellt und kann die Arbeit getan werden.« *(Mann 1978)* In einzelnen wohlbegründeten und -reflektierten Ausnahmefällen verlängerten wir den Therapiezeitrahmen um mehrere Monate. Dies betraf vor allem PatientInnen mit schweren ich-strukturellen Störungen.

Für alle auf die Station aufgenommenen PatientInnen wird bei Aufnahme ein detaillierter Therapieplan erstellt, der im Laufe des Therapieprozesses aber durchaus veränderbar gehandhabt wird. Dadurch und durch das Angebot unterschiedlichster Therapiemethoden soll ein deutlicher Akzent zugunsten einer möglichst individuellen, PatientInnen-zentrierten vor einer methodenzentrierten Psychotherapie gesetzt werden. Das Haupttherapeutikum stationärer Psychotherapie, das therapeutische Milieu beziehungsweie die therapeutische Gemeinschaft kommt in beiden PatientInnengruppen gleichermaßen zur Geltung. Dasselbe gilt für die *tie-fenpsychologische Reflexion des Stationsgeschehens*

– im Sinne des Auffindens von Reinszenierungen primärer Konfliktsituationen (regressiver Aspekt) und deren
– aktueller Korrektur, im Hinblick auf die Entwicklung und Stärkung defizitärer Ich-Funktionen (progressiver Aspekt),

sowie die Einbeziehung ›existentieller‹ Themata (die ja weniger eine Frage der zur Verfügung stehenden Therapiezeit als vielmehr der Lenkung der therapeutischen Aufmerksamkeit ist).

2.2 Das Vorgespräch

Nach Anmeldung des/der PatientIn (zum Zuweisungskontext siehe das nachfolgende Kapitel) wird so bald als möglich ein Vorgespräch vereinbart, an dem der Stationspsychologe und ein weiteres Teammitglied teilnehmen und zusammen mit dem/der PatientIn und eventuell deren Angehörigen die Aufnahme auf die Station vereinbaren oder besser geeignete Alternativen (etwa eine ambulante Psychotherapie, eine stationäre Therapie in einer Reha-Klinik etc.) erörtern. Im diagnostischen Teil orientiert sich dieser erste Gesprächskontakt neben der standardmäßigen psychiatrischen Diagnostik an *Kernbergs* Strukturellem Interview (u. a. *Kernberg 1992*) sowie einem ersten Aufbau einer tragfähigen therapeutischen Beziehung. In diesem Gespräch, das somit bereits als Beginn der Therapie selbst einzustufen ist, werden auch das Stationskonzept erklärt und eventuell bereits besondere Vereinbarungen getroffen

Eine wichtige Aufgabe des Vorgesprächs ist auch die realistische Klärung der ›Heilserwartungen‹ des/der PatientIn. »Illusionen bezüglich des Erreichbaren« *(König 1997)* müssen klar angesprochen und korrigiert werden.

Zugleich werden Therapiemotivation und vor allem subjektive Therapieziele zur Sprache gebracht sowie der Beginn der Formulierung des Behandlungsfokus eingeleitet (siehe unten). Dabei werden dem/der PatientIn mehr oder weniger explizit vor allem folgende zwei Fragen gestellt und schriftlich von einem Teammitglied festgehalten:

– »Was möchten Sie an sich und ihrem Leben mit unserer Hilfe verändern?«
– »Woran werden Sie merken, daß ihr Problem gelöst ist oder sich zumindest auf dem Wege einer Lösung befindet?«

Nach Beendigung des Vorgespräches einigen sich die beteiligten Teammitglieder über eine Aufnahme und formulieren für sich ein vorläufiges ›Therapiemotto‹ (mit klar formuliertem Therapieziel) für den/die PatientIn, sozusagen als Vorstufe für den endgültigen Behandlungsfokus. Anhand dieser ›Überschrift‹ über den Therapieaufenthalt sowie anhand der diagnostischen Einschätzung des/der PatientIn schlagen sie diesem eine Therapie in der kurz- oder längerfristigen Therapiegruppe vor. Der/die PatientIn erhält dann bis zur (meist wartezeitabhängigen) endgültigen Aufnahme die Aufgabe, sich ebenfalls Gedanken über das ›Motto‹, eine Leitidee des Aufenthalts zu machen und in diese a) das hauptsächliche Problem und b) das Therapieziel einzuarbeiten.

Das Vorgespräch dient daneben natürlich in besonderem Maße zur Abklärung der Indikation zu einem stationär-psychotherapeutischen Zugang generell sowie zu einer Behandlung auf der hiesigen Station im Besonderen (vgl. dazu Punkt 4 dieses Kapitels). In einzelnen Fällen kann ein zweites Vorgespräch notwendig sein. Der Patient oder die Patientin bekommt dann, falls er/sie nicht sofort aufgenommen wird, einen Aufnahmetermin mitgeteilt; liegt dieser weiter entfernt oder ergeben sich Probleme in der zwischenzeitlichen Formulierung des ›Behandlungsmottos‹ (siehe oben), so ist ein weiterer Kontakt mit der Station möglich.

2.3 Die Fokusformulierung

Die Therapieversteht sich als tiefenpsychologische Fokaltherapie. Dabei wird der Begriff des Fokus weiter konzipiert als dies ursprünglich von *Balint (1973)* vorgeschlagen wurde. Sowohl die eingeschränkte ›manpower‹ (auf psychiatrischen Psychotherapiestationen arbeiten im Allgemeinen nicht genügend Psychoanalytiker zusammen, um eine diesen Namen auch verdienende Fokalkonferenz zu ermöglichen), als auch die Heterogenität und der Schweregrad der zu behandelnden PatientInnen machen eine pragmatische Abwandlung des klassischen Vorgehens notwendig, ohne aber den Anspruch sorgfältiger tiefenpsychologischer Arbeit aufzugeben. Es soll, manchmal durchaus ohne Einbeziehung von Annahmen über unbewußte Konstellationen, formuliert werden, worunter der/die PatientIn leidet. Es erfolgt also eine deskriptive Fokusformulierung (vgl. u. a. *Lubrsky 1988*) ohne psychoanalytischen Erklärungen oder gar Deutungen.

Unser Konzept folgt hier den Ausführungen von *Peichl & Pontzen (1995)* die mit *Streek (1991)* formulieren, dem »Fokus komme für alle im psychischen Rahmen auftauchenden Therapieansätze eine integrierende und steuernde Funktion zu, denn in ihm ist ›der zentrale Aspekt der Störung festgehalten‹, und er wird nicht nur für den Patienten reflexions- und handlungsleitend, sondern auch für die Bündelung der am Handlungsprozeß beteiligten einzeltherapeutische Bemühungen... Der Fokus hat also nicht nur für den Patienten sondern auch für das behandelnde TherapeutInnenteam in einem integrativen Stationsmodell eine leitende, die verschiedenen Intentionen einigenden Funktion.«

2.4 Das Kriseninterventionsangebot

Ausgewählten ehemaligen PatientInnen der Station bieten wir die Möglichkeit einer stationären Krisenintervention für maximal fünf Wochentage an. Um regressive Effekte zu vermeiden, ist die Indikationsentscheidung hier besonders sorgfältig zu treffen. Vor allem für PatientInnen mit sogenannten Frühstörungen, bei denen der Aufbau einer stabilen Selbst- und Objektrepräsentanz über lange Zeit und mit Hilfe ambulanter PsychotherapeutInnen angestrebt wird, soll diese Option eine solche ambulante Therapie erst ermöglichen und den PatientInnen gleichzeitig für mehrere Jahre ein Gefühl eines sicheren emotionalen ›Heimathafens‹ bieten.

2.5 Die Therapiephasen

Der Aufenthalt auf der Psychotherapiestation gliedert sich für die PatientInnen des längerfristigen Konzeptes in drei primär zeitlich festgelegte Phasen.

Eingewöhnungs- und Vorbereitungsphase

Die Bezeichnung dieses ersten Therapieabschnitts zeigt bereits den ihm innewohnenden doppelten Charakter auf: Zum einen sollen die PatientInnen den Stationsablauf, vor allem aber die MitpatientInnen und die Mitglieder des therapeutischen Teams kennenlernen, andererseits sollen sie, bevor sie das Gesamttherapieprogramm durchlaufen, auf die kommenden Therapieformen vorbereitet und soweit gestützt und stabilisiert werden, um den dann eintretenden Belastungen standhalten zu können. Dies geschieht einmal durch konservative psychiatrische Interventionsformen (zum Beispiel Pharmakotherapie) und den Ausschluß vorwiegend internistischer oder neurologischer Behandlungsindikationen, zum andern durch

die Einbettung in die Therapiegemeinschaft der Station sowie stützenden Einzelgesprächen und Sozialarbeit.

Ein weiteres wichtiges Ziel der ersten Behandlungsphase ist die Erarbeitung einer
angemessenen Sicht der psychischen Störung durch die PatientInnen selbst sowie
die Initialisierung erster Erfahrungsprozesse, die den psychotherapeutisch Zugang
erst ermöglichen. Der Wochenablauf gestaltet sich für die in dieser ersten Behandlungphase befindlichen PatientInnen im Durchschnitt folgendermaßen (zur
inhaltlichen Ausgestaltung der einzelnen Therapieangebote siehe Kapitel 2.5):

— einmal wöchentlich Wochenzielbesprechung mit allen anderen
  PatientInnen der Station und möglichst vielen Teammitgliedern,
— dreimal wöchentlich tiefenpsychologische Gruppentherapie,
— tägliche Teilnahme an Frühsport/Kneippen, Morgengruppe,
  eventuell Entspannungstraining und positivem Tagesrückblick,
— mindestens ein therapeutisches Einzelgespräch pro Woche,
— Visite,
— Sporttherapie (fakultativ),
— mindestens ein Kontakt zur Sozialarbeiterin der Station in der ersten
  Woche nach der Aufnahme zur Feststellung sozialer Problempunkte,
— bei PatientInnen, die zur Übernahme in die zweite Behandlungphase
  anstehen: Bearbeitung eines ausführlichen Anamnesefragebogens
  (Lazarus 1978) sowie eventuell weitere Tests.

Natürlich sind auch innerhalb dieses Rahmens flexible Schwerpunktsetzungen
möglich, angestrebt wird aber die Teilnahme am gesamten dargestellten Programm für alle PatientInnen der Eingewöhnungs- und Vorbereitungsphase.

Der erste Therapieabschnitt endet gewöhnlich mit einem resümierenden
Gespräch mit dem/der PatientIn und der Einführung in die nun einsetztenden
weiteren Therapieformen. Es ist jedoch — was selten vorkommt — auch möglich,
daß der/die PatientIn die Station nach dieser Phase wieder verläßt.

Phase der verstärkten psychotherapeutischen Intervention

Der Übergang in die zweite Behandlungsphase erfolgt dann, wenn der Patient oder die PatientIn wie auch das therapeutischen Team zu der Ansicht gelangt sind, daß die notwendigen Voraussetzungen erreicht wurden. Diese sind vor allem:

– (weitgehend) abgeschlossene Diagnostik somatischer Erkrankungen,
– ausreichende Motivation zur Psychotherapie im eigentlichen Sinne,
– ein psychogene Faktoren anerkennendes Konzept psychischer Störungen seitens der PatientInnen,
– ausreichende Gruppenfähigkeit,
– Vorhandensein beziehungsweise Einleitung der Gewährleistung sozialer Grundsicherung (Lebensunterhalt, Wohnung etc.).

Das therapeutische Angebot dieses Behandlungabschnittes ist in einigen Punkten vergleichbar mit dem anderer spezialisierter Einrichtungen. Den Kern bildet weiterhin die dreimal pro Woche stattfindende tiefenpsychologisch orientierte Gruppentherapie. Es wird nun eine auf die besonderen Bedürfnisse der PatientInnen abgestimmte Planung der Zusatztherapien getroffen. Diese sind, wie oben bereits erwähnt, meist nicht symptomzentriert. Eine Ausnahme bilden hierbei die verhaltenstherapeutischen Trainings. Zu den Zusatztherapien gehören:

– Kommunikationstraining,
– Sozial- und Selbstsicherheitstraining,
– Gestaltungstherapie einzeln oder in der Gruppe,
– ›Projektgruppe‹ und Rhythmusgruppe,
– Körpertherapie (Bewegungsanalyse) einzeln oder in der Gruppe,
– Musiktherapie einzeln oder in der Gruppe,
– Einzel-Sondertherapien (vor allem Trainings),
– Familiengespräche/Familientherapie. (Erläuterungen siehe Kapitel 2.6)

Die Dauer der zweiten Behandlungsphase ist im Rahmen der gesamten Behandlungszeit flexibel handhabbar und wird mit dem/der PatientIn bereits im voraus festgelegt. Die zeitweilige Rückversetzung in die Vorbereitungsphase (etwa wegen Überlastung) ist denkbar, sollte jedoch vermieden werden. Muß ein/e PatientIn vorübergehend auf eine geschlossene Station verlegt werden, so erfolgt die Wiederaufnahme meist in die Vorbereitungsphase. Die Indikation für den Übergang in die zweite Behandlungsphase muß dann neu gestellt werden.

Die Entlaßphase

Das Konzept zahlreicher psychotherapeutischer Einrichtungen krankt an einem Mangel an systematischer Betrachtung der ›Zeit danach‹, des (Alltags-)Lebens nach der stationären Behandlung. Die Monate auf einer Psychotherapiestation bedeuten für viele PatientInnen einen entscheidenden Einschnitt in ihrer Biographie. *Kühnlein & Mutz (1996)* zum Beispiel berichten anhand einer qualitativen Studie über ehemalige stationäre PsychotherapiepatientInnen: »Die meisten der von uns befragten Personen führten entscheidende Lebensveränderungen direkt oder indirekt auf die stationäre Therapie zurück« (S. 230). Das Leben unter diesen neuen Erfahrungen neu zu justieren mit dem Stigma, ›Psychiatriepatient‹ gewesen zu sein, umzugehen, Erfahrenes ohne den Rückhalt der Gruppe umzusetzen, den Verlust der Gruppe und der TherapeutInnen betrauern etc: »Die Radikalität der Trennung bei der Entlassung mobilisiert Affekte und Phantasien, die mit frühkindlichen Trennungstraumata verbunden sind«. *(Müller & Knaus 1988, S. 83)*

Dies sind nur einige Anforderungen, die nach der Entlassung oft wie eine ›geballte Ladung an Negativem‹ auf die PatientInnen wartet. Dieser Tatsache soll der letzte Behandlungsabschnitt Rechnung tragen.

Beim Übertritt scheidet der/die PatientIn aus den Therapien des zweiten Behandlungsabschnitts aus und kehrt zum therapeutischen Standardprogamm der Aufnahmephase zurück. Zusätzlich erfolgt die Teilnahme an der von der Sozialpädagogin der Station geleiteten ›Entlaßgruppe‹, die die anfallenden Schwierigkeiten bei der Umstellung auf das Leben ›Draußen‹ zum Thema hat, sowie, wenn indiziert, die wenn irgend möglich mehrstündig täglich stattfindende hausinterne Arbeitstherapie. Wochenendbeurlaubungen, in der zweiten Behandlungphase zur Erprobung des therapeutischen Fortschritts bereits angewandt, werden nun großzügiger gewährt, Angehörige werden in die weiteren Überlegungen verstärkt mit einbezogen. Die PatientInnen sollen sich mehr und mehr außerhalb der Klinik aufhalten. Berufliche Umorientierungswünsche können nun systematisch verfolgt werden, Ämter- und Behördengänge werden vorbesprochen und durchgeführt.

Einen wesentlichen Teil der Entlassungsphase nimmt die optimale Organisation der weiteren ambulanten Behandlungsschritte in Anspruch. Spätestens jetzt soll Kontakt zu psychologischen und/oder ärztlichen WeiterbehandlerInnen oder Selbsthilfegruppen aufgenommen werden. Eine kurzzeitige Verlegung in die Tagesklinik oder die Weiterbetreuung durch die Institutsambulanz des Hauses kann diskutiert werden.

Die Dauer dieser Entlaßphase kann sehr unterschiedlich sein. Bei einigen Patient-Innen mag sie den wesentlichen Teil der Behandlung ausmachen, bei anderen kann sie fast übergangen werden. (Auf die Bedeutung der an die Station angegliederten Therapeutischen Trainingswohnung wird im folgenden Kapitel gesondert hingewiesen.)

2.6 Zu den Therapieangeboten

Nach der Darstellung der drei Behandlungsphasen sollen nun kurz die wesentlichen Therapieelemente der Psychotherapiestation im Einzelnen erläutert werden. Die non-verbalen Therapieformen sollen in dieser Darstellung nur gestreift werden (vgl. dazu das entsprechende Kapitel in diesem Band).

Tiefenpsychologisch orientierte Therapiegruppe

Die mindestens dreimal pro Woche stattfindende, 75-minütige Gruppentherapie ist das Kernstück der Therapie auf der Psychotherapiestation. Sie spiegelt im Kleinen das Gesamtkonzept wider: Eine tiefenpsychologische Grundorientierung bietet das Fundament für einen flexiblen, PatientInnen-zentrierten Einsatz therapeutischer Einzeltechniken. Das zugrundeliegende Konzept der auf der Therapiestation durchgeführten Gruppentherapie richtet sich nach den Vorgaben der psychoanalytisch-interaktionellen Therapie von *Heigl-Evers & Ott (u. a. 1998)*.

Je nach Zusammensetzung der Therapiegruppe können folgende therapeutische Faktoren im Vordergrund stehen (vgl. auch *Yalom 1989*):

1. Allgemeine therapeutische Faktoren (durch das Erleben von Akzeptanz und emotionaler Wärme kann wieder Zugang zu der eigenen Gefühlswelt erreicht werden, es kann riskiert werden, mit seinem Verhalten und seinen Gefühlen in neuer Weise umzugehen usw.).
2. Einsichtsvermittelnde Faktoren (der/die PatientIn etwa erkennt, wie sich das psychische Leiden aus der Lebensgeschichte ableitet, wie die konkreten Auswirkungen auf die gesamte Person aussehen, was alles zur Aufrechterhaltung des Problems beiträgt, welche Lösungsansätze bestehen u.v.m.).
3. Beziehungsfaktoren (in der konkreten Interaktion in der Gruppe im Hier und Jetzt wird das eigene Erleben und Verhalten deutlich, neue Beziehungsformen können eingeübt, Erfahrungen und Gefühle anderer mit einbezogen werden).

4. Psychodynamische Faktoren im engeren Sinn: »Die Gruppe beinhaltet die Möglichkeit, daß innerpsychische Konflikte des einzelnen durch verschiedene Gruppenmitglieder inszeniert und so als interpersonale Konflikte bearbeitet wenden können, währenddessen auch umgekehrt das Individuum mit seinem intrapsychischen Konflikt zum Protagonisten, zum Darsteller eines Gruppenkonfliktes, wird.« *(Müller & Knauss 1988, S. 83)*

Die Aufgabe der Gruppenleitung liegt in erster Linie in der Herstellung eines ›guten Gruppenklimas‹ und der Förderung der Gruppenkohäsion. Die Tatsache, daß grundsätzlich KotherapeutInnen mit anwesend sind, stellt eine zusätzliche große therapeutische Chance dar, da diese, von der konkreten Aufgabe der Gruppenleitung befreit, ein breiteres Wahrnehmungsspektrum erreichen und zusätzlich durch Modellfunktionen (etwa durch ihren Interaktionsstil), sehr unmittelbar verändernd Einfluß nehmen können.

Der Gruppentherapeut selbst folgt weitgehend einer nondirektiven, prozeß- und interaktionsfördernden Gesprächsführung. Deutungen werden nur selten verbalisiert, konkrete Veränderungsvorschläge bleiben der Gruppe überlassen. Eine ›Einzeltherapie in der Gruppe‹ soll in jedem Fall vermieden werden, die Gruppe selbst ist die zentrale therapeutische Wirkgröße. Hinzu kommt noch wegen der sehr begrenzten Zahl der Gruppensitzungen die dringende Berücksichtigung der Erkenntnisse der analytischen Kurzgruppenpsychotherapie (siehe vor allem *Mattke & Tschuschke 1997*).

Direkt nach jeder Gruppensitzung kommt das therapeutische Team zu einer kurzen Reflektion des Gruppengeschehens und Einordnung in den gesamten Therapieprozeß zusammen.

Morgengruppe

Die täglich stattfindende Morgengruppe eröffnet durch eine kurze gemeinsame Gesprächsrunde den Tag auf der Station. Sie dient dadurch der Entwicklung eines ›Gemeinschaftsgefühls‹, der primären Voraussetzung für eine ›therapeutische Gemeinschaft‹. Es nehmen daran sowohl die Mitglieder des therapeutischen Teams als auch alle PatientInnen der Station teil. Besprochen werden zum einen organisatorische Angelegenheiten der einzelnen oder der gesamten Gruppe, etwaige Probleme der vergangenen Nacht sowie Vorhaben und Erwartungen für den kommenden Tag.

Wochenzielbesprechung

An der einmal pro Woche stattfindenden ›Wochenzielbesprechung‹ nehmen ebenfalls alle PatientInnen, möglichst vollzählig auch die Teammitglieder der Station sowie der zuständige Oberarzt teil. Ihr geht eine Besprechung des Stationsteams und des Oberarztes voraus. Der Sinn der Wochenzielbesprechung liegt zum einen in der Strukturierung und Dokumentation des Therapieverlaufs durch die PatientInnen selbst, zum anderen aber auch in der notwendigen Zentrierung der Therapie auf den formulierten Fokus. Die PatientInnen erhalten zu diesem Zweck ein vorgedrucktes Wochenprotokoll, in das Therapieziele, Schritte zu deren Erreichung sowie eine Einschätzung der Licht- und Schattenseiten der letzten Therapiewoche eingetragen werden. Am Ende des stationären Aufenthalts haben sie so ein Therapie-Tagebuch erstellt, das sie auch mit nach Hause nehmen können.

Im Anschluß an die Gesprächsrunde besteht dann im Sinne eines allgemeinen Stationsforums die Möglichkeit zur Klärung organisatorischer Angelegenheiten der vergangenen beziehungsweise kommenden Woche.

Entspannungstraining

Das Entspannungstraining folgt dem Verfahren der Progressiven Muskelentspannung nach *Jacobson* (u. a. *Bernstein 1982*), vereinfacht dies jedoch in einigen Punkten. Es wird von den Krankenschwestern beziehungsweise -pflegern in Kursform selbständig und unter Supervision des Psychologen durchgeführt.

Der Zweck eines Entspannungsverfahrens als Bestandteil stationärer Psychotherapie liegt in vielen Punkten auf der Hand. Zum einen dient es als notwendige vorübergehende Regressionshilfe für PatientInnen, die ›Abstand‹ vom oft quälenden Alltag und des damit zusammenhängenden Gedanken nötig haben. Es ist zudem die notwendige Voraussetzung für zahlreiche therapeutische Einzelverfahren (vgl. das nächste Kapitel), stimuliert den meist vernachlässigten Phantasiebereich im Menschen und fungiert als nebenwirkungsfreie Einschlafhilfe. Durch seine Körperzentriertheit bietet jedoch gerade die Progressive Muskelentspannung auch die Möglichkeit eines Einstiegs in neue Formen der Körperselbstwahrnehmung. Oft wird nach sehr langer Zeit erstmals im Entspannungsverfahren der Körper wieder als angenehme Gefühle auslösender Teil der eigenen Person erlebt. Jeder Entspannungssitzung schließt sich eine therapeutische Gesprächsrunde an, in der die gemachten Erfahrungen besprochen und eingeordnet werden können. In Einzelfällen kann es – meist zu Anfang – auch zu vorübergehenden Mißempfindungen

bei PatientInnen kommen. In solchen Fällen kann dann übergangsweise zu Einzel-
entspannungssitzungen übergegangen werden, in denen die Ursachen solcher Störungen meist rasch aufgefunden werden. Ziel ist es, den PatientInnen eine gut
geübte Entspannungsmethode mit nach Hause zu geben.

Einzel-Sondertherapien

Zu den unter diesem Sammelbegriff subsumierten Verfahren gehören v.a. einige
verhaltenstherapeutische Standardmethoden (u. a. *Fliegel 1990*) wie die ›Reizkon-
frontation und Reaktionsverhinderung‹, Symptom-, Tages- und Wochenprotokolle
etc., aber auch einzelne Techniken aus dem Repertoire von Psychodrama und
Gestalttherapie. Sie werden zeitlich begrenzt und immer individuell abgestimmt
eingesetzt. Die Einbettung einzelner Verfahren in den gesamten Therapieablauf
wird den jeweiligen PatientInnen genau erläutert.

Positiver Tagesrückblick

So wie die Morgengruppe den gemeinsamen Tagesbeginn markiert, so beenden
alle PatientInnen zusammen den Therapietag im Positiven Tagesrückblick. Unter
anderem basierend auf der Idee der Kognitiven Umstrukturierung (u.a. *Meichen-
baum 1979*) entwickelte sich mit der Zeit eine spezielle Therapieform mit unterschiedlichen Ansatzpunkten: Die individuelle Komponente kommt zum Tragen,
wenn die einzelnen PatientInnen positive Reaktionen anderer auf sie akzeptieren
und eventuell in ihr Selbstbild integrieren oder wenn sie selbst den MitpatientInnen positive Rückmeldungen übermitteln sollen. Die soziale Komponente kommt
in den Beziehungen zur Gruppe beziehungsweise zu den einzelnen jeweiligen MitpatientInnen zum Ausdruck, die durch solche Mitteilungen entstehen. Erfahrungsgemäß stellt diese Gruppe für viele PatientInnen eine erhebliche Schwierigkeit dar,
so daß nicht selten viel grundsätzlichere Themen zur Sprache gebracht werden, als
dies die Vorgabe eines positiven Tagesrückblicks erwarten läßt. Nicht selten ziehen
sich in dieser Gruppe angeschnittene Themen lange durch den Therapieverlauf.

Therapeutische Einzelgespräche

Das gesamte Konzept der Station ist primär gruppentherapeutisch orientiert. Ein
ausschließliches Festhalten an den Therapiegruppen war jedoch von Anfang an
nicht die Intention. Jede/r PatientIn erhält fest vereinbart mindestens einen Einzel-
therapietermin wöchentlich beim Psychologen/Ärztin der Station.

Zusätzliche therapeutische Einzelgespräche werden in Einzelfällen vom Personal (unter Supervision) als auch von Stationsärztin/psychologe geführt und haben so unterschiedliche Zielsetzungen. Eine Einzeltherapie im eigentlichen Sinne ist damit jedoch in keiner Weise beabsichtigt. Diese sind sowohl aus konzeptionellen als auch aus personellen Gründen ausgeschlossen. So erfüllen die therapeutischen Einzelgespräche im wesentlichen folgende Funktionen:

– stützende, vertrauensbildende, strukturierende, klärende, informationsvermittelnde Funktionen (hauptsächlich von Personal oder Sozialdienst geführt),
– gruppenvorbereitende Funktionen (z. B. kann das Besprechen eines Themas in der Einzelsitzung dessen Bearbeitung in einer Gruppe erst ermöglichen),
– den Therapieprozeß anstoßende und konzentrierende Funktionen ,
– Kriseninterventionsfunktionen.

Da den einzelnen PatientInnen keine bestimmte Bezugsperson zugewiesen, sondern versucht wird, immer als gesamtes therapeutisches Team aufzutreten, ist die stete Dokumentation und Weitervermittlung der wesentlichen Inhalte der Einzelsitzung eine wichtige Voraussetzung für deren Einbettung in das Gesamtkonzept .

Kommunikationstraining

In dieser Therapieform geht es um Lernziele im affektiven, kognitiven und verhaltensmäßen Bereich, immer bezogen auf zwischenmenschliche Beziehungen, sie zählt also zu den ichfunktions-stärkenden, übenden Therapien Die Gruppendurchführung obliegt – unter ständiger Supervision – dem Pflegepersonal. Es werden gut strukturierte Vorgaben mit konkreten Handlungsanweisungen gegeben, an die Bedürfnisse und auch Belastungsfähigkeit der jeweiligen Gruppe angepaßt. Den Fundus an Übungen stellen unter anderem Interaktionsspiele *(Vogel 1984)* oder andere Anleitungen zu sozialen Trainings (u. a. *Schwäbisch 1985*) dar. Es handelt sich um verbale, meist jedoch non-verbale oder handlungsorientierte Übungen, deren Sinn weniger in einer Aufdeckung individueller Defizite, sondern vielmehr im Erkennen und Fördern persönlicher Fähigkeiten und Stärken liegen.

Die Gruppe findet einmal pro Woche statt, jeder Übungssequenz folgt eine Besprechungsrunde mit den GruppenleiterInnen. Werden, wie oft der Fall, übergeordnete oder sehr stark konfliktbehaftete Themen berührt, besteht die Möglichkeit, diese in dertiefenpsychologisch orientierten Therapiegruppe erneut aufzugreifen.

Sozial- und Selbstsicherheitstraining

Diese Therapieform stellt das zweite ›Standbein‹ der übenden Verfahren im Therapieprogramm der Station dar. Es geht zurück auf das ›assertiveness training‹ von *Ullrich & Ullrich (1990)*, hat jedoch im Laufe seiner langjährigen Verwendung zahlreiche pragmatisch bedingte Abwandlungen erfahren. Die Durchführung entspricht etwa dem des Kommunikationstrainings, jedoch sind die Übungssituationen noch viel stärker strukturiert. Der ›Trainingsaspekt‹ tritt im Sinne von konkretem, oft mehrmaligem Üben schwieriger sozialer Situationen noch mehr in den Vordergrund. Der Einsatz von Videoaufzeichnungen ermöglicht eine exakte Verhaltensrückmeldung, stellt jedoch für die Therapiegruppe eine nicht unerhebliche Belastung dar. Die TherapeutInnen bringen sich durch direktive Interventionen und modellhafte Aktionen sehr stark in den Therapieablauf ein, trotzdem gilt auch hier die Maxime der Nutzung der Gruppe als primäres therapeutisches Agens.

Non-verbale Therapieformen

Die non-verbalen Therapieformen (der Ausdruck ist eigentlich nicht korrekt und müßte wegen des oft nicht unerheblichen verbalen Anteils semi-verbale Verfahren genannt werden) spielen im Gesamtkonzept quantitativ wie auch qualitativ eine enorme Rolle. Nicht selten stellen sie den – oft einzigen – Motor des Therapieprozesses der PatientInnen dar, psychoanalytische stationäre Psychotherapie ist ohne deren Beitrag heute nicht mehr denkbar: »Unserer Erfahrung nach schreiten im Bewußtwerdungsprozeß die mehr non-verbalen Therapieverfahren, insbesondere im Vergleich zu den mehr verbalen Verfahren, voran.« *(Becker 1988, S. 39)*

Dabei kommt den Verfahren eine eigentümliche ›Zwitterstellung‹ im therapeutischen Gesamtgeschehen zu: Zum einen verfolgen sie eine eigenständige therapeutische Linie: der/die PatientIn ist in einen relativ autonomen, verfahrensspezifischen Prozeß eingebunden. Zum anderen fungieren die non-verbalen Formen aber auch – in ihrer Eigenschaft als ›Therapiebaustein‹ des Gesamtkonzepts – als Zuarbeiter, Unterstützer etc. des therapeutischen Gesamtprozesses. Sie müssen sich in diesen einklinken, zum Beispiel dazu motivieren, das in den non-verbalen Therapien Erfahrene in den gesamten Therapieverlauf zu integrieren. Letzteres erfordert von den non-veral arbeitenden TherapeutInnen eine möglichst hohe Präsenz im therapeutischen Team. Von Vorteil ist auch deren – zumindest sporadische – Teilnahme an der tiefenpsychologisch orientierten Gruppentherapie.

Die Musiktherapie: Die in der Gruppe, in Ausnahmefällen aber auch als Einzeltherapie durchgeführte Musiktherapie stellt das aktive Musizieren der PatientInnen ins Zentrum. Durch unterschiedliche Improvisationsanregungen können äußerst heterogene therapeutisch relevante Faktoren (zum Beispiel Beziehungsgestaltung zur Gruppe und Therapeutin, Wahrnehmung, Differenzierung und Ausdruck von Gefühlen u.v.m) im Mittelpunkt stehen. Die anschließende verbale Reflektion des Geschehens dient der Bewußtmachung der abgelaufenen Prozesse und deren Einordnung in die individuelle Geschichte und den gesamten Therapieprozeß (vgl. den Beitrag von *Draugelates* diesem Band).

Die Rhythmusgruppe: Die ausschließliche Arbeit mit Rhythmusinstrumenten in einer kleinen Gruppe soll vor allem PatientInnen mit Impulskontrollstörungen alternative Erlebens- Umgangsweisen mit anflutenden destruktiven Impulsen ermöglichen (vgl. den Beitrag von *Draugelates* in diesem Band).

Gestaltungstherapie: In der Gestaltungstherapie sind das Malen und Zeichnen, in selteneren Fällen auch die Arbeit mit Ton, die primären Ausgrucksmöglichkeiten. Zu vorgegebenen Themen sollen die PatientInnen ohne ›den Umweg über den Kopf‹ mittel dieser Hilfsmittel einen assoziativen Zugang zu entsprechenden konflikthaften und affektive getönten seelischen Bereichen bekommen. Dabei wird auf theoriezentriertes Deuten und Interpretieren – auch in der reflektierenden Nachgesprächsrunde – weitgehend verzichtet.

Projektgruppe: Diese Therapieform ersetzt auf der Psychotherapiestation quasi die herkömmliche Beschäftigungstherapie. Es geht darum, in der Gruppe gemeinsam ein Projekt (eine Collage, einen Wandbehang etc.) zu finden, zu beschließen, zu planen und durchzuführen (vgl. den Beitrag von *Birk* in diesem Band).

Bewegungsanalytische Therapie: Die Bewegungsanalytische Therapie (zum Beispiel *Rick1996*) ist die auf unserer Psychotherapiestation angewandte Form der Körpertherapie. Auf einer dezidiert psychoanalytischen Grundlage fußend stellt sie die ideale Ergänzung gerade für ein tiefenpsychologisch fundiertes Gesamtkonzept dar.

Soziotherapeutische Gruppe: Die Soziotherapeutische Gruppe stellt einen äußerst wichtigen Bestandteil des Gesamttherapiekonzepts dar, da nicht selten in die Fokusformulierung auch soziale Belange mit eingehen. Sie ist stark an den bevorstehenden Erfordernissen des realen Lebens ausgerichtet und geht diese sowohl theoretisch (etwa durch Informationen über Behörden, Arbeitsrecht etc.) in erster Linie aber praktisch an. Die PatientInnen sollen sich in die Alltagssituationen begeben, den Arbeitgeber, Kollegen, alte Freunde aufsuchen, anknüpfen an frühere Beziehungen oder neue Beziehungen aufbauen und dies in der Gruppe thematisieren. Jedes Gruppenmitglied erhält bis zur nächsten Gruppenstunde einen konkreten Auftag ›in der Alltagswelt‹, der dann nachbesprochen wird. Daneben sind sowohl die psychischen Belastungen durch die Trennung von der Station als auch die konkreten Erschwernisse nach der Entlassung Themen der Gruppe, die vom Sozialpädagogen der Station geführt wird. Die Organisation und Einleitung der notwendigen Nachsorge ist ein weiteres wichtiges Arbeitsfeld. Die PatientInnen bringen dabei selbst ein, was ›auf den Nägeln brennt‹, es können aber auch von Seiten des therapeutischen Teams Themenbereiche vorgeschlagen werden.

Stationsübergreifende Zusatztherapien: Die bisherige Darstellung bezog sich auf diejenigen Therapieformen, die explizit von der Station für ihre PatientInnen angeboten werden. Es stehen uns jedoch, wie jeder anderen Station der psychiatrischen Klinik auch, zusätzlich diejenigen Therapien zur Verfügung, die zum generellen therapeutischen ›Repertoire‹ zu rechnen sind. Neben weiteren körperlichen Therapieformen (Kneippen, Schwimmen etc.) gilt die vor allem für:

– *Frühsport/Sporttherapie.* Sportliche Aktivitäten im Rahmen einer stationären Psychotherapie haben einen breiten Nutzen. Sie dienen einmal der generellen Mobilisierung und körperlichen Fitness, die als Voraussetzung auch für seeliches Wohlbefinden zu betrachten sind. Diese Tatsache gilt vor allem während eines stationären Aufenthaltes, der immer die Gefahr großer Bewegungsarmut und abnehmender körperlicher Leistungsfähigkeit mit sich bringt. Gerade im Hinblick auf eine Wiedereingliederung ins Erwerbsleben ist dem durch vorbeugende Aktivitäten Rechnung zu tragen.

Ein zweiter wichtiger therapeutischer Faktor dieser Therapieformen liegt in den ihnen innewohneneden Erfahrungs- und Experimentiermöglichkeiten mit dem Körper. Viele PatientInnen besitzen ein gestörtes, oftmals entfremdetes Körperschema (etwa bei verschiedenen Eßstörungen) oder interpretieren Körpersignale fehl (etwa bei bestimmten Formen von Angststörung) Eine erste Neuorientierung in diesem Bereich können sportliche Aktivitäten ermöglichen.

– *Arbeitstherapie,* die vor allem in der dritten, soziotherapeutischen Behandlungsphase ihren Platz hat.

– *Gartengruppe.* Gemeinsam mit der Arbeitstherapie besteht hier die Möglichkeit, körperliche Arbeit an frischer Luft zu nachzugehen und Verantwortung für den Garten zu übernehmen.

– *Computertraining* wird angeboten, um die Belastbarkeit und Konzentration, ebenso wie das Gedächtnis, das Reaktionsvermögen und die Aufnahmekapazitäten zu trainieren. Viele PatientInnen erleben sich hier als erfolgreicher als sie sich selbst eingeschätzt haben und erfahren Erfolgserlebnisse. Die Übungen am Computer werden in spielerischer Art dar- und angeboten um den Leistungsaspekt zu entschärfen.

– *Biofeedback* (u. a. *Rief & Birbaumer 1999*) unterstützt Entspannungsprozesse vor allem bei AngstpatientInnen und vermittelt eine eingehende Kenntnis der Körperreaktionen. »Durch Biofeedback, d.h. die Rückmeldung biologischer Vorgänge, wird es Menschen ermöglicht, bewußte Kontrolle über Prozesse des autonomen Nervensystems zu erlangen. Körperprozesse wie muskuläre Spannung, Hauttemperatur oder Pulsschlag werden den Betroffenen über akustische Signale zurückgemeldet. Diese werden zu Hinweisreizen, entspannende oder beruhigende Techniken anzuwenden. Die anschließende Veränderung der Körpersignale in der erwünschten Richtung wird durch die Zunahme an Kontrollierbarkeit als Verstärkung erlebt.« *(Inger-Broda & Speight 2000)* Die Ingolstädter Psychotherapiestation wendet vor allem respiratorisches Biofeedback an.

2.7 Die therapeutische Trainingswohnung

Zur Station gehört eine, in einem benachbarten Wohngebiet gelegene Therapiewohnung mit zwei Wohnplätzen. Die PatientInnen können maximal 12 Wochen hier wohnen und nehmen abgestuft am therapeutischen Programm der Station teil. Die Indikation für einen Umzug von Station in die Trainingswohnung ergibt sich vor allem aus zwei Kriterien:

– PatientInnen mit schwerer Persönlichkeitsstörung oder großer Selbstunsicherheit können unter sehr realitätsnahen Bedingungen »den Alltag trainieren« und sich so besser für die Zeit nach der stationären Therapie wappnen.

– PatientInnen mit Ängsten oder Zwängen haben die Möglichkeit in den ihrer sonstigen Lebenssituation angenäherten Situation ihre Symptomatik Schritt für Schritt »abzutrainieren«. Unterstützend hierzu werden spezifisch angepaßte verhaltenstherapeutische Programme durchgeführt.

Die jeweilige Indikationsstellung für die einzelnen Verfahren wird vom therapeutischen Team zusammen mit den in Frage kommenden PatientInnen festgelegt, diese werden dann den speziellen Therapeuten vorgestellt. Sind diese mit der Indikation einverstanden, so können diese PatientInnen eine Zusatztherapie in Anspruch nehmen. Die jeweiligen TherapeutInnen sollten dann in engem Kontakt zum stationären therapeutischen Team stehen.

2.8 Medikamentenbehandlung

Auf der Psychotherapiestation wird vorwiegend, nicht jedoch ausschließlich, mit psychotherapeutischen Methoden gearbeitet. Bei bestimmten Krankheitsbildern hat eine begleitende Psychopharmaka-Therapie einen großen Sinn und wird daher auch undogmatisch eingesetzt. Dies gilt vor allem für die Behandlung mit Thymoleptika. Entscheidend hierbei ist die genaue und fundierte Einbettung dieser Therapieform in den Gesamtrahmen. Dies gilt sowohl für den/die einzelne PatientIn als auch für die stationäre Gemeinschaft als Ganzes, um Pharmakotherapie und Psychotherapie nicht als scheinbar unvereinbar nebeneinander stehen zu lassen (vgl. u. a. *Danzinger 1991, Schüssler 1995, Thiel u. a. 1998*).

3   Das therapeutische Team

»Die Psychotherapie in der Klinik geschieht prinzipiell in einem multiprofessionellen Beziehungsfeld, in Form verschiedener Interaktionsmöglichkeiten mit verschiedenen Berufsgruppen und mit der Patientengruppe« *(Janssen & Martin 1999, S. 37)*.

Stationäre Psychotherapie ist die Behandlung einer PatientInnengruppe durch eine TherapeutInnengruppe. Die unterschiedlichen Berufsgruppen haben innerhalb der Multidisziplinarität die Aufgabe, ihren originären Aufgabenbereich zu definieren (vgl. z. B. *Vogel 2000*). »In einem integrierten Behandlungskonzept kommt dem multiprofessionellen Therapeutenteam (Arzt, Psychologe, Pflegekräfte, Spezialtherapeuten, Sozialarbeiter) eine tragende Rolle zu. Wesentliche Aspekte der Perönlichkeit des Patienten und des therapeutischen Prozesses bilden sich im Behandlungsteam ab, weshalb auch unter diesem Aspekt regelmäßige Teamkonferenzen erforderlich sind, die kontinuierlich und möglichst extern supervidiert werden sollten.« *(Franke 1999, S. 182)*

Auf der ›Psychotherapeutisch orientierten Spezialstation‹ arbeitet ein multidisziplinäres Team zusammen. Die Stationsleitung liegt bei einem Klinischen Psychologen, zwei ÄrztInnen (1,5 Stellen) befindet sich turnusmäßig zeitlich begrenzt auf der Station. Vom pflegerischen Sektor kommend, arbeiten derzeit (zum Teil teilzeit) fünf Schwestern und ein Pfleger, sämtlich mit Ausbildung als Fachpflegekraft Psychiatrie und/oder anderen therapeutischen Zusatzausbildungen auf der Station. Das Team wird ergänzt durch jeweils einen stundenweise zur Verfügung stehenden Ergotherapeuten, eine Diplom-Sozialpädagogin (FH) halbtags und eine Musiktherapeutin. Für eine begrenzte Zeit war außerdem ein Erzieherin halbtägig auf der Station tätig.

Die Pflegekräfte übernehmen unter ständiger Supervision des Psychologen mehrere therapeutische Funktionen. So können zum Beispiel stützende Einzelgespräche oder Sonder-Einzeltherapien (siehe oben) vom Psychologen an Schwestern/Pfleger delegiert werden. Auch Gruppentrainings werden vom Pflegepersonal in therapeutischer Funktion durchgeführt.

Die große Zahl an beteiligten Therapeutinnen und Therapeuten sowie die Vielzahl der auf den/die Einzelnen zukommenden Aufgaben machen eine besondere ›Teamkultur‹ notwendig, um bei der Behandlung an einem Strang zu ziehen. Um dies zu ermöglichen und weiter zu verbessern wurden besondere Strukturen geschaffen: Alle Einzelgespräche und die Geschehnisse in jeder Gruppensitzung werden jeweils für jede/n PatientIn dokumentiert, die Dokumentationsblätter stehen jenem Teammitglied zur Verfügung. Die Patientinnen und Patienten sind darüber informiert, daß es zwischen den Teammitgliedern einen Austausch hinsichtlich der wesentlichen Gesprächsthemen gibt. Vertrauensprobleme einzelner PatientInnen mit einzelnen Teammitgliedern werden zunächst akzeptiert, im Laufe der Therapie aber im Rahmen der Nutzung des ›multipersonellen Übertragungsraumes‹ den ein therapeutisches Team bietet, bearbeitet.

Täglich steht der Stationspsychologe und/oder der/die Stationsärztin während der ›Übergabezeit‹ von Früh- zu Spätschicht dem Team als Ansprechspartner zur Verfügung. Mindestens einmal wöchentlich erfolgt eine Teamsitzung aller Therapeutinnen und Therapeuten der Station, in der die Behandlungspläne der einzelnen PatientInnen diskutiert und aufeinander abgestimmt und individuelle Probleme bearbeitet werden. Hier vor allem wird in der Reflexion der Behandlungsverläufe und Beziehungsstrukturen die tiefenpsychologische Denkweise als fundamentales

Grundkonzept, das alle einzelnen Interventionsformen miteinander verbindet in den Stationsablauf eingebracht.

Etwa alle zwei Wochen wird vom Stationspsychologen eine stationsinterne Fortbildung durchgeführt. In zirka vierwöchigem Abstand erfolgt eine zweistündige Team-Supervision im Hause, geleitet von einem externen Supervisor. All diese Maßnahmen ermöglichen ein Herantreten an die PatientInnen als ein Team und gewährleisten eine einheitliche Behandlungsstrategie (zu therapeutischen Teams vgl. u. a. *Barde & Mattke 1993*).

4 Indikationskriterien und Aufnahmemodus

Die Aufnahme auf die Station erfolgt in der Regel durch Übernahme des/der PatientIn beziehungsweise von einer Akutstation des Hauses. Der Stationsarzt/psychologe meldet die infrage kommenden PatientInnen zu einem Vorgespräch an und trifft somit bereits eine indikationsmäßige Vorauswahl des/der PatientIn; bei gegebener Indikation werden diese entweder unmittelbar übernommen oder nach einer vereinbarten Entlassungsperiode direkt auf die Station aufgenommen.

Werden PatientInnen von niedergelassenen ÄrztInnen zur Therapie eingewiesen, so erfolgt die Aufnahme im allgemeinen ebenfalls über einen Voraufenthalt auf einer (meist offenen) Akutstation; diese Maßnahme dient vor allem dazu, die psychotherapeutisch orientierte Spezialstation von übermäßiger somatischer Diagnostik und Therapie zu entlasten. Von einzelnen bekannten niedergelassenen Nervenärztinnen beziehungsweise -ärzten oder über Bereichsleitende Ärzte des Hauses kann auch eine direkte Aufnahme auf die Station erfolgen.

Die Behandlung soll im Prinzip allen erwachsenen PatientInnen offenstehen, die nicht primär medikamentös behandelt werden und bei denen die Art und Schwere der Erkrankung eine stationäre psychotherapeutische Behandlung rechtfertigen. Zur Aufnahme kommen folgende PatientInnengruppen in Betracht:

– schwere oder chronifizierte neurotische Störungen,

– Psychosomatosen,

– sekundärer Suchtmittelgebrauch (nach einer eventuell notwendigen Entgiftungsphase),

– PatientInnen mit ich-strukturellen Störungen beziehungsweise Persönlichkeitsstörungen,

– psychische Probleme bei chronisch-körperlichen Erkrankungen,
– Kriseninterventionen,
– nach sorgfältiger Indikationsstellung: bestimmte postpsychotische Zustandsbilder (darunter fallen in erster Linie PatientInnen mit phasisch verlaufenden affektiven Störungen außerhalb der Krankheitsphasen).

Die Flexibilität des Therapiekonzepts ermöglicht die Behandlung einer derart heterogenen PatientInnengruppe. Zwingende Notwendigkeit dabei ist die bereits im Vorgespräch festzusetzende individuelle Therapiezielsetzung und Begrenzung des Behandlungsziels auf den erarbeiteten Fokus.

Als *Kontraindikationen* können gestellt werden:

– akute Suizidalität,
– Erkrankungen aus dem schizophrenen Formenkreis,
– primäre Abhängigkeiten/Süchte,
– vorrangig behandlungsbedürftige körperliche Störungen,
– Fokusformulierung nicht möglich.

Hiermit sind indirekt auch die Abbruchkriterien formuliert, anhand derer über eine vorzeitige Beendigung bzw. Unterbrechung der Therapie entschieden wird. Die Frage einer erneuten Aufnahme auf die Station nachdem dort bereits einmal eine Behandlung durchgeführt wurde, ist nur im Einzelfall zu beantworten. Dabei ist zu unterscheiden, ob es sich lediglich um eine einige Tage dauernde Krisenintervention handelt (hier könnte in Einzelfällen durchaus großzügig verfahren werden), oder ob ein erneuter Durchlauf durch das gesamte Stationsprogramm vorgesehen ist. In diesem Falle ist die Indikation besonders sorgfältig zu erwägen.

Die differentialindikative Entscheidung, welche/r PatientIn nun in die Kurzzeit- beziehungsweise längerfristige Therapiegruppe aufgenommen wird, wird vom das Aufnahmegespräch führenden therapeutischen Team unter Hinzuziehung der VorbehandlerInnen getroffen. Entscheidend ist hierfür neben diagnostischen Überlegungen vor allem die Beurteilung der primären Kontaktfähigkeit und der vorhandenen Ressourcen der PatientInnen sowie die Möglichkeit einer prägnanten Fokusformulierung.

Psychoanalytisch gilt die Regel, daß mit dem Ausmaß der Frühstörungsanteile die Notwendigkeit eines längerfristigen Aufenthalts steigt, da obig angeführte Parameter umso geringer erfüllt sind.

E. Lehmann-Wegner

Das Pflegeteam der psychotherapeutisch orientierten Spezialstation

1 Einleitung

Die speziellen Inhalte der Pflege in der stationären Psychotherapie werden in der Krankenpflegeausbildung nicht vermittelt. Das spezifisch Pflegerische und die sich daraus ergebenden Tätigkeiten müssen klar formuliert und erlernt werden. Dies geschieht sowohl durch die Fachweiterbildung für Psychiatrie als auch durch ständige Fortbildung. »*Ich pflege als der, der ich bin*« *(Juchli 1987, 5.23)*

Die Probleme und Konflikte, aus denen heraus die Patienten leiden, sind grundsätzlich die gleichen, die im Leben der Krankenschwester/des Krankenpflegers wirksam sind. Deswegen ist die Bereitschaft zu Selbsterfahrung und Persönlichkeitsentwicklung eine weitere Voraussetzung für professionelle Pflege in der stationären Psychotherapie. »Das heißt also, Pflegende sind sich über ihre eigenen Bedürfnisse im klaren, sie sind in der Lage, diese weitgehend selbst zu erfüllen (und erwarten dies nicht vom Team oder von den Patienten)... Der Wunsch, zu helfen und persönlich für die Patienten da zu sein, reicht nicht aus. Viel eher ist es wichtig, diesen Wunsch zu erkennen und eine relative Unabhängigkeit von seiner Befriedigung zu erreichen.« *(Ahrens 1997, S. 106)*

Die Aufgaben der Pflege in der stationären Psychotherapie sind oft nicht klar und eindeutig von den Tätigkeiten anderer Berufsgruppen abzugrenzen. Dabei erfordert eine konstruktive Zusammenarbeit natürlich eine Rollendiffusion ohne hemmende hierarchische Barrieren. Umso wichtiger für das pflegerische Selbstverständnis ist die Beschreibung des Arbeitsbereichs und der Tätigkeiten für die eigene Identität und die Standortbestimmung der Pflege im multidisziplinären Team auf der Station, denn es »... erlebt der einzelne in der Interaktion mit seinem Team seine Identität, was große Vorteile für eine ganzheitliche Betrachtung von Behandlung hat. Mit dieser Auffassung wird sich eine Pflegekraft in ein Behandlungsteam als Person integrieren können, und sie muß sich nicht abgrenzen, um jemand zu sein.« *(Bauer & Wiesma 1996, S. 133)*

2 Beschreibung der Station

Die Station liegt in der Ebene Z1 der psychiatrischen Klinik und umfaßt 16 Betten, davon zehn in Einzelzimmern, vier in Doppelzimmern und zwei in der außerhalb gelegenen Therapiewohnung. In dieser Wohnung nehmen die Patienten weiterhin abgestuft am therapeutischen Programm der Station teil, können unter realitätsnahen Bedingungen den Alltag trainieren und sich somit besser auf die Zeit nach der stationären Therapie vorbereiten.

Auf Station gibt es einen großen Aufenthaltsraum zum Essen, in dem auch die meisten Therapiegruppen stattfinden, eine Küche und einen Fernsehraum mit Wohnzimmereinrichtung. Auf dem Gang befindet sich eine Sitzecke (Raucherecke) und Spielgeräte (Billard, Tischtennis), zu der alle Patienten der psychiatrischen Klinik Zugang haben. Außerdem verfügt die Station über ein großes Bad, zwei Duschen und einen Nebenraum (Wäschekammer). Dem Stationsteam steht ein Stationszimmer und ein Besprechungszimmer zur Verfügung; die Arztzimmer liegen außerhalb der Station. Bis auf das Stationszimmer, in dem Medikamente und Akten aufbewahrt werden, sind die Türen der Station tagsüber unverschlossen.

Tätigkeiten, die zum allgemeinen pflegerischen Aufgabenbereich gehören und den organmedizinischen Bereich betreffen, werden vom Pflegeteam täglich ausgeführt. Auf Station wird vorwiegend, aber nicht ausschließlich, mit psychotherapeutischen Methoden gearbeitet; dies setzt auch für die Pflege andere Schwerpunkte und Inhalte, die sich mit fachtherapeutischen Bereichen überschneiden.

3 Aufgaben als Gruppenleitung

Die folgenden Therapiegruppen werden vom Pflegeteam selbständig und unter Supervision des Stationspsychologen durchgeführt. Neben der Gruppenleitung ist immer ein weiteres Teammitglied in co-therapeutischer Funktion anwesend. Die Gruppen werden im Team vor- und nachbesprochen und im Kurvensystem dokumentiert. Aufgabe der Gruppenleitung ist es, die Gruppe vorzustellen, durchzuführen und auszuwerten. Je nach Therapieform werden dabei gut strukturierte Vorgaben mit konkreten Handlungsanweisungen gegeben, die an die aktuellen Bedürfnisse und die Belastbarkeit der jeweiligen Patientengruppe angepaßt sind.

Sozial-und Selbstsicherheitstraining

Diese Therapiegruppe basiert auf dem ›assertiveness training‹ von *Ullrich & Ulrich (1990)*. Durch gut strukturierte Übungssituationen und den Einsatz von

Videoaufzeichnungen können Verhaltensweisen in Alltagssituationen überprüft und korrigiert werden und Selbstunsicherheit und Hemmungen verringert werden.

Kommunikationstraining

Bei den non-verbalen, handlungsorientierten oder verbalen Übungen des Kommunikationstrainings (u. a. *Vopel 1984*) ist das Ziel, sich selbst und andere besser zu verstehen, Gefühle wahrzunehmen und auszudrücken. Durch neue Verhaltensweisen werden Kommunikation und zwischenmenschliche Kontakte gefördert.

Entspannungstraining

Das Ziel besteht im Erlernen der willkürlichen Kontrolle von Spannung und Entspannung einzelner Muskelgruppen. Das Entspannungstraining nach *Jacobson* bietet den Patienten die Möglichkeit, belastende Situationen ohne Hilfsmittel (zum Beispiel Medikamente) besser zu bewältigen, insgesamt ruhiger zu werden und den eigenen Körper anders wahrzunehmen.

Positiver Tagesrückblick

Der ›Therapietag‹ wird von allen Patienten mit dem Positiven Tagesrückblick beendet. Bei dieser Therapieform ist es das Ziel, sich den oft übersehenen, positiven Aspekten des Tages zuzuwenden und dadurch Wahrnehmungslücken auszugleichen. Positive Rückmeldungen zu geben und anzunehmen fördert die Kommunikation und die Gruppenkohäsion.

4 Aufgaben als Co-Therapeut

Bei den folgenden Therapien, deren Leitung der Stationspsychologe oder -arzt hat, übernehmen Pflegekräfte die Funktion des Co-Therapeuten. Die Aufgabe besteht darin, den Therapeuten zu unterstützen, für einen sicheren und störungsfreien Rahmen zu sorgen und Modellfunktion zu übernehmen (vgl. Konzept der Station in diesem Band). Nach jeder Therapiegruppe erfolgt die Auswertung und Reflexion des Gruppengeschehens im therapeutischen Team; in diesem Rahmen findet auch die kollegiale Supervision statt.

Tiefenpsychologie orientierte Therapiegruppe (Konfliktgruppe)

Diese 75-minütige, dreimal pro Woche stattfindende Therapiegruppe ist das Kernstück der Therapie. Sie basiert auf einer tiefenpsychologischen Grundorientierung und zielt auf die Klärung innerer und äußerer Konflikte. Die Patienten haben die Möglichkeit, Konflikte und Probleme aus dem häuslichen oder beruflichen Alltag oder aktuelle Konflikte auf der Station zu besprechen. Neue Beziehungserfahrungen können durch Erleben von Akzeptanz und emotionaler Wärme gemacht werden; Zusammenhänge zwischen Krankheitssymptomen und psychischem Leid mit Erfahrungen in der Lebensgeschichte können erkannt und Lösungsansätze und Bewältigungsstrategien erarbeitet werden.

Wochenzielbesprechung

Der wöchentlich stattfindende Wochenzielbesprechung geht eine Besprechung des Stationsteams und des Oberarztes voraus. Der Inhalt der Wochenzielbesprechung, an der dann alle Patienten und das gesamte interdisziplinäre Team teilnehmen, ist die Strukturierung und Dokumentation des Therapieverlaufes. Die Dokumentation erfolgt auch durch die Patienten selbst, die dafür ein vorgedrucktes Wochenprotokoll erhalten und dort ihre Therapieziele, Maßnahmen zu deren Erreichung und eine Bewertung der vorhergehenden Therapiewoche eintragen. Nachdem die individuellen Wochenziele und der jeweilige Therapieplan besprochen und festgelegt sind, erfolgt die Dokumentation durch das Team im Kurvensystem. Somit wird in der Wochenzielbesprechung Pflege-/Therapieplanung praktiziert.

Morgengruppe

An der täglich stattfindenden Morgengruppe nehmen alle Patienten und anwesenden Teammitglieder teil. Zur Sprache kommen organisatorische Angelegenheiten der gesamten Gruppe oder einzelner Patienten, aktuelle- oder Probleme der vergangenen Nacht sowie Erwartungen für den kommenden Tag. Die Morgengruppe dient der Entwicklung, Stärkung und Reflektion des Gemeinschaftslebens und ist somit wichtig für die Gestaltung des therapeutischen Milieus.

5 Aufgaben im Einzelgespräch

»Das Gesamtkonzept der Station versteht sich als gruppentherapeutisch orientiertes Therapiekonzept. Ein ausschließliches Festhalten an den Therapiegruppen war jedoch von Anfang an nicht die Intention. Therapeutische Einzelgespräche werden in Einzelfällen sowohl von Pflegekräften (unter Supervision) als auch von Stationspsychologe/arzt geführt und haben unterschiedliche Zielsetzungen. Eine Einzeltherapie ist in keiner Weise beabsichtigt und sowohl aus konzeptionellen als auch personellen Gründen ausgeschlossen. (vgl. die Darstellung des Therapiekonzepts von *Vogel* in diesem Band)

Vom Pflegeteam durchgeführte Einzelgespräche sind in der Regel themenzentriert; sie werden individuell eingesetzt und im Team vor- und nachbesprochen. Es wird versucht, immer als gesamtes therapeutisches Team aufzutreten; deswegen werden den einzelnen Patienten keine bestimmten Bezugspersonen zugewiesen. Neben einer tiefenpsychologischen Denkweise und dem ständigen Informationsaustausch im interdisziplinären Team sind fundierte Kenntnisse der Gesprächsführung (aktives Zuhören, offene Fragen, Verbalisieren, Paraphrasieren etc.) und die Grundhaltung der Echtheit, Wertschätzung und Empathie Voraussetzung für das Einzelgespräch.

6   Gestaltung des therapeutischen Milieus

»Das therapeutische Milieu ist die bewußte Strukturierung der Umwelt, um jene zu verändern, die sich in sie hineinbegeben« *(E. Heim 1985).* »Das therapeutische Potential der Patienten wird optimal gefördert. Die Patienten werden aktiv und selbstverantwortlich an dem therapeutischen Prozeß beteiligt, um ihre Autonomie zu fördern. Die Reflektion der Geschehnisse in der therapeutischen Gemeinschaft ist die Grundlage für soziales Lernen. Die Lebensrealität der Patienten außerhalb der Klinik wird somit in die Therapie einbezogen.« *(Weiner 1997, S.13)*

Durch die kontinuierliche Präsenz über 24 Stunden und den damit verbundenen intensiven Kontakt zu den Patienten bestimmt das Pflegeteam das Milieu der Station entscheidend mit; einige wichtige Funktionen bei der Gestaltung des reflektierenden therapeutischen Milieus (nach *E. Heim*, a. a. O.) möchte ich im folgenden Abschnitt aufzeigen.

Vertretung von Ordnung und Grenzen

»Im Verlauf einer analytisch orientierten Psychotherapie weichen für viele Patienten ihre eigenen Grenzen auf und sie werden emotional instabil. Normen und Werte, die für die eigene Person lange Gültigkeit hatten, verschwimmen... Dieser Tendenz ist durch die Struktur, Ordnung und tragende Sicherheit der Pflegekraft entgegenzuwirken« *(Bauer & Wiersma 1996, S. 133).*

Durch Informationsklarheit bei der Vermittlung von Grenzen und Regeln, die das Leben in der Gemeinschaft – im Alltag und auf der Station (Haus/Stationsordnung) betreffen, soll eine Kultur der Akzeptanz von Grenzen geschaffen werden und das Bewußtsein für soziale Verantwortung geweckt und gefördert werden. In den Aufgabenbereich der Pflege gehört in besonderem Maß die Sorge für die Sicherung des äußeren Rahmens; hierzu gehören u. a. die Sicherstellung des sauberen, funktionsfähigen Zustandes der Räume, Essens- und Medikamentenbereitstellung. »Für viele Patienten ist diese scheinbar äußerliche und banale Fürsorge ein erster Indikator unserer allgemeinen Zuverlässigkeit.« *(Horch & Turkfeld 1988, S. 155f)*

Gestaltung der Beziehung zum Patienten

»Psychotherapie ist immer ›Arbeit am Menschen mit dem Menschen‹. Es ist viel mehr eine Beziehung zwischen zwei (oder mehreren) Menschen als eine Technik.« *(Juchli 1987, S. 525)*

Die Gestaltung der Beziehung zu Patienten mit unterschiedlichsten Krankheitsbildern erfordert ein hohes Maß an Einfühlungsvermögen und Flexibilität sowie an fachlicher und persönlicher Kompetenz. Die Grundhaltung der Wertschätzung, Verständnis und Empathie ist die Basis, auf der jede einzelne Pflegekraft die eigene Persönlichkeit in die therapeutische Beziehung einbringt.

»Natürlich gibt es gewisse Rollenschemata, die verbindlich sind. Verstehendes Annehmen, Zuhören, Achtung vor der Persönlichkeit des anderen, Aufrichtigkeit soweit wie möglich, – dies nicht nur gegenüber.dem Patienten, sondern auch sich selbst gegenüber – Abgrenzung, ohne in kühle Distanz zu verfallen und das Wahrnehmen der eigenen Grenzen.« *(Horch & Turkfeld 1988, S. 158)*

Die Rolle der Pflege im therapeutischen Team

Auf der Psychotherapiestation arbeitet ein multidisziplinäres Team zusammen. Die Stationsleitung liegt bei einem Klinischen Psychologen, ein Arzt/eine Ärztin befindet sich turnusmäßig zeitlich begrenzt auf Station. Derzeit arbeiten – einige Teilzeit – sechs Krankenschwestern und zwei Krankenpfleger (mit Ausbildung zur Fachpflegekraft für Psychiatrie und/oder anderen therapeutischen Zusatzausbildungen) auf der Station. Das Team wird ergänzt durch jeweils einen stundenweise zur Verfügung stehenden Ergotherapeuten, eine Dipl. Sozialpädagogin (FH) und eine Musiktherapeutin. (vgl. Kapitel zum Stationskonzept)

»Integrierte stationäre psychoanalytische Therapie ist eine… Behandlung im Team, das heißt die Behandlung des Kranken erfolgt innerhalb einer Patientengruppe durch eine Gruppe von Therapeuten, die miteinander in Beziehung stehen.« *(Bauer & Wiersma 1996, S. 124)*

Um eine einheitliche Behandlungsstrategie zu gewährleisten, sind eine besondere Teamkultur und folgende Maßnahmen nötig:

– Alle Einzelgespräche und die Geschehnisse in jeder Gruppensitzung werden jeweils für jeden Patienten dokumentiert. Das Dokumentationssystem steht jedem Teammitglied zur Verfügung und die Patienten sind darüber informiert, daß zwischen den Teammitgliedern ein ständiger Informationsaustausch besteht und kein Informationsgefälle entstehen darf.

– Während der Dienstübergabe von Früh- zu Spätschicht sind in der Regel Stationspsychologe und/oder Stationsarzt anwesend.

– Bei der wöchentlichen Teamsitzung aller Mitglieder des therapeutischen Teams werden die Behandlungspläne der einzelnen Patienten diskutiert und aufeinander abgestimmt; individuelle Probleme werden besprochen und Beziehungsstrukturen reflektiert.

– Zirka alle zwei Wochen wird vom Stationspsychologen eine stationsinterne Fortbildung duchgeführt.

– Zirka alle vier Wochen erfolgt eine zweistündige Teamsupervision durch einen externen Supervisor.

Alle diese Maßnahmen ermöglichen ein Herantreten an die Patienten als ein Team und gewährleisten eine einheitliche Behandlungsstrategie; die Teamkommunikation gerät zum Modell für die Umgangsweisen innerhalb der Patientengruppe.

7 Identität der Pflege

Voraussetzung, um Tätigkeitsfeld und Haltung für die Pflege zu finden, ist die Orientierung am Konzept; für die Psychotherapiestation spielt, wie schon erwähnt, die tiefenpsychologische Grundorientierung eine große Rolle. Dies bedeutet, daß alles, was auf Station geschieht, unter Berücksichtigung unbewußter Vorgänge und deren Auswirkungen im ›Hier und Jetzt‹ bei Patienten und Teammitgliedern betrachtet wird.

Neben den differenzierten psychotherapeutischen Aufgaben in den Gruppen- und Einzelsitzungen kommt dem Pflegeteam zusätzlich die Rolle der Vertretung des Realraumes (wie in der bipolaren Therapiekonzeption, die durch eine Trennung von Therapie- und Realraum gekennzeichnet ist) durch alltägliches Realitätsverhalten und natürlich allgemeinpflegerische Aufgaben der Organmedizin zu.

Rollenkonflikt

Dies alles bedeutet für die Pflegekräfte der Station eine große Aufgaben- und Rollenvielfalt mit den sich daraus ergebenden Konflikten. Einen solchen Konflikt möchte ich mit einem Beispiel verdeutlichen.

Eine junge Patientin mit ängstlich-depressiver Symptomatik klagt am Abend über anhaltende Schmerzen im Unterbauch. Für die diensthabende Pflegekraft stellen sich folgende Fragen:

– Gibt es körperliche Vorerkrankungen oder pathologische Befunde, die diese Beschwerden verursachen können?
– Gibt es aktuelle körperliche Tatsachen für diese Schmerzen (Menstruationsbeschwerden, Verdauungsstörungen etc.)?
– Hatte die Patientin diese Beschwerde schon öfter? Wenn ja, in welchem Zusammenhang und mit welchem Ergebnis?
– Gibt es aktuelle psychische Auslöser für körperliche Beschwerden (z. B. Konflikte auf Station und/oder im häuslichen Bereich)?
– Gibt es Zusammenhänge mit Erfahrungen in der Lebensgeschichte (zum Beispiel Aufmerksamkeit und Zuwendung durch die Mutter nur bei körperlicher Krankheit)?
– Was erwartet die Patientin von mir? Kann ich dieses Bedürfnis befriedigen? Besteht akuter Handlungsbedarf?

Diese Situation erfordert ein hohes Maß an Fachkompetenz, Erfahrung und Einfühlungsvermögen um zu entscheiden, ob die Patientin in akuter – körperlicher oder seelischer – Not ist und um entsprechend zu handeln, ohne körperliche Erkrankungen zu ›übersehen‹ oder sich durch ungezielte, regressionsfördernde ›Fürsorge‹ untherapeutisch zu verhalten. Bedürfnisse – sowohl die der Patienten als auch die eigenen – wahrzunehmen und konstruktiv in den Beziehungen zu den Patienten umzusetzen und therapeutisch zu nutzen ist eine schwierige Aufgabe für die Pflegekraft. Sie ist – im Gegensatz zu den anderen Berufsgruppen des therapeutischen Teams – nicht nur für die begrenzte Zeit einer Therapiesitzung, sondern auch im ganz gewöhnlichen Stationsalltag den Beziehungen ›ausgesetzt‹. Somit ist die Pflegekraft nicht nur therapeutisch tätig, sondern ganz reale Person in ganz realen Bereichen. »Dieser Doppelfunktion müssen wir uns Tag für Tag neu stellen, weil darin die eigentliche Chance der Schwester liegt, ihre Rolle im Rahmen des Stückes ›stationäre Psychotherapie‹ auszufüllen. Es ist eine Chance, die jedem von uns die Möglichkeit gibt, sich als eigenständige Persönlichkeit zu entfalten, und in Zusammenarbeit mit dem Team zu überprüfen, wie weit diese eigenständige Persönlichkeit noch konstruktiv für den Patienten und die Gruppe ist« *(Horch & Turkfeld 1988, S.164)*

❧

Musiktherapie und Projektgruppe als Beispiele non-verbaler Therapieformen der Psychotherapiestation

Non-verbale (besser: semi-verbale) Therapieformen nehmen im Behandlungskonzept der Psychotherapiestation einen zentralen Stellenwert ein und stellen gleichzeitig, wegen der unterschiedliche ›Sprachen‹ die gesprochen werden, für die Integrationsleistung eines therapeutischen Teams eine ständige Herausforderung dar. Bewegungsanalytische Therapie (›Tanztherapie‹), als körpertherapeutisches Verfahren, Gestaltungstherapie, Projektgruppe und Musiktherapie sind hier zu nennen; sie alle werden im Einzel- wie auch im Gruppensetting von dafür qualifizierten TherapeutInnen angeboten. Im Teamgespräch wird entschieden, welches Behandlungsverfahren welchem Patienten angetragen werden soll.

Über die Bewegungsanalytische Therapie, einer relativ modernen Variante psychoanalytisch fundierter Körpertherapie, liegen inzwischen umfangreiche qualifizierte Veröffentlichungen vor (vgl. u. a. *Rick 1989 und 1996, Hefel 1996, Millonig u. a. 1996)*, auf die hier verwiesen werden soll. Dies gilt erst recht für das in Psychiatrie und stationärer Psychotherapie bereits lange etablierte Verfahren der Gestaltungstherapie (vgl. u. a. *Schottenloher 1989, Schattmayer-Bolle 1993, Soppa & Zacher 1996, Bonstedt-Wilke & Rüger 1997, Hartwich 1997, Wolf 2000)*.

Näher dargestellt werden im folgenden Abschnitt – quasi exemplarisch – die Projektgruppe und die Musiktherapie in ihren verschiedenen Anwendungsformen. An ihnen sollen Arbeitsweise und Stellung semi-verbaler Therapieformen im komplexen stationären Behandlungssetting der Psychotherapiestation deutlich gemacht werden.

A. Draugelates

Musiktherapie

1 Einleitung

Im folgenden Artikel stelle ich die Musiktherapie auf der Psychotherapiestation vor. Anhand von Theorie und Praxis werde ich mit Hilfe von ausgewählten Fallbeispielen der Psychotherapiepatienten, die Wirkung der Musiktherapie konkret und faßbar erklären. Wenn ich von ›dem Patienten‹ im Allgemeinen schreibe, bezieht sich dies der Einfachheit halber auf beide Geschlechter.

Ich arbeite als Musiktherapeutin in der Klinik für Psychotherapie und Psychiatrie am Klinikum Ingolstadt. Mein Arbeitsgebiet umfaßt eine offene Station, eine geschlossene Station, die Tagesklinik, die Ambulanz und die Psychotherapiestation.

Das vierjährige Vollstudium zur Dipl. Musiktherapeutin (NL) habe ich in den Niederlanden (Hogeschool voor Creatieve Therapie Numegen) absolviert. Diese Ausbildung verfolgt einen eklektischen und integrativen Ansatz.

2 Musiktherapie

2.1 Eigene Sicht auf die Musiktherapie

Grundsätzlich kann jeder an der Musiktherapie teilnehmen, ob mit oder ohne musikalischen Vorkenntnissen oder Begabungen. Im Mittelpunkt steht die musikalische Improvisation auf verschiedenen Instrumenten oder der Stimme. Improvisation heißt, ohne die Vorgabe von Noten Musik entstehen zu lassen (nähere Erläuterung unter Punkt 3.1). In der Musiktherapie geht es nicht um die ›klassische Schönheit‹ der Musik als Produkt, sondern um persönliche Wahrheit des Inhalts der entstandenen Musik. Dies kann folglich durchaus schräg und schrill klingen, da die Wahrheit nicht immer gerade harmonisch und schön ist.

Regelmäßig integriere ich den Körper und andere Medien wie Malen oder Schreiben, um den Patienten verschiedene Zugänge zu ermöglichen. Musik ist flüchtig, daß heißt sie klingt und verklingt im nächsten Moment, sie ist stets in

Veränderung und nicht greifbar. Ein Bild oder Text hingegen bleibt in erster Linie bestehen – was sich verändern kann, ist die Betrachtungsweise. Mit diesen Medien ist es oft einfacher, Nähe und Abstand zu sich und zum anderen zu regulieren (man hat wortwörtlich ›etwas in der Hand‹ und kann zum Beispiel das Bild sowohl von nah als auch von fern betrachten und wirken lassen). Auch ist es konkreter und (er)faßbarer. Die Musik dagegen hat eine direkte Wirkung auf den Menschen; die entstandenen Gefühle können diffus sein. Ich arbeite auch mit der Stimme, weil dies unser persönlichstes Instrument ist und sehr viel Heilungspotential birgt. Unsere Stimme ist dem eigenen Kern sehr nahe und oft schambesetzt. Neben einem selbstverständlichen Auftreten mit der eigenen Stimme erfordert die Stimmarbeit daher eine gute Einführung und einen respektvollen Umgang mit jeder individuellen Stimme.

Der allgemeine Verlauf einer Musiktherapiesitzung sieht folgendermaßen aus: In der ersten musiktherapeutischen Begegnung geht es vorallem darum, daß der Patient einen Einstieg ins Musikmachen bekommt. Er soll die Erfahrung machen, etwas spielen zu können und Freude am Zusammenspiel zu finden.

In weiteren Sitzungen schildert der Patient kurz seine momentane Befindlichkeit und das für ihn aktuelle Thema, an dem er heute arbeiten möchte. Hieraus entwickeln wir mit meiner Hilfe eine musikalische Aufgabe. Der Umsetzung dieser Aufgabe sowie der Reflexion derselben folgt eine neue Aufgabe. Da der Patient sich nicht immer im Klaren ist über sein Befinden oder sein Thema, kann sowohl die Musik als auch meine ›eigenen Ideen‹ hierfür genutzt werden.

Mein Ziel ist es auf der einen Seite, den Patienten zu einem spielerischen, impulsiven und selbstverständlichen, unbewußten Umgang mit der Musik einzuladen (nach dem Motto es gibt kein richtig oder falsch), um sich darin zu begegnen. Auf der anderen Seite soll sich der Patient auch von seiner Musik und seiner musikalischen Gestaltung im Zusammenspiel mit anderen bewußt werden. Auf diese Weise kann er die bestehende Analogie der Musik zu seinem Leben verstehen, so daß er sich hierin wiederfinden und weiterentwickeln kann.

Wirklich Zuhören – sich selber, wie auch anderen, sich hören lassen, mit verschiedenen Seiten und Gefühlen und anderen in der Musik begegnen, ist ein sehr intensiver Prozeß des sich Einlassens, der viel Mut erfordert. Jeder findet seinen eigenen Weg, damit umzugehen und dieser ist immer ein Spiegel seiner selbst. Der eine spielt ganz für sich selbst, ein anderer imitiert Motive des Nachbarn, der Nächste spielt so leise, daß ihn niemand hören kann, jemand anderes geht total auf im Klangbad der gemeinsamen Musik, der Folgende spielt sich immer strikt wiederholende Tonfolgen, während ein Weiterer so kompliziert und schnell spielt, daß ihm niemand folgen kann. Infolge des Musizierens berichten die Menschen auch unterschiedlich: »Es war gut«, »Niemand hat mich gehört!«, »Das ist ja ein Trauermarsch!«, »Ich beherrsche das Instrument nicht«, »Ich bin genervt«, »Ich war auf der Suche nach Harmonie!«, »Sie haben schön gespielt«, »Mir dröhnt der Kopf«, »Was soll das alles? Kinderkram!«, »Ich empfinde mich als störend«, »Ich wußte gar nicht, daß ich Musik machen kann« etc.

Besteht seitens der Patienten Vertrauen in die Kompetenz des Therapeuten, so können meines Erachtens folgende Punkte dazu führen, daß Patienten den *Mut* aufbringen sich einzulassen:

— Spaß am Spielen und am Miteinander,
— ein Gefühl der Faszination am musikalischen Geschehen und
   der Entdeckungsreise zu sich selbst,
— das Gefühl, verstanden zu werden über den Spiegel der eigenen Musik,
   über die Musik der Mitpatienten oder die Musik des Therapeuten,
— bestärkendes und stimulierendes Feedback des Therapeuten
   (über Sprache oder Musik).

2.2 Das Spezifische am Medium Musik

Im folgenden Teil möchte ich das Besondere am Medium Musik in der Therapie darstellen. Dabei beziehe ich mich auf Ansichten und Zitate von Smeijsters (1995). Dies werde ich anhand meiner Erfahrungen, die ich auf der Psychotherapiestation gemacht habe, beispielhaft verdeutlichen. Die von mir beschriebenen Fallbeispiele sollen keinen therapeutischen Prozeß sondern lediglich Einzelaspekte zeigen und sind nicht als Verallgemeinerungen mißzuverstehen. Hierbei möchte ich bewußt von Krankheitsbeschreibungen im Sinne von Diagnosen Abstand nehmen.

Symbolisierung

Ein Instrument oder Klang kann Sachen, Personen, Geschehnisse oder eine Erfahrung symbolisieren. Es ist möglich, in der Musik jene eigene Wirklichkeit zu erleben und darzustellen, die in vergangener Realität erfahren wurde. Über die musikalische Ausgestaltung kann man sich einerseits emotional dem real Erlebten (wie beispielsweise einem traumatischen Erlebnis) annähern und es wiedererleben. Andererseits bietet sich auch die Möglichkeit, Abstand von der Situation zu nehmen und diese dadurch aktiv mitzugestalten.

Dies kann zum Beispiel folgendermaßen aussehen: In einem musikalischen Dialog mit einer Patientin spiele ich laut und aufdringlich auf der Trommel. Sie wird bleich, immer leiser, verstarrt und gibt schließlich keinen Ton mehr von sich. Sie fleht mich weinend mit leiser kindlicher Stimme an, daß ich aufhören soll. Ihre Unruhe sei nicht mehr aushaltbar. Ich spiele etwas vorsichtiger weiter und fordere sie auf, sich mit einem deutlichen Schlag auf ihrer Trommel hören zu lassen, um mir somit ein Stopsignal zu geben. Nach einer Weile der Verstarrung schlägt sie scheinbar plötzlich auf die Trommel und ruft laut ›stop‹. Anschließend erzählt die Patientin, ich sei auf einmal ihr Vater gewesen, der sie geschlagen und vergewaltigt habe. Sie habe sich das erste Mal in ihrem Leben effektiv wehren können. In der Reflexion der Sitzung bekommt sie viel positives Feedback der Gruppe. Sie fühle sich gut, und endlich stark genug, ihren Vater anzuzeigen.

Struktur

»Musik ist Ausdruck unseres Strukturierungsvermögens. Der Patient kann über das Hören oder aktiv Spielen von Musik diese Fähigkeit zurückgewinnen.« (a.a.O)

In einer musikalischen Improvisation wird hörbar, wie ein Mensch mit Struktur umgeht. Von zwanghaft sich wiederholenden über kreativ flexiblen bis hin zu unübersichtlich chaotischen Strukturen geht hier die Bandbreite. Sind die Strukturen also geplant, entstehen sie ›zufällig‹ im Moment selber, oder hat man sie gar nicht mehr im Griff? Ist der Überstrukturierte imstande sein Rhythmusmuster loszulassen, also zu variieren, oder ist es dem ›Strukturschwachen‹ möglich, seinen Rhythmus zu finden und zu wiederholen? Ist ein Patient zum Beispiel relativ strukturschwach, so benötigt er unter Umständen eine Ordnung gebende Struktur von außen, um sich sicher fühlen und frei entfalten zu können. Über ein klares Setting, Rhythmus, Wiederholungen oder eine erkennbare Liedform kann der Patient über die Musik wieder Struktur gewinnen.

Beispiel: Eine Patientin kommt verwirrt in die Musiktherapie und hat den Wunsch, sofort Musik zu machen, da sie sich schlecht fühle. Ihr Spiel ist ein wildes Durcheinander von Klängen, sie scheint meine Musik nicht wahrzunehmen. Die Improvisation hat für sie nicht die erhoffte Wirkung der Besserung. Die Patientin beschreibt ein emotionales Durcheinander und einen Verlust der Körperwahrnehmung. Nachdem wir auf der Trommel eine Weile gemeinsam und im Wechsel einen afrikanischen Rhythmus immerzu wiederholen, wirkt sie etwas ›geerdeter‹. Ich singe (gehend) ein einfaches, kurzes Lied und bitte sie im Rhythmus des Liedes durch den Raum zu gehen. In ständiger Wiederholung summt und singt sie anschließend mit. Am Ende der Stunde wirkt die Patientin viel klarer anwesend und im Kontakt; ihr Gefühlschaos scheint einen Boden bekommen zu haben, denn sie berichtet über ein Gefühl der Ruhe in sich.

Bewegung

»Musik aktiviert Bewegungen mit dem Körper Dies ermöglicht es, über den Körper Erfahrungen und Gefühle, die sich an einer bestimmten Stelle im Körper festgesetzt haben, erneut zu erleben und darauffolgend zu verarbeiten.« »Musik und Bewegung können auch vegetative Reaktionen hervorrufen und beeinflussen.« (a.a.O)

Auf der einen Seite lädt Musik an sich zu Bewegung ein. Angefangen beim Mitbewegen eines Fußes oder einer Hand bis hin zum Tanzen. Auf der anderen Seite ist das aktive Musikmachen automatisch an eine Bewegung gekoppelt. Menschen, die äußerlich und innerlich in ihrer Bewegung erstarrt sind, können so wieder ins Fließen kommen.

Ein Beispiel aus der Gruppentherapie verdeutlicht diesen Zusammenhang. Eine Patientin spielt leise, angepaßt und kontrolliert in sich wiederholenden Strukturen. Im Verlauf der Improvisation beginnt sie immer lauter auf ein Blech zu schlagen. Ihr ganzer Körper geht in der ausholenden Bewegung mit, Sie hustet. Später erzählt sie, sie habe geschwitzt, es sei ihr etwas im Hals stecken geblieben und sie habe auf einmal eine Wut auf ihre Mutter verspürt. Aus der Krankengeschichte weiß ich, daß ihre Mutter ständig ihr Eßverhalten kontrolliert.

Gefühle und Assoziationen

»Musik löst Gefühle aus, indem sie bestimmte Assoziationen hervorruft. Die können einen Bezug auf Gegenstände, Personen und Geschehnisse, die eine wichtige Rolle in dem Leben des Menschen spielen, haben.« (a.a.O.)

So wird über die Musik ein Erinnerungsfeld aktiviert. Dieselbe Musik kann somit bei Menschen ganz verschiedene Bilder und Gefühle hervorrufen, da jeder eine andere Lebensgeschichte mitbringt. Auch nicht greifbare Atmosphären können über die Musik wieder erlebt werden.

Kinder beispielsweise sind sehr empfänglich für Atmosphären. Diese Atmosphären liegen im Bereich des Nonverbalen. Dies wiederum heißt, daß die Musiktherapie besonders geeignet ist diese zu aktualisieren und auch (›im negativen Fall‹) zu verarbeiten.

Nicht nur das Musikmachen oder Hören löst Assoziationen und Gefühle aus, sondern auch eine die ›Körpererinnerung‹, nämlich die Bewegung beim Spielen eines Instrumentes oder die Position eines Mitspielers (zum Beispiel jemand steht und spielt hinter dem Rücken eines anderen). Beispielsweise gab es folgende Aussagen nach einer freien Improvisation der Gruppe: Eine Frau erinnert sich über die Triangel-Schläge an die Stube der geliebten Großeltern, in der sich eine Standuhr befindet, sie spüre dadurch Ruhe und Geborgenheit. Eine andere Frau beschreibt ein gruseliges Gefühl in sich, sie hätte die Totenmaske ihrer Mutter gesehen. Ein Mann erzählt von einem treibendem Schiff auf hoher See, er sei unruhig.

Sprache des Gefühls

»Die musikalischen Parameter (sprich: Rhythmus, Klang, Melodie, Dynamik, Tempo, Form und Harmonie) stehen im Zusammenhang mit verschiedenen Gemütszuständen.« (a.a.O)

Psychische Verfassungen können subjektiv im inneren Erleben und von außen im Verhalten erfahren werden. Ein Mensch, der sich zum Beispiel in einer traurig – gedrückten Stimmung befindet, wird sich eher langsam bewegen (Tempo), leise (Dynamik) und monoton sprechen (Melodie, Klang), und wenig aktiv aus sich heraus treten (Form, Dynamik). Es kann auch sein, daß Traurigkeit in einer anderen Form erlebt wird und sich zeigt. Dementsprechend werden sich auch seine Ausdrucksformen ändern. (Zum Beispiel: Jemand, der ständig von einer Aktivität zur andern geht (Form, Rhythmus) und in Hektik (Tempo) ist, um seiner Trauer nicht zu begegnen). Genau diese Ausdrucksformen sind musikalische Parameter, Bestandteile der Musik. Dadurch wird ein Wiedererkennen eigener Gefühle sowie deren Ausdruck ermöglicht. Eine Person, die wie ihre Trauer über Aktivität ausgleicht, wird dies auch in der Musik tun; das heißt eine Musik kreieren, die ständig in Bewegung ist – eher schnell und ohne Pausen. Eine musiktherapeutische Intervention könnte hier sein: Im Zusammenspiel als Begleiter lange, monotone Töne mit Pausen zu spielen oder dem Patienten diese Aufgabe zu übergeben.

Umgang mit Instrumenten

Die Art und Weise, in der ein Mensch mit seinem Instrument in Beziehung tritt, kann als Spiegel dafür betrachtet werden, wie diese Person mit sich selbst und ihrer Umwelt in Beziehung tritt. Als Gegensätze wären denkbar:

– Umarmen der Trommel versus Spielen auf einem halben Meter Abstand,
– taktiles, intensives Spielen mit der Hand versus passives, spannungsloses Baumelnlassen des Schlägels auf das Instrument,
– Integration des gesamten Körpers in eine Schlagbewegung versus isoliertes Bewegen eines Körperteils,
– ›Klebenbleiben‹ am Instrument – so daß es nicht schwingen kann – versus minimalen Kontakt/Berührung mit sofortiger Bewegung weg vom Instrument.

Über ein anderes Herangehen an ein Instrument können neue Erfahrungen zum Thema Abstand und Nähe zu sich und dem Anderen gemacht werden.

Beispiel: In der Rhythmusgruppe spielt ein Patient mit den Fingerspitzen am äußeren Rand der Trommel, sein Körper wirkt dabei verspannt und starr. Die Bewegungsenergie scheint kontrolliert zu sein und eher weg vom Instrument. Ich zeige rein technisch eine andere Möglichkeit die Trommel zu spielen. Um einen Baßton zu erzeugen, schlage ich mit der gesamten Handfläche, in einer ausholenden Bewegung, in die Mitte der Trommel. Als er dies eine Weile imitiert und sich damit vertraut macht, spürt er seine Aggressionen sowie die Lust diese zu entladen.

Kommunikation

»Aktive Musiktherapie macht es möglich, zwischen zwei Personen einen Dialog mit musikalischen Mitteln entstehen zu lassen.« (a.a.O)

Das Musikinstrument und die Musik können als ein intermediäres Objekt dienen, über das der Patient auf indirekte Weise mit Anderen in Kontakt treten kann. Die gespielten Motive haben einen nicht genau definierbaren Inhalt, können dadurch

Sicherheit bieten und der Patient muß keine verbale Abweisung befürchten. Hierdurch entsteht oft eine Reaktion ›aus dem Bauch heraus‹. Musikalische Dialoge haben einen spielerischen, experimentellen Charakter und bringen schnell gewohnte Interaktionsmuster zum Vorschein. Es können neue Interaktionsmuster entstehen und ausprobiert werden, um letztendlich die eigenen Handlungsmöglichkeiten zu erweitern. Auch über die Auswahl eines bestimmten Musikstückes teilt der Patient seinem gegenüber etwas von sich mit – er ›kommuniziert‹. Dies wird besonders deutlich, wenn ein Patient ein Lied mitbringt, das stellvertretend Dinge ausspricht, die er selbst verbal noch nicht mitteilen will oder kann.

Die Möglichkeiten zum Thema Kommunikation werden später unter anderem im Absatz über die Gruppentherapie naher erläutert.

Synchronizität/Symbiose und Individuation

»Zusammen Musik machen ist ein ständiger Prozeß von Verschmelzung und Auseinandergehen« (a.a.O.)

Ein spezifisches Kennzeichen der Musik ist die Synchronizität, das gleichzeitige Erklingen von Tönen, die von verschiedenen Menschen gespielt werden. Man kann im Spiel eines Anderen aufgehen oder davon Abstand nehmen. Genauso kann der Andere Abstand von deinem Spiel nehmen oder darin aufgehen. Musikalisches Zusammenspiel kann somit Befriedigung und/oder Frustration für den Einzelnen zur Folge haben. Es kann geprägt sein von Abhängigkeit und/oder Selbständigkeit.

Das musikalische Ereignis und Erleben im Moment entsteht durch die Interaktion von Personen. Dies geschieht, wie auch schon in der frühen Mutter-Kind Beziehung, auf nonverbale Art und Weise. Folglich ist die Musiktherapie prädestiniert für Probleme präverbalen Ursprungs. *Daniel Stern (1995)* behauptet in einem Vortrag des Weltkongresses der Musiktherapie: »...die frühe Kommunikation zwischen Mutter und Kind ist durch ein ›musikalisches Feld‹ gekennzeichnet, welches sich aus Rhythmus, Melodie, Tempo, Dynamik und Klang zusammensetzt.« *Henk Smeijsters* schreibt: »In der musiktherapeutischen Improvisation erklingt die allererste Mutter-Kind-Beziehung und sie ermöglicht es den präverbalen Prozeß von Symbiose zur Individuation zu rekonstruieren.‹

In einer ersten Einzeltherapie bringt eine Patientin, auf der Basis einer gemeinsamen freien Improvisation, das Thema Abhängigkeit und Freiheit, ein. Sie fühle sich zerrissen, doch in der Musik habe sie sich geborgen gefühlt. Anfangs beschreibt sie ein wohliges Verschmelzen unserer Töne, trotzdem dürfe ich ihr nicht zu nahe kommen. Über einige Sitzungen hinweg scheint die Patientin diese Symbiose zu genießen, sie geht dann gestärkt und strahlend aus der Musiktherapie. Nach und nach wirkt die Patientin sicherer und strukturierter in ihrer Musik. Ich nehme mehr Abstand von der Rolle des Begleiters, gehe meine eigenen Wege und spiele Pausen (so daß sie sich alleine in der Musik weiterbewegt, sich selbst und mich als Gegenüber wahrnimmt). Eines Tages berichtet die Patientin glücklich, daß sie uns in der Musik als zwei gleichwertige Individuen wahrgenommen habe.

In der Gruppenmusiktherapie bringt die Synchronizität schnell Prozesse zum Vorschein, da eine Gruppe von Menschen sich gleichzeitig (auf unbekanntem Terrain) begegnet, jeder Einzelne individuell empfindet und sofort (hörbar) musikalisch reagiert. Die Gruppenimprovisation ist daher ein sehr komplexes Geschehen. Unter Anderem ist es mir deshalb wichtig den Patienten eine verbalen Reflexion zu ermöglichen.

3   Musiktherapie auf der Psychotherapiestation

Auf der Psychotherapiestation leite ich eine Musiktherapiegruppe, eine Rhythmusgruppe und ein bis zwei Einzeltherapien. Alle Angebote finden einmal die Woche, in einem gut ausgestatteten Musiktherapieraum außerhalb der Station, statt. Für die Musiktherapie benötigt man keine musikalischen Vorkenntnisse, und es wird auch nie nach Noten gespielt. In beiden Gruppen können bis zu sechs Patienten teilnehmen.

Die meisten Patienten kommen 1 bis 2 Wochen nach der Aufnahme auf die Psychotherapiestation und sind dann durchschnittlich achtmal in der Musiktherapie. In ihrer letzten Therapiewoche findet keine Musiktherapie mehr statt, da hier nur noch das Basisprogramm vorgesehen ist.

Die Musiktherapie dokumentiere ich aktuell ›in die Kurve‹ und bin hierdurch regelmäßig auf Station. Ich nehme an einer Übergabe, zwei Teambesprechungen, der Team-Supervision und als Co-Therapeutin im zweiwöchigem Rhythmus an der ›Konfliktgruppe‹ sowie vereinzelt an Familiengesprächen, teil. Durch die Teilnahme an der ›Konfliktgruppe‹ und den täglichen Begegnungen auf dem Weg zur Station (eine Sitzgelegenheit befindet sich direkt vor der Station) erlebe ich die Patienten in verschiedenen Kontexten. Auch die Patienten sehen mich somit als ein Mitglied des Teams.

Die Angebote der Musiktherapie stelle ich im folgendem Teil unterschiedlich vor:
Die Gruppentherapie sowie auch die Rhythmusgruppe sind speziell auf die Psy-
chotherapiestation abgestimmt und theorieorientiert beschrieben, während die
Einzeltherapie in einem ausführlichen Fallbeispiel die Praxis veranschaulicht.

3.1 Gruppentherapie

Indikationen
- Fehlender Zugang zu eigenen Emotionen,
- ›Überspültwerden‹ von eigenen Emotionen,
- eingeschränkte Mitschwingungsfähigkeit,
- Abgrenzungsproblematik,
- verlorene Ressourcen / Gerichtetsein auf ›negative Lösungsmöglichkeiten‹,
- Selbstbild/Fremdbild sind weit voneinander entfernt,
- Therapieprozeß kommt nicht in Gang.

Setting

Die Musiktherapiegruppe der Psychotherapiestation ist eine halboffene Gruppe.
Ich mache am Anfang jeder Stunde ein Blitzlicht (verbal oder musikalisch), in
dem jeder seine ›Gestimmtheit‹ ausdrückt. Außerdem dient dieses Blitzlicht dazu,
den Gruppenteilnehmern wie auch mir, die aktuellen Themen zu verdeutlichen.
Als Einstimmung, die vorallem wichtig ist, wenn neue Gruppenmitglieder da sind,
biete ich ein ›warming-up‹ an. Dies besteht aus sehr strukturierten Aufgaben
(meist auf der Trommel), die jeder leicht bewerkstelligen kann, die jedem gleich-
viel Raum geben, schnell gut klingen und im Allgemeinen Spaß machen. Hiermit
wird den Patienten die Angst genommen ›nicht Musik machen zu können‹ und es
fördert das Gruppengefühl, Aus dem Blitzlicht entwickeln wir mit meiner Hilfe
musikalische Aufgabenstellungen, die dann umgesetzt werden können. Entsprechend meiner persönlichen Einschätzung der individuellen Möglichkeiten und
Grenzen der einzelnen Teilnehmer arbeite ich zum gleichen Thema auf unterschiedliche Art und Weise. Die Bandbreite der Aufgaben möglichkeiten läßt sich in
vier Bereiche einteilen:

Musikzentrierte Improvisation

Hier steht die Musik an sich beziehungsweise Bestandteile der Musik im Mittelpunkt. Auf der Basis der verschiedenen Parameter aus der sich Musik zusammen-

setzt (Rhythmus, Klang, Melodie, Dynamik, Tempo, Harmonie und Form), werden Übungen entwickelt. Diese können zum Beispiel folgendermaßen lauten: gemeinsam erhöhen wir das Spieltempo, auf einem Instrument finden wir verschiedene Klangvariationen, in einzelnen Improvisationsteilen setzen wir verschiedene Schwerpunkte zum Beispiel Teil a) rhythmisch und laut, Teil b) klangvoll und leise – oder a) harmonisch und b) so ›schräg‹ wie möglich…

Themenzentrierte Improvisation

Ein Thema eines Patienten wird musikalisch dargestellt. Inhalt eines solchen Themas kann zum Beispiel sein: zwei Seiten beziehungsweise Pole in mir, was ich am Wochenende erlebt habe, verschiedene Gefühle, ein selbst ausgesuchtes Bild, ein mitgebrachter Text, etc.

Beziehungszentrierte Improvisation

Hierbei werden Aufgaben gestellt, deren Thema die Beziehung der Spieler untereinander betreffen. Inhalt dieser Themen können sein: die aktuellen Beziehungen untereinander im Dialog ›spielen‹ oder die musikalische Darstellung des Familien- oder auch Arbeitssystems eines Patienten.

Ein Beispiel der musiktherapeutischen Arbeit zum Thema Familie: Ein Patient verteilt an seine Mitpatienten die benötigten Rollen (zum Beispiel Mutter, Vater, Geschwister…) und teilt ihnen gleichzeitig ein jeweils zur Mutter, zum Vater…passendes Instrument zu. Dann gibt er konkrete Anweisungen, auf welche Art und Weise die einzelnen Personen ihre Instrumente spielen sollen, so daß sie für die jeweils dargestellte Person (Mutter, Vater…) charakteristisch sind. Anhand der gemeinsam gespielten Musik bildet sich dann die Beziehungsstruktur des Familiensystems ab, etc.

Ein weiteres Angebot der Beziehungszentrierten Improvisation könnte folgendermaßen lauten: Jeder Patient setzt die ihm (ohne das Wissen der Mitpatienten) mitgeteilte Rolle musikalisch um, zum Beispiel Leiter, Angepaßter, Störenfried oder Außenseiter.

Freie Improvisation

Hierbei gibt es keine Vorgaben oder Regeln. Jeder Patient spielt das Instrument, welches ihn anspricht. Er kann sich frei entfalten, zusammen oder für sich spielen, experimentieren, bis die Improvisation ein Ende nimmt. So ergeben sich automatisch Beziehungsmuster, Übertragungen und Erlebnisse jeglicher Art. Die Improvisation aktualisiert somit ›unerledigte‹ Geschichten.

Allgemeine Fragen dazu können lauten: Wird ein Gefühl hörbar oder steht das Können im Vordergrund? Ist die Improvisation geprägt von Vorsicht oder traut man sich, Risiken einzugehen? Gibt der Einzelne sich einen Raum für Spontanität und Phantasie oder wird die Erwartung erfüllt und das Spiel durch Anpassung beherrscht? Die freie Improvisation ist für mich der wichtigste Bestandteil der Musiktherapie. Über die Freiheit ist jeder Einzelne gefordert, unter anderem seiner inneren Stimme zu folgen und gleichzeitig in Verbindung zur Musik seiner Mitspieler zu bleiben. Jeder kann hier ›spielerisch‹ gesunde Autonomie entwickeln.

3.2 Rhythmusgruppe

Indikationen
– Probleme im Umgang mit Aggressivität zum Beispiel,
– unterschwellig spürbare Aggression (in der Übertragung),
– Aggression/innere Spannung schwierig auszuhalten, leicht reizbar, unkontrollierte Ausbrüche,
– Autoaggression.

Setting

In der Rhythmusgruppe wird durchgehend Musik gemacht, nur am Ende ist eine kurze Reflexionsrunde. Das Angebot beschränkt sich auf das Spielen von Trommel, Pauken Bodypercussion, d.h. die Arbeit mit dem eigenen Körper wie klatschen, stampfen Rhythmus und Dynamik sind hier zentrale musikalische Elemente. Übungen der Rhythmusgruppe lauten folgendermaßen:

– Vor- und Nachspielen,
– im Zusammenspiel eigene Rhythmen finden und variieren,
– gemeinsames steigern und abbauen von Lautstärke und Tempo und/oder eine gemeinsame Pause im lautesten Moment, dies geschieht in der Gruppendynamik oder mit einem Leitenden,
– wenn einer aufhört, hören alle auf (ohne/mit Angeben eines deutlichen Endes),
– kreieren von Chaos und Struktur,
– im Trommeln Ausdruck verleihen über wen oder was man sich ärgert,
– freie Improvisation.

Um sowohl die innere Wahrnehmung wie auch die Wahrnehmung der musikalischen Reize zu verstärken, können die Übungen auch mit dem Rücken zueinander oder mit geschlossenen Augen durchgeführt werden.

Die Patienten haben hier über die Instrumente und ihren Körper die Möglichkeit Widerstand (zum Beispiel den des Trommelfells oder des Bodens) zu spüren. Zudem haben sie die Möglichkeit, die Resonanz des Gespielten körperlich (als direktes Feedback) zu erfahren. Das musikalische Angebot zielt darauf hin sich besser wahrzunehmen, ›Kontrolle‹ zu erfahren, kanalisiert und legitim Aggressionen zum Ausdruck zu bringen. Somit wird oft die destruktive Wut am Ende der Musiktherapie als konstruktive Kraft erfahren. Unruhe und Druck können sich in Spaß und ›Zufriedenheit‹ umwandeln.

3.3 Einzeltherapie

Indikationen

– Emotionale Instabilität,
– schwerwiegende kontaktstörung, nur begrenzt tragfähige Beziehung zum Team,
– sich verlieren im inneren Chaos und in Beziehungsideen,
– Gruppenmusiktherapie überfordert den Patienten,
– fehlende Erfahrungen von eigenen Möglichkeiten und Kräften, kein Selbstwertgefühl,
– Identitätsproblematik,
– Menschen, die schwere Traumen erlebt haben,
– Reden/ Intellektualisieren als Abwehr.

Fallbeispiel

Zum Zeitpunkt der Aufnahme ist Herr Simon (aus Gründen des Personenschutzes ist dieser Name fiktiv) 32 Jahre alt, verheiratet, hat eine Stieftochter, und seine Frau ist schwanger mit einen Jungen. Im Aufnahmegespräch beschreibt er Angstattacken, depressive Verstimmung und psychosomatische Beschwerden. Er neige zur Planung von allem. Das Personal beschreibt Herrn Simon als kontaktfreudig, freundlich, rational und verbal ausschweifend. Handlungen scheinen ›vom Kopf gesteuert‹. Eine unterschwellige Aggression sei immer wieder spürbar. Er kommt zur Einzelmusiktherapie, um über die Musik sich seinen Gefühlen anzunähern und ihnen Ausdruck zu verleihen.

Herr Simon hat nach einem kurzen Vorgespräch sieben Therapiesitzungen, die einmal in der Woche je eine Stunde stattfinden. Diese Sitzungen sind eingebettet in einen gesamttherapeutischen Kontext. Durch die verbale Einzel und Gruppentherapie wurden die in der Musiktherapie auftauchenden Themen auch gesprächspsychotherapeutisch bearbeitet.

1. Sitzung

Herr Simon zeigt eine neugierige Einstellung zur Musiktherapie. Nachdem ich ihm die Instrumente im Raum gezeigt habe, weiß er gleich, welches er spielen will, nämlich den Psalter (ein Saiteninstrument , das gezupft werden kann). Er ist in einer bestimmten Tonreihenfolge gestimmt, in diesem Fall war es eine Moll Tonleiter). Ich begleite ihn auf dem Monochord (ein länglich flacher Resonanzkasten aus Holz, auf dem zirka 20 Seiten auf dem gleichen Ton gestimmt sind). Man kann es spielen, indem man mit den Händen (Fingerspitzen) abwechselnd über die Saiten streicht, so erklingt ein Grundton zusammen mit einer ganzen Reihe von Obertönen). Er spielt den Psalter mit einer spielerischen Selbstverständlichkeit eines Kindes, dass heißt er probiert aus und spielt ohne eine Frage nach dem Sinn und nach Spielregeln. Schon schnell scheint er in der Musik vertieft und darin versunken zu sein. Seine Musik klingt strukturlos, schnell und ohne Pausen.

Ich begleite Herrn Simon mit regelmäßig pulsierenden, durchgehenden Klängen. Als wir in der zweiten Improvisation die Instrumente tauschen entwickelt er eine starke Dynamik, wird also immer wieder lauter und erhöht das Tempo. Dazu spiele ich eine Melodie mit ruhigem Charakter, halte mich im Hintergrund und gehe nur ein Stück weit in seiner Dynamik mit. Inwieweit er mich in der Musik wahrnimmt ist mir nicht klar. Nach der Improvisation spürt er eine Unruhe, die er jedoch nicht genauer beschreiben oder im Zusammenhang mit der entstandenen Musik deuten kann.

Herr Simon bekommt die Aufgabe die Aufnahme der Improvisationen anzuhören. Dabei wird er immer bleicher und erzählt, daß die Musik ihm Angst mache. Er sähe einen Drachen vor sich, der ihn böse und aggressiv anschaue. Diesem dürfe er nicht zu nahe kommen. Im Gespräch entwickelt sich der Drache zu einem eigentlich liebenswürdigen und einsamen Drachen. Ich schlage Herrn Simon vor, den Drachen zu malen. Hierbei entsteht bei ihm der Wunsch nach einer Freundschaft mit dem Drachen; dieser solle ihn beschützen. In verteilten Rollen versuchen wir, den Prozeß weg von Angst vor dem Drachen hin zu Annäherung und Freundschaft mit dem Drachen darzustellen. Herr Simon spielt sich selbst, wählt für seine Angst das Schlagzeug und für alles Folgende den Psalter. Ich bin in der Rolle des Drachens und spiele Klavier. So findet über die Musik eine vorsichtige Annäherung statt.

Die Musik hat zunächst einen dialogischen Charakter, das heißt der Drache zeigt sich mit dunklen lauten Tönen, Herr Simon antwortet mit schnellem Durcheinander von harten Tönen. So geht das ›musikalische Gespräch‹ hin und her und verändert sich hin zu leiseren weichen Tönen bis hin zu einem gemeinsamen ruhigen Zusammenspiel. In seiner Phantasie habe er sich langsam der Höhle des Drachens genähert, mit ihm gesprochen und sich zu ihm in die Höhle gelegt. Später sei er auf seinem Rücken gesessen, habe seinen Hals umklammert und sich dabei sicher und geborgen gefühlt. Als ich ihm erzähle, daß in meiner Phantasie das Bild vom ›kleinen Drachen Grisu‹ (Zeichentrickfilm: ein kleiner Feuer spukkender Drache, der ein großer Feuerwehrmann werden will) aufgetaucht ist, berichtet er freudig über seine Tätigkeit als Mitglied bei der freiwilligen Feuerwehr. Zum Abschluß der Sitzung schauen wir gemeinsam auf die Therapiestunde zurück. Herr Simon stellt fest, daß sein Drachen zwei Seiten habe: eine einsame verletzte und eine aggressiv schützende Seite. Es fühle sich gut an, wenn der Drache ihn als Freund begleite doch ein wenig Angst habe er schon noch.

2. Sitzung

Herr Simon berichtet aufgebracht über seine Angst gegenüber der Frauenmasse auf der Station, sie hätten so viel Macht. (Neben einem weiteren Mann bestand die Therapiegruppe vorwiegend aus Frauen. Auch das Personal ist überwiegend weiblich). Nach einem Gespräch über die aktuellen Geschehnisse bitte ich ihn die Macht der Frauen musikalisch darzustellen. Hierfür wählt er das Schlagzeug und meint, er haue nicht genügend Arme um dies zu spielen. Seine zwei Arme wirbeln mit den Stöcken des Schlagzeug in der Hand, wild durcheinander in großen Bewegungen über das Schlagzeug und produzieren unstrukturierte, schnelle, sehr laute und harte Klänge. Herr Simon beginnt zu weinen, da er seinen Haß auf Frauen spüre, besonders auf seine zwei Mütter. (In der Kindheit wurde er unter anderem von seiner Mutter, später auch von seiner Pflegemutter weggegeben). Er erzählt, daß er sehr oft von ihnen im Stich gelassen worden sei. Verzweiflung und Ohnmacht sind in diesem Moment bei ihm sehr spürbar. Ich frage, ihn was man ›den Frauen‹ entgegensetzen könnte. ›Eine Dampflok‹ antwortet er impulsiv. (Herr Simon ist von Beruf Zugführer.) Er stellt sie dar, indem er auf der großen Pauke regelmäßige, kräftige Schläge spielt.

Nach einer Weile ergänze ich das Spiel mit schnellen regelmäßigen Trommelschlägen, so daß es wie eine fahrende Lokomotive klingt. Dies könne er jetzt ewig machen. Es gäbe ihm das Gefühl von Geborgenheit, so als sei er mit einem Kumpel, auf dem man sich verlassen könne, zum Beispiel ein Kohlenbursche, der nichts sagt. Er fühle sich wieder stark. Ich bitte ihn, noch einmal die Pauke und seine gefundene Kraft zu spielen, während ich am Schlagzeug in der Rolle ›der Frauen‹ Chaos produziere. Herr Simon konzentriert sich auf sich und sein Instrument und läßt sich nicht aus dem Konzept bringen. Er habe sich gut dabei gefühlt. Zum Rückblick der Sitzung gebe ich die Aufgabe, die verschiedenen Phasen der Stunde kurz bildlich darzustellen. Er malt ein Triptychon: die Frauenmasse, in der er untergeht, einen winkend lachenden Zugführer in der Lok und am Ende sich selbst, wie er die Welt in der Hand hält.

3. Sitzung

Herr Simon redet wie ein Wasserfall, er wirkt sehr angespannt und durcheinander. Ich lasse ihn erzählen. Die letzte Woche war voll von wichtigen emotionalen Erlebnissen. Er habe am Wochenende zum erstenmal seine Mutter, die ihm nicht zuhören und ihn nicht ernst nehmen könne, aus seiner Wohnung rausgeworfen und dabei die Wut gegen seine Mutter herausgeschrien. Jetzt tauche die Mutter in Form von einer Totenmaske in seinen Träumen auf. Weitere Themen, die er anschneidet sind: Trauma mit dem Vater, der Männerhaß seiner Pflegemutter, Inzesterfahrung, dessen Täter er jetzt anzeigen will und Schwierigkeiten bei der Identifikation mit dem männlichen Geschlecht. Herr Simon wolle alles erst einmal auf dem Computer sortieren und brauche hierfür Zeit. Die Sitzung nimmt einen für mich überraschenden Verlauf. Herr Simon wird beim Erzählen nach und nach freier und ruhiger. Er spüre immer mehr Vertrauen in sich und das Gefühl was richtig für ihn sei. Auch sei er stolz auf das, was er bis jetzt daheim und in der Therapie geschafft habe.

Ich schlage vor, eine freie Improvisation zu machen. Taktil, verspielt und rhythmisch spielt er auf einer Konga, die er sich ausgesucht hatte und sucht immer wieder grinsend Blickkontakt mit mir. Die Improvisation hat einen beschwingten Charakter mit dialogischen Teilen. Einmal lacht er herzhaft, als ich das Feuerwehrsignal ›tatütata‹ auf dem Klavier spiele. Auch beim abschließenden Anhören der Aufnahme amüsiert er sich über die Musik.

Zwei Wochen Therapiepause, in der er zu Hause schreibt und sich mit seiner Familie auseinandersetzt.

4. Sitzung

Herr Simon kommt mit dem Thema Wut beziehungsweise Angst vor seiner Wut in die Therapiestunde, er habe seinen Vater angeschrien und sich für immer von ihm verabschiedet. Er stellt seine Wut dar, indem er regelmäßig, langsam und monoton Töne auf einem Baßklangstab anschlägt. (Ein Baßklangstab ist ein sehr tiefer Ton aus einem Kontrabaßxylophon). Es klingt nach innerlich dumpf brodelnder Wut. In der zweiten Improvisation bitte ich ihn seine Wut mehr nach außen zu bringen und hierbei seine Grenzen herzufinden und ernst zu nehmen , so daß er die Wut über das Musikmachen kanalisieren kann. Hierbei nehme ich eine unterstützende Rolle mit der Trommel an. Seine Musik wird im Verlauf der Improvisation schneller und phasenweise lauter, während die Regelmäßigkeit bleibt. Ich frage ihn, ob er seine Wut nun auf dem großen Gong hören lassen will. Wollen würde er schon, doch er traue sich nicht, aus Angst, die Kontrolle zu verlieren. Herr Simon nimmt den Gongschlägel und steht einige Zeit vor dem Gong. Er schlägt ihn dann mittellaut an und dämpft ihn sofort mit der anderen Hand ab.

Beim zweiten Versuch spielt er lauter und traut sich, ›seinem‹ Nachklang zuzuhören. Innerlich habe er dabei das Bild gehabt, daß böse Menschen von ihm weg driften. Er wolle es noch einmal probieren. Als er wiederum seinen jetzt nun lauten Gongsch lag gehört habe, habe er viel Kraft und Macht in sich wahrgenommen und habe Angst bekommen, andere damit zu überrollen. Auf die abschließende Frage, was er heute aus der Musiktherapie für sich mitnehmen könne, sagt er sinngemäß: »Viel Energie nehme ich mit und die Wut laß ich hier.«

Herr Simon schreibt in seiner Zwischenbilanz der Therapie: »Ein großer Druck ist gewichen ... das Chaos in meinem Kopf ist in eine Datenflut gewichen ... ich fühle mich als wäre ich eine, unter Druck stehende, Uhu-Tube, deren verklebter Ausgang aufgezupft worden ist.« Er bewertet die Musiktherapie, als einen sehr wichtigen Baustein der Therapie und schreibt: »Mein gefühlsmäßiges Spiegelbild (der ›Drache‹) kam zum Vorschein, meine Frauenproblematik konnte aufgearbeitet werden, das Einfühlungsvermögen war sehr wichtig.«

5. Sitzung

Die erste halbe Stunde füllt Herr Simon mit Reden über das aktuelle Zugunglück von Eschede. Er wirkt verwirrt, geschockt und gleichzeitig rational. In schnellen Wechseln stellt er sich vor, wie es dem Zugführer, den Fahrgästen und den Helfern ergangen sein muß. Hierbei bleibt er beim Leid der anderen, bringt es nicht in Verbindung mit seiner eigenen Geschichte. Wohl hat er konkrete Vorschläge und Pläne, was er an der Organisation der Rettung verbessern könnte, damit die Helfer nicht so hilflos wären und schneller retten könnten. Auf meine Frage hin, was er heute in der Musiktherapie machen wolle, hält er das erste Mal inne. Er habe sich überlegt eine musikalische Reinszenierung des Unglücks zu machen. Hierbei wolle er der Zugführer sein, ich solle ihn überraschen mit einer plötzlichen Entgleisung der Waggons, auf das ein Chaos folgt, während er allein und eingesperrt in der Lok, überleben würde. Dies wolle er machen, um die Gefühle des Zugführers zu spüren. Ich gehe auf den Vorschlag ein, da ich einige (symbolische und konkrete Parallelen zu seiner Biographie erkenne.

Ich hoffe, daß er sich über die Musik wieder mehr spürt und einen Bezug zu seinem Leben bekommt. Also wählen wir Instrumente und besprechen den Ablauf. Das Ende der Improvisation ist offen, Herr Simon soll sich nach ›dem Unglück‹ einen Moment Zeit nehmen, um seine Gefühle wahrzunehmen und dann ein Instrument zu wählen, um diese auszudrücken. Wir fangen an, den Zug ins Rollen zu bringen. Herr Simon spielt wieder die große Pauke, ich die Trommel. Zusammen werden wir schneller und lauter bis die Spannung des Bevorstehenden deutlich im Raum spürbar ist. Ich gebe einen kurzen hohen Schrei von mir, unregelmäßige Paukenschläge folgen, sowie auch der Gong, bis ›die Lok‹ langsamer wird und zum Stehen kommt. Stille. Herr Simon geht zu einem Baßklangstab, spielt langsam pulsierend Töne und scheint gegen seine Tränen anzukämpfen. Dazu setze ich reibende Klänge am Klavier, die sich in Musik mit traurigen Charakter verwandeln.

Herr Simon beginnt zu weinen, spielt weiter und setzt sich dann auf seinen Stuhl. Über die Musik begleite ich sein Weinen und frage ihn ein wenig später, ob ich weiter spielen soll. Da er nickt setze ich mein Klavierspiel fort, bis er zur Ruhe gekommen ist. Dann lasse ich die Musik langsam ausklingen. Mit ruhiger Stimme erzählt er von seinen Erlebnissen. Im Vordergrund stand hier das Gefühl des Zugführers, mit dem eigenen Schicksal allein gelassen zu sein, die Wut und Verzweiflung darüber, nichts mehr ändern zu können und nicht aus der Lok heraus zu kommen. Er kenne diese Gefühle, als er von Menschen verlassen wurde. Ein Chaos bleibe dann zurück und er sei früher immer alleine mit seinem Leid gewesen. Während der Musik nach ›dem Unglück‹ habe er einen tiefen inneren Schmerz gespürt, der sich ganz langsam in das Gefühl von Geborgenheit verwandelt habe. Auch habe er an ein vergangenes Ereignis denken müssen. Dies war eine Situation, als ein Mensch sich vor den Zug warf, in dem er mit dem Lokführer war. Wie am Anfang der Stunde beginnt er über das Zugunglück und seine ›Helferideen‹ zu sprechen. Bei der gemeinsamen Reflexion berichtet Herr Simon , daß die musikalische Reinszenierung faszinierend und toll gewesen sei. Jetzt sei er ruhiger und müder als am Anfang der Stunde.

6. Sitzung

Herr Simon sprIcht sehr viel, ohne daß ich einen roten Faden oder ein Thema erkennen kann. So frage ich ihn, ob er einen Liedtext schreiben will, über ›das Aktuelle‹. (Die Methode, den Liedtext zu gestalten geht über eine vorgegebene Struktur und über Assoziationen). Beim Vorlesen des Textes wird er zufrieden und stolz. Der Inhalt handelt von seinem schwierigem Leben, das seit dem Aufenthalt auf der Pychotherapiestation eine positive Wendung genommen hat. Im Moment sei er deswegen glücklich. In der Zukunft wolle er gerne die ganze Welt von ihrem Leid befreien.

Da es die vorletzte Stunde seiner Zeit in der Musiktherapie war, lenke ich das Thema auf Abschied. Herr Simon sieht dies für sich positiv, da er seinen Abschied in zwei Wochen für sich als den richtigen Zeitpunkt empfindet. Aus Zeitgründen setzten wir den Text nicht mehr in ein Lied um, sondern singen gemeinsam ein bestehendes Lied mit Klavierbegleitung. Das Lied ›Streets of London‹ findet er gut. Herr Simon singt sehr hoch (in der Lage einer Frauenstimme) , vorsichtig und leise. Er läßt mich die letzte Strophe singen, da es ihm ›die Kehle zugeschnürt‹ hat. Am Ende der Therapiesitzung kündige ich an, daß wir in der letzten Sitzung einen Therapierückblick machen werden.

7. Sitzung

Euphorisch und strahlend berichtet Herr Simon über aktuelle positive Ereignisse, er habe für heute kein Thema. Ich gebe ihm die Aufgabe, eine Zeitleiste zu malen, in der er seinen Therapieverlauf mit einer Stimmungskurve und Themen einzeichnen beziehungsweise einschreiben soll. Im Gesamtbild sieht es am Ende aus wie ein Kardiogramm, voll von aufeinanderfolgenden Auf und Abs, die kaum thematische Zuordnung haben. Wir besprechen, wie er den Verlauf musikalisch darstellen kann, das heißt Instrumente werden ausgesucht, bereitgestellt und der Ablauf festgelegt. Währenddessen wird er zögerlich, er habe Bedenken, zuviele Gefühle wieder zu erleben. Schließlich beginnt er mit Psalterklängen über wildes Schlagzeugspiel und strukturierte Paukenschläge bis hin zu verspielten Motiven auf der Marimba (ein großes Xylophon). Wie abgesprochen steige ich im letzten Teil mit dem Klavier ein. Es entstehen musikalische Dialoge zwischen Marimba und Klavier; die Musik ist geprägt von Spontanität und Witz. Herr Simon erzählt, er habe sich doch mehr eingelassen als geplant und habe so alles noch einmal durchleben können.

Ich frage ihn, wie es ihm während des Schlagzeugspielens ergangen sei und berichte über meine körperlichen Reaktionen beim Zuhören (mein Brustkorb schnürte sich immer mehr zu, es wurde schwierig, Luft zu holen, mein Herz pulsierte langsam und laut, mir wurde sehr heiß und schließlich schlecht). Herr Simon ist verblüfft, denn es seien dieselben Körperreaktionen, die er bei seinen Angstzuständen habe. Während dem Spielen des Schlagzeuges habe er nur seine Bewegungen und die Musik wahrgenommen.

Im Abschlußgespräch reflektiere ich skizzenhaft den Gesamtverlauf der Therapie aus meiner Sicht und gebe ihm meinen Respekt für seinen musiktherapeutischen Prozeß. Herr Simon bedankt sich für die gute Begleitung etc. und wünscht sich eine Aufnahme der Improvisationen. Herr Simon schreibt in seinem Entlaßbogen: »Ich bin ruhiger geworden, das Chaos in meinem Kopf ist einer erleichternden Freiheit gewichen..., ich lerne mich mehr auf mein Gefühl zu verlassen. Zur Musiktherapie schreibt er, daß ihm dort die Kräfte, die er gegen sich selbst richtet, bewußt wurden.«

Resümee der musiktherapeutischen Arbeit mit Herrn Simon

Herr Simon lernte im Verlauf seiner Musiktherapie seine Gefühle zuzulassen und sie auszudrücken – zunächst musikalisch, dann auch im Alltag. Seine Fähigkeit, mit anderen Menschen (emotional) in Beziehung zu sein, ist im Verlauf der Therapie gewachsen. Durch das Aufgreifen der Bilder und Phantasien des Patienten und deren Umsetzung im musikalischen Spiel ist es ihm gelungen, diese in seine Persönlichkeit zu integrieren. Darüber hinaus führt Herr Simon die Integrationsarbeit verdrängter, noch nicht integrierter Persönlichkeitsanteile in seinem Alltag fort.

3.4 Resümee der Arbeit auf der Psychotherapiestation

Musiktherapeutische Arbeit

Nach Befragung des Teams und der Auswertung der Entlaßbögen der Patienten komme ich zu folgendem Ergebnis, was die Wirksamkeit der Musiktherapie betrifft:

Die Gruppenmusiktherapie können zwei Drittel der (eingeteilten) Patienten für ihren Prozeß nutzen. Sie kommen motiviert, arbeiten intensiv mit und bringen anschließend Themen aus der Musiktherapie in andere Therapieformen ein. Ein Drittel profitiert wenig oder gar nicht. Von diesen machen einige oberflächlich mit und erfahren ein Gefühl des Miteinanderseins. Ein anderer Teil sträubt sich bis zum Ende gegen die Musiktherapie.

Ein Großteil aller Patienten erleben die ersten zwei Therapiesitzungen als eher befremdlich und schwierig. Nur wenige finden gleich einen direkten Zugang zur Musiktherapie.

Die Rhythmusgruppe gibt es seit einem halben Jahr Sie wurde von mir ins Leben gerufen und ist eine Ergänzung zum musiktherapeutischen Angebot. Die meisten Patienten spüren eine positive Wirkung am Ende der Sitzungen. Ich denke, die Rhythmusgruppe ist für viele ein momentanes Druckventil und oft Freude und Energie bringend. In den Entlaßbögen taucht sie weder negativ noch positiv auf.

Um die Möglichkeiten der Musiktherapie mehr auszuschöpfen, ist es meines Erachtens notwendig die Rhythmusgruppe und die Musiktherapiegruppe zweimal in der Woche durchzuführen. Dies würde die therapeutische Arbeit vertiefen und einen kontinuierlicheren Prozeß ermöglichen.

Einzeltherapien, die von Beginn des Therapieaufenthalt sattfinden, werden von nahezu allen Patienten als ein zentraler Baustein der Therapie erlebt. Der dort stattfindende Prozeß wird als wesentlich erfahren. Therapien, die zu einem späteren Zeitpunkt des Aufenthaltes beginnen, werden oft stabilisierend eingesetzt, und haben im Allgemeinen weniger Einfluß auf den Therapieverlauf.

Das Team

Abschließend kann ich sagen, daß es für mich nicht immer leicht ist, die Inhalte der Musiktherapie dem Team zu vermitteln. Aufgrund der begrenzt zur Verfügung stehenden Zeit ist eine gute ›Übergabe‹ vom Musiktherapeuten auf das Pflegeper-

sonal nur bedingt möglich. Einerseits merke ich, daß die ›Übersetzung‹ und Vermittlung der Inhalte der Musiktherapie hohe Anforderungen an mich stellt, die
ich in dem kurzen Zeitraum kaum erfüllen kann. Damit bestimmt mein selektives
subjektives Empfinden die Informationsvermittlung zum Team und manch wichtiges bleibt hierbei folglich auf der Strecke. (Es ist, als würde ich Überschriften
nennen anstatt die Geschichte zu erzählen.)

Andererseits ist das Pflegepersonal bereits mit den eigenen Anforderungen voll
ausgelastet, so daß ich mich immer wieder sehr aktiv einsetzen muß, um die
Inhalte der Musiktherapie übergeben zu können.

Im gemeinsamen Team werden unter anderem oft (Problem-) Patienten ausführlich besprochen. Der leitende Psychologe und der Arzt erfahren somit Inhalte
der Musiktherapie häufig nur aus Sicht der Patienten. Einer musiktherapeutischen
Aufnahme zuzuhören und auf sich wirken zu lassen, ohne sie als Produkt zu werten oder voreilig in eine bestimmte Richtung zu interpretieren, ist eine große Herausforderung für das Team. Ich denke, daß ›die Musiktherapie‹ die Teamarbeit
belebt und bereichert.

Im Allgemeinen fühle ich mich auf der Psychotherapiestation vom Team in
meiner Arbeit als Musiktherapeutin unterstützt und ernstgenommen. Die Zusammenarbeit mit dem Gestaltungstherapeuten, der Körpertherapeutin, sowie auch
die langjährige Erfahrung des Psychologen und des Pflegepersonals inspirieren
mich und erweitern mein Verständnis für Psychotherapie.

V. Birk

Die Projektgruppe

1 Allgemein

Die Projektgruppe besteht seit zehn Jahren innerhalb des Stationskonzepts, das sich unter den verschiedenen Leitern der Station (Arzt und/oder Psychologe) mehrfach verändert aber auch weiterentwickelt hat. Grundgedanke der Projektgruppe ist das gemeinsame Arbeiten. Hierfür bieten sich natürlich handwerkliche Techniken an. Ebenso könnte ein Projekt sein, ein Sommerfest zu veranstalten ein Hörspiel oder ein kleines Theaterstück aufzuführen. Ausgangspunkt ist immer ein gemeinsamer, zusammenhängender Entwurf des Projektes und nicht nur ein gemeinsames Thema. Das Projekt wird von den Teilnehmern vorgeschlagen, diskutiert und in demokratischer Abstimmung festgelegt, geplant und durchgeführt. Der Therapeut hat bei allen Abstimmungen kein Stimmrecht. Er ist hier allenfalls ein Vertreter der Institutionsgegebenheiten. Auch kann später (Ende der Therapie) das Ergebnis des Projektes nicht mit nach Hause genommen werden.

Es wird ein Übungsfeld angeboten in dem der Patient selbst etwas tun kann (muß, darf) ohne volles soziales Risiko. Da das Verhalten des Einzelnen in der Gruppe sichtbar wird, kann die Gruppe darauf aufmerksam machen oder durch Reflexion der eigenen Handlung, der Teilnehmer selbst erkennen. Nun können diejenigen Situationen angestrebt und gefördert werden, die korrigierende Erfahrungen ermöglichen. Auch versucht die Gruppe ›krankhaftes Verhalten‹ zu verstehen und ›gesunde Anteile‹ anzuerkennen. So wird die Möglichkeit geschaffen adäquate Rollen zu entwickeln.

2 Setting

Die Projektgruppe ist eine halboffene Gruppe und sollte zehn Teilnehmer nicht übersteigen. Eine zu große Gruppe würde die Teilnehmer darin überfordern, den Überblick über das Gruppengeschehen zu behalten. Im Idealfall setzt sie sich aus Teilnehmern unterschiedlichen Geschlechts, sozialer Herkunft, Krankheitsbild und Alter zusammen. Nicht nur weil die Projektgruppe nur einmal 1,5 Stunden pro

Woche stattfindet (ein zweiter oder gar dritter Termin wäre wünschenswert) ist eine regelmäßige Teilnahme Voraussetzung, sondern auch um einen Gruppenprozeß mitzuerleben und mitgestalten zu können. Weniger als acht Termine innerhalb der Therapie scheinen nicht sehr sinnvoll. Eine zu schnelle und große Fluktuation der Teilnehmer stört den gewünschten Gruppenprozeß oft empfindlich, die Teilnehmer kommen dann über den Prozeß des ›sich Kennenlernen‹ nicht hinaus.

3 Verlauf

Noch bevor die für die heutige Stunde anliegenden Arbeiten des laufenden Projektes besprochen (Arbeitsplanung) beziehungsweise Ideen und/oder Verbesserungsvorschläge eingebracht werden, wird gemeinsam festgestellt, ob alle Gruppenmitglieder anwesend sind, wer und warum jemand fehlt. Die Gruppe entscheidet, ob die Fehlenden abgeholt werden oder ob sie erwarten können, daß diese selbst an die Gruppenarbeit denken. Ist jemand zum erstenmal in der Gruppe, sollte vor Beginn der Arbeitsbesprechung die Neuen von den Alten in das laufende Projekt eingeführt werden.

Von Fall zu Fall ist es nötig, initiiert vom Gruppenleiter, den Sinn und die möglichen Ziele für die Teilnehmer transparent zu machen. Danach läuft die *Arbeitsplanung* nach folgender Struktur weiter: Welche Arbeitsschritte stehen heute an? Gibt es Verbesserungsvorschläge und neue Ideen? Gibt es aus der letzten Gruppenstunde arbeitstechnische Erkenntnisse, die beachtet werden müssen?

Die Teilnehmer einigen sich dann darüber, wie das Projekt weiter laufen soll. Meist kommt es zu einer Diskussion die in einer Abstimmung mündet, welcher Vorschlag die meisten Befürworter findet. Auch müssen die Fragen zum Material (genügend vorhanden, das Richtige, was muß noch beschafft werden, wer übernimmt dies) noch geklärt werden, bevor es zur *Arbeitsaufteilung* kommt.

Es liegt in der Hand der Gruppe, wie schnell, zäh oder langsam die Planung voran geht, denn Verantwortung und Entscheidung trägt allein die Gruppe. Der Gruppenleiter ist zuerst nur ›technischer Berater‹ und Beobachter, muß sich aber in bestimmten Situationen sich in das Gruppengeschehen einschalten zum Beispiel Teilnehmer übergehen die Meinung anderer und wollen ständig ihre Vorstellungen durchsetzen. Wenn er erkennt daß stark strukturierende Hilfe nötig ist oder das Geschehen in eine Sackgasse gerät sollte er Alternativen aufzeigen. Die Beobachtung eigenmächtiger Entscheidungen während der Arbeitsphase sollte zur Thematisierung durch den Therapeuten oder auch durch einzelne Gruppenmit-

glieder führen (Aktivitäten werden unterbrochen, man trifft sich am ›Bespre-
chungstisch‹) damit wieder gemeinsam Entscheidungen getroffen werden können.
Manchmal ist es therapeutisch sinnvoll, einen Patienten zu unterstützen, etwa
wenn er die Ausdauer verliert, oder ihn zu ermutigen, wenn er sich nichts zutraut
und weglaufen will. Ebenfalls achtet der Gruppenleiter auf den Zeitrahmen. Er
fordert die Gruppe auf zusammenzuräumen, um sich dann zur 15-minütigen
Nachbesprechung zu treffen.

In der Phase der Reflexion über die abgelaufene Interaktion, Kommunikation
und Kooperation untereinander ist jeder Teilnehmer angesprochen beziehungsweise ist vom Therapeuten anzusprechen, sich verbal mit dem Gruppengeschehen
auseinanderzusetzen. Eigenwahrnehmung und Fremdwahrnehmung sind wichtige
Bestandteile der Reflexion der Gruppenstunde. Ziel sollte ein Erkennen- und Ver-
stehenlernen des Verhaltens und Erlebens sein, um es dem Patienten zu ermöglichen, Verknüpfungen zu seiner Alltagswirklichkeit herzustellen damit ihm seine
Konflikte im zwischenmenschlichen Handeln deutlich werden. Wichtig ist es auch
dabei, daß das Gruppengespräch sich nicht um den Einzelnen zentriert, sondern
daß sich daraus ein Gruppenthema entwickelt, das dann in die Konfliktgruppe
eingebracht werden kann. Sollten wichtige Dinge nicht angesprochen werden,
weil die Gruppe oder der einzelne ein Gespräch darüber vermeidet, oder sie von der
Gruppe nicht wahrgenommen wurde, muß der Therapeut diese thematisieren und
wenn möglich einen Bezug zum alltäglichen Leben herstellen.

Die Vielzahl der möglichen Therapieziele für jeden Einzelnen (realistische Einschätzung eigener Fähigkeiten; Entscheidungsfähigkeit; Durchsetzungsvermögen;
Eigenverantwortung; Umgang mit Kritik, Frustration und Enttäuschung; Anpas-
sungsfähigkeit; Umgang mit Autorität und Macht usw.) sind nicht statisch und
können sich auch erst während einer Gruppenstunde entwickeln oder verändern.
Sie sollten auf jeden Fall dem Patienten als Vorschlag transparent gemacht werden so daß er auch eigene Ziele entwickeln kann. Denn es hat sich gezeigt, daß die
Projektgruppe lediglich Impulse gibt mit denen der Einzelne selbst zu einer Veränderung kommen kann.

Man sollte auch immer bedenken, daß die Projektgruppe nicht die einzige
Gruppe im Rahmen einer psychotherapeutischen Station ist und die Formulierung der Ziele erst im Kontakt mit anderen Therapien, in der Teamsitzung, beim
Lesen der individuellen Problematik, wahrnehmen des allgemeinen Stationsleben, sich heraus kristallisieren.

M. Otto

Meine Zeit auf der Psychotherapiestation

»Ein jegliches hat seine Zeit, und alles Vorhaben unter dem Himmel hat seine Stunde: geboren werden hat seine Zeit, sterben hat seine Zeit, pflanzen hat seine Zeit, ausreißen, was gepflanzt ist, hat seine Zeit; töten hat seine Zeit, heilen hat seine Zeit; abbrechen hat seine Zeit, bauen hat seine Zeit; weinen hat seine Zeit, lachen hat seine Zeit, klagen hat seine Zeit, tanzen hat seine Zeit; Steine wegwerfen hat seine Zeit, Steine sammeln hat seine Zeit; herzen hat seine Zeit, aufhören zu herzen hat seine Zeit; suchen hat seine Zeit, verlieren hat seine Zeit; behalten hat seine Zeit, wegwerfen hat seine Zeit; zerreißen hat seine Zeit, zunähen hat seine Zeit, schweigen hat seine Zeit, reden hat seine Zeit, lieben hat seine Zeit, hassen hat seine Zeit; Streit hat seine Zeit, Friede hat seine Zeit«. (Prediger 3, 1–8)

Für mich ist es nach fünf Jahren noch einmal eine Zeit, auf ein sehr schmerzhaftes Kapitel meines Lebens zurückzublicken: die Zeit der Trennung von meinem Mann – eine Trennung nach fast 20 Jahren und drei Kindern.

Reagiert habe ich, meine Seele und mein Körper, darauf mit einer massiven Depression, die mich in eine regelrechte ›Lebensstarre‹ fallen ließ. Wobei ›fallen‹ nicht ganz das richtige Wort ist, denn ich konnte mich nicht in die Situation fallen lassen, weil ich sie gar nicht akzeptieren konnte und wollte. So ähnlich stelle ich mir die Hölle vor wie diesen Zustand der Depression: Lebendig tot sein und mühsam Augenblick für Augenblick zu durch- und überleben.

Diese meine Depression brachte mich nach einigen Wochen in einer anderen Klinik auf die Psychotherapiestation im Klinikum Ingolstadt, damals geleitet von meinem Therapeuten, der mit mir auch das Aufnahmegespräch führte. Er erklärte mir die Voraussetzung für einen Aufenthalt auf der Station, und ich war mir ziemlich schnell sicher, daß ein therapeutisches Arbeiten auf dieser Station eine Chance für mich wäre. Allerdings hatte ich absolut noch keine Vorstellung davon, wieviel Geduld mich diese Form von Arbeiten kosten wurde. Mein Ziel war primär, diese ekelhafte Depression loszuwerden, und das lieber heute als morgen. Aber ein uraltes Lebensgesetz griff ein: Je weniger ich die Depression haben wollte, desto mehr blieb sie mir erhalten. Oft und oft sagten mir Therapeuten, Ärzte und Pflegepersonal: Lassen Sie los, akzeptieren Sie die Situation, wie sie ist! Ich wußte, daß sie Recht hatten, aber ich hätte alle schlachten können, denn das Loslassen war nicht machbar, und ich mußte erst durch viele, viele mühsame Schritte da hinein wachsen.

Ich möchte die Probleme meiner 20-jährigen Ehe nicht ausbreiten. Den Schwerpunkt meiner Gedanken bilden die Arbeitsstrukturen auf der Psychotherapiestation und wie ich dort neuen Auftrieb bekam. »Ich will jetzt, daß du gehst.« Mit diesen Worten, die ich in der zweiten oder dritten Partnersitzung auf der Station meinem Mann gegenüber äußerte, begann der mühsame Weg meines Heilwerdens.

Überlegungszeit eine Woche, dann Verpflichtung, sich für mindestens sechs Wochen der Therapie zu stellen. Für die meisten von uns Patienten wurde daraus ein mehrmonatiger Aufenthalt. Klare Aufgabenstellung für jeden Patienten war, an den ihm zugedachten Therapien verbindlich teilzunehmen. Beginn jeweils montags mit dem ausgearbeiteten Plan und ausformuliertem Wochenziel in der Frühbesprechung. Diese Wochenziele wurden mit den (Ober-) Ärzten, Therapeuten, Schwestern und der Patientenrunde besprochen – sozusagen zur Kenntnisnahme, und nicht, um eine Wertung zu veranlassen. Einzelgespräche wurden vom Therapeuten einerseits angeboten, andererseits konnte man auf Anfrage immer auch ein Zusatzgespräch mit ihm verabreden.

Zusätzlich gab es Musiktherapie, Kunst- und Tanztherapie, Frühsport, Stationsgespräch, Gruppenaktivität, und nicht zu vergessen, ›Positiv‹. Dieses Positiv war für mich der Gipfel des Entsetzlichen, solange ich noch massiv in der Depression steckte. Denn das Zusammentreffen in dieser Runde hatte zum Inhalt, daß jeder Einzelne eine Aussage darüber machen sollte, was am betreffenden Tag positiv gewesen war und was sein Anteil daran war – eine Höchstleistung für Depressive, die im massivsten Stadium alles grau in grau sehen. Im Großen und Ganzen ist diese Runde natürlich eine sinnvolle Einrichtung und ein weiterer Mosaikstein auf dem Weg des Heilungsprozesses.

Viele, viele Mosaiksteine waren notwendig, um wieder ›heil‹ zu werden. Am entscheidensten waren für mich persönlich die Einzelgespräche mit meinem Therapeuten, die Musiktherapie und die viele, oft stundenlangen Gespräche mit den Mitpatienten.

Die Einzelgespräche waren wichtig, um immer wieder zu überprüfen: Wie fühle ich mich? Wie wirke ich nach außen? – In der Depression ist die Selbsteinschätzung oft derartig verzerrt, daß man an sich selbst verzweifelt. Enorm wichtig war für mich auch, immer wieder vom Therapeuten versichert zu bekommen: Sie schaffen das, Sie kriegen das wieder in die Reihe! Bis zum Abwinken habe ich mir diese Zusicherung immer wieder abgeholt, obwohl ich anfangs überhaupt nicht daran glauben konnte. Diese Zusicherung war ein ganz wichtiger Anker.

Dieses, und das Angenommen-Werden in dem Zustand, in dem ich mich nun eben befand, war ein ganz wichtiges Element zum Gesunden. Dieses Annehmen geschah durch das Pflegeteam und auch durch die Mitpatienten.

Alle, sowohl das Pflegepersonal als auch Patienten mit diesen Formen von Erkrankungen brauchen eine Engelsgeduld, denn allzu oft drehen sich die Dinge scheinbar im Kreis oder man tritt auf der Stelle. Hierbei gilt es auch noch zu erwähnen, daß es erstaunlich war, daß die verschiedensten Charaktere, die im Pflegeteam waren, so effektiv miteinander arbeiteten. Es kam den Patienten sehr zugute, daß die meisten von ihnen schon viele Jahre zusammen Dienst taten und auch gemeinsam miteinander an der Supervision teilnahmen. Auch die nahtlose Übergabe der Schichten kam uns Patienten zugute, wenn es uns auch mitunter nervte, daß jeder alles wußte.

Apropos ›Alles wissen‹: An dieser Stelle fällt mir auch die Schweigepflicht ein – ein Punkt, der auf der Station sehr ernst genommen wurde, und der unerläßlich ist für effektives, vertrauensvolles Arbeiten im Milieu der Psychiatrie. Patienten fühlen sich ohnehin so hautlos, daß jedes Misstrauen Gift wäre.

Die Musiktherapie war für mich persönlich so wichtig, weil sich dadurch langsam meine Starre auflöste. Ich glaube, die ersten drei bis vier Sitzungen habe ich mehr geheult als irgendwelche anderen Töne erzeugt. Aber einfach durch die Geduld und die Einfühlung des sehr jungen Therapeuten, ging dann der Weg doch zum gemeinsamen musikalischen Kommunizieren – zum Schluß habe ich sogar Taize-Lieder mit ihm gesungen.

Die Mitpatienten – ebenfalls ein ganz wichtiges Kapitel – der Zusammenhalt war gut. Menschen, die seelisch so wund sind, haben keinen Grund mehr, sich zu verstellen, und das ist ein ganz wichtiger Faktor. Dadurch, daß sie sich in verschiedenen Therapiephasen befinden, können sie einander einfühlsam begleiten. Durch das eigene Erleben und Erleiden sind sie besonders authentische Gesprächspartner. Manche werden Freunde – mit der Mehrzahl war man für einen entscheidenden Lebensabschnitt verbunden.

Während ich an die Psychotherapiestation zurückdenke, fallen mir noch tausenderlei Dinge ein, die ich nicht erwähnt habe, und die doch Alles in Allem einen entscheidenden Einfluß genommen haben. Ich will mich auf die genannten beschränken und dem damaligen Team nochmals herzlichen Dank sagen.

Mein Aufenthalt auf der Station betrug fast ein halbes Jahr – für ein halbes Jahr war die Klinik also mein ›Zuhause‹. Ich konnte von dort mit der nötigen Unterstützung meinen Neuanfang regeln, wobei die Änderungen so massiv waren, daß ich noch Jahre lang daran zu beißen hatte. Nun scheint es das erste Jahr zu werden, in dem etwas Ruhe einkehrt.

Alles in Allem hat sich die Krise gelohnt, und ich bin dankbar, stärker und gereifter aus ihr hervorgegangen.

⚜

Ich bin ein ewig suchender,
niemals findender,
in Träumen versinkender,
und damit allem entschwindender Mensch.

Heike Bader

Ch. Thumann, R. T. Vogel

Ergebnisse einer Katamnesestudie

Wie schätzen ehemalige PatientInnen der Psychotherapiestation ein, zwei und
drei Jahre nach Entlassung den Therapieerfolg ein?

1 Einführung

Forschung in der stationären Psychotherapie ist praxisorientierte Forschung. Sie
widersetzt sich allein durch ihren Gegenstand – ›reale‹ Patientinnen und Patienten in ›realen‹ Nöten und ›realen‹ Behandlungsnotwendigkeiten und -settings –
dem vorherrschenden einheitswissenschaftlichen Denkansatz klassisch-konserva-
tiver akademischer Psychotherapieforschung. Diese wiederum droht ohne Praxis-
relevanz um sich selbst zu kreisen. Seien wir ehrlich: wieviel von dem, was ein
erfahrener Psychotherapeut in der Behandlungsstunde tut, ist tatsächlich direkte
Anwendung der Ergebnisse randomisierter und kontrollierter Psychotherapiestudien und wieviel mehr Veränderung hat sein ursprüngliches therapeutisches Denk-
und Handlungssystem erfahren durch den Kontakt mit seinen PatientInnen,
durch Fallgeschichten und Diskussionen mit KollegInnen, durch eigene Erfahrung und Biographie? Die Unterschiede zwischen den Bedingungen akademisch-
wissenschaftlicher Therapiestudien und den Gegebenheiten der (stationären) psychotherapeutischen Routineversorgung (zum Beispiel Komorbidität der Patient-
Innen, gescheiterte Vorbehandlungen, laufende Rentenverfahren etc.) wurden von
kompetenter Seite *(u. a. Rief 1999)* bereits deutlich aufgezeigt und die Notwendig-

keit praxisorientierter Forschung hinlänglich nachgewiesen (zur Bedeutung und kritischen Würdigung stationärer Psychotherapieforschung vgl. überblicksweise unter anderem *Bassler 1998, Schneider 1999, Dilcher 2000*).

Die im folgenden dargestellte Katamnesestudie entstand aus dem Bedürfnis des therapeutischen Teams der Psychotherapiestation, eine systematische Rückmeldung über den Werdegang der entlassenen PatientInnen und deren retrospektiver Einschätzung des stationären Aufenthalts zu erhalten, auch und vor allem, um daraus unmittelbare Konsequenzen im therapeutischen Alltag ziehen zu können. Erst im nachhinein wurde die Idee einer statistischen Erfassung und Auswertung verfolgt, deren Ergebnisse nun vorliegen.

2 Untersuchungsdesign

Die hier dargestellten Ergebnisse betreffen den Teil der Studie, der mittels eines Fragebogens systematisch Veränderungen in der retrospektiven Beurteilung zu erfassen versuchte. Dabei wurden in den Patientenjahrgängen 1994 bis 1996 alle entlassenen Patienten ein Jahr nach ihrem Therapieende angeschrieben und um die Beantwortung eines zweiseitigen Fragebogens gebeten. Für die Jahrgänge 1994 und 1995 erhielten nur diejenigen, die schon nach einem Jahr geantwortet hatten, wiederum diesen Fragebogen, wobei sich die Fragen allerdings ausdrücklich auf das zweite Jahr seit der Entlassung bezogen. Schließlich wurde der Jahrgang 1994 nochmals einer dritten Befragung unterzogen, an der folglich nur die Rückmeldenden der vorangegangenen beiden Befragungen teilnahmen, wobei speziell das dritte Jahr nach dem stationären Aufenthalt beurteilt werden sollte.

Folgende Fragestellungen dominierten bei dieser Untersuchung:

– Wie beurteilen ehemalige Patientinnen und Patienten einer stationären Psychotherapie retrospektiv ihren Aufenthalt?
– Wie ist die Häufigkeitsverteilung bei Diagnosegruppen, Geschlecht und Alter?
– Welche Weiterbehandlungen gab es?
– Welche subjektiv erlebten Wirkfaktoren werden geschildert?
– Welche Veränderungen durch und nach dem Therapieaufenthalt werden berichtet?
– Welche Anregungen für das therapeutische Team sind für die Patientinnen und Patienten auch nach einem zeitlichen Abstand wichtig?

Der Fragebogen wurde so gestaltet, daß er auch von weniger motivierten Personen schnell ausgefüllt werden konnte. Dabei wurden verschiedene Fragetypen verwendet: geschlossene Fragen mit mehrstufigen Antwortvorgaben (ordinalskalierte Ratings), halboffene Fragen, bei denen nach dem Ankreuzen noch eine genauere Angabe erbeten wurde und offene Fragen mit etwas Raum zum Beantworten. Bei der Auswertung der Bögen stellte sich heraus, daß viele der Antwortenden das Bedürfnis hatten, über den vorgegebenen Rahmen des Fragebogens hinauszugehen und dem Team weit mehr mitzuteilen, als dafür Platz war. Insgesamt wurden zwölf Fragen ausgewählt, deren Inhalt die obigen Fragestellungen beantworten sollen.

Da Frau Stefanie Weimer in ihrer Diplomarbeit *(Weimer 1997)* bereits mit inferenzstatistischen Methoden Zusammenhänge zwischen verschiedenen demographischen Faktoren und einzelnen Effekten untersuchte, sei hier – auch angesichts der begrenzten Anzahl der rückläufigen Antworten – der Schwerpunkt auf eine deskriptive Darstellung der Daten gelegt. Besonders berücksichtigt werden soll hierbei die Vielfalt der Informationen, die den Bögen zu entnehmen sind und die nicht durch statistische Zusammenfassungen an Aussagewert verlieren sollen.

3 Ergebnisse

Gesamtstichprobe

Insgesamt wurden 191 ehemalige Patienten und Patientinnen – im folgenden kürzer PatientInnen genannt – angeschrieben. Dies umfaßt alle Personen, die von Januar 1994 bis Dezember 1996 auf der Station behandelt wurden. Der Altersdurchschnitt der PatientInnen lag bei 34,16 Jahren, wobei das Altersminimum 17 Jahre und das -maximum 60 Jahre betrug. Der Altersmedian lag bei 33 Jahren, der Modalwert bei 30 Jahren.

Die Geschlechterverteilung betrug 65,4 Prozent Frauen zu 34,6 Prozent Männern, in Häufigkeiten ausgedrückt entspricht das 125 Frauen zu 66 Männern.

Rücklaufquoten und Untersuchungsstichprobe

Die Rücklaufquote ergab sich aus allen zurückgeschickten Antworten der PatientInnen, unabhängig ob sie auswertbar waren oder nicht. Insgesamt erhielten wir bei unserer Untersuchung Rückantworten von 88 Befragten, dies entspricht einer

Rücklaufquote von 46,1 Prozent. Nicht geantwortet haben 90 der angeschriebenen Personen, was 47,1 Prozent entspricht. 13 der angeschriebenen Personen waren unbekannt verzogen. Dies entspricht einem Wert von 6,8 Prozent. Fassen wir die beiden zu einem Wert zusammen, haben 103 Personen nicht geantwortet, was dem Prozentwert 53,9 entspricht. Vergleichen wir die Rücklaufquote mit empirischen Werten zu Katamnese-Studien in der Literatur, die bei zirka 30 bis 40 Prozent Rücklauf liegen (u. a. *Mayring 1990*) läßt sich der erhaltene Rücklauf durchaus als überdurchschnittlich bezeichnen.

Unsere Untersuchungsstichprobe setzt sich nun zusammen aus den 88 Personen, die überhaupt bereit waren, an der Befragung teilzunehmen. Diese wurden, je nach Jahrgang, entweder ein-, zwei- oder dreimal befragt. Dabei bezogen sich die Fragen einerseits auf die Einschätzung des Therapieaufenthaltes und die damit verbundenen Veränderungen, andererseits betrafen sie aber auch das gerade vergangene Jahr. Dies bedeutet, daß von den Befragten mehrmals das Ausfüllen eines auf den ersten Blick scheinbar immer gleichgestalteten Bogens mit wiederkehrenden Fragen verlangt wurde. Möglicherweise hatte dies eine abnehmende Motivation zur Folge.

Wenn man die einzelnen Rücklaufquoten genauer aufschlüsselt, ist bei den Personen, die auch nach drei Jahren noch bei der Befragung teilnahmen, folgendes festzustellen: Frauen: 34,3 Prozent nach einem Jahr, 41,7 Prozent nach zwei Jahren, 20 Prozent nach drei Jahren. Für die Männer, die über drei Jahre regelmäßig antworteten, galt: 73,3 Prozent nach einem Jahr, 63,7 Prozent nach zwei Jahren und 71,4 Prozent nach drei Jahren. Gemeinsam wurden für diesen Jahrgang (1994) folgende Prozentzahlen ermittelt: nach einem Jahr antworteten 46 Prozent, von diesen wiederum reagierten nach dem zweiten Jahr 52,2 Prozent und von diesen meldeten sich nach dem dritten Jahr 50 Prozent.

Beim Jahrgang 1995, der zweimal Fragebögen erhielt, antworteten bei den Frauen nach einem Jahr 48,8 Prozent, von diesen nach Ablauf von zwei Jahren noch 19 Prozent. Von den Männern sandten 50 Prozent beim ersten Mal den Bogen zurück, von diesen im folgenden 44,4 Prozent auch ein zweites Mal. Insgesamt gelten folgende Quoten: 49,2 Prozent gaben nach dem ersten Jahr Rückmeldung, von diesen antworteten 26,7 Prozent im darauffolgenden Jahr ebenfalls.

Vom letzten Jahrgang (1996) schließlich, der nur ein einziges Mal befragt wurde, antworteten 42,6 Prozent Frauen und 45,5 Prozent Männer. Insgesamt gilt hier für alle Antwortenden eine Rücklaufquote von 43,8 Prozent.

Die Gesamtverteilung der zurückgesendeten Fragebogen über alle Jahrgänge kann der folgenden Darstellung entnommen werden:

Tabelle 1: Rücklaufquoten der drei Jahrgänge

Rücklauf nach...	einem Jahr	zwei Jahren	drei Jahren
PatientInnen 1994			
Angeschriebene Frauen/Männer	35 / 15	12 / 11	5 / 7
Rücklauf Frauen/Männer	12 / 11 (46,0%)	5 / 7 (52,2%)	1 / 5 (50,0%)
PatientInnen 1995			
Angeschriebene Frauen/Männer	43 / 18	21 / 9	
Rücklauf Frauen/Männer	21 / 9 (48,8%)	4 / 4 (19,0%)	
PatientInnen 1996		1	
Angeschriebene Frauen/Männer	47 / 33		
Rücklauf Frauen/Männer	20 / 15 (43,8%)		
Angeschrieben insgesamt	191	53	12
Rücklauf insgesamt	88 (46,1%)	20 (37,7%)	6 (50,0%)

Geschlechterspezifität innerhalb der erhaltenen Stichprobe

Bei der Verteilung der gesamten erhaltenen Rückläufe auf die Geschlechter ergibt sich ein Verhältnis von 60,2 Prozent bei Frauen (n=53) zu 39,8 Prozent bei Männern (n=35). Das entspricht in etwa der Geschlechterverteilung innerhalb der Gesamtstichprobe.

Diagnosenverteilung

Die zugewiesenen Diagnosen beziehen sich auf die ICD-10 *(Dilling, Mombour, Schmidt 1993)*, mit Ausnahme des aus dem ICD 9 stammenden, etwas antiquierten Begriffs der ›endogenen Depression‹. Um der Komorbidität (vgl. *Reinecker, 1994)* Rechnung zu tragen, haben die meisten PatientInnen mindestens zwei Diagnosen erhalten, um die Störung genauer einzugrenzen beziehungsweise sie in ihrem Ausmaß zu erfassen. Ein Beispiel dafür könnte eine Diagnose wie »mittelgradige depressive Episode bei selbstunsicherer Persönlichkeit« sein. Für die Untersuchung selbst wurde jeweils die Primärdiagnose, also die Erstbezeichnung verwendet.

Um die verschiedenen Diagnosen für die Studie auswertbar zu machen, sind sie nach ihrer Grunderkrankung klassifiziert worden. Im konkreten Falle wurden unter die Kategorie ›Angststörung‹ auch Störungen, die als ›Angst und Depression gemischt‹ klassifiziert wurden, gefaßt. Unter der Kategorie ›Persönlichkeitsstörungen‹ sind alle in der ICD-10 beschriebenen Persönlichkeitsstörungen zusammengefaßt. Auch die ›emotional instabilen Persönlichkeiten vom Borderline-Typus‹ gehören zu dieser Gruppe und wurden nicht gesondert aufgezählt. Unter der Kategorie ›Depressionen‹ wurden alle Störungen, die eine depressive Grundlage haben, zusammengetragen. Ausgeschlossen wurden dabei die ›endogenen Depressionen‹ (ICD 9), da sie keine neurotische Störung darstellen und gesondert berücksichtigt werden müßten. Ihre Anzahl in der Gesamtstichprobe war allerdings so gering, daß sie für eine Einzelauswertung nicht in Frage kam und somit zu der Kategorie ›Sonstige‹ gefaßt wurde. Die Kategorie ›Sonstige‹ beherbergt infolgedessen verschiedenste Störungsformen wie Zyklothymie, Psychosomatosen, Adoleszenzkrisen und endogene Depressionen. Auch die Eßstörungen zählen in unserer Studie zu dieser Kategorie, da die PatientInnenanzahl in dieser Gruppe im Untersuchungszeitraum zu gering war, um sie als Einzelgruppe in die Untersuchung aufzunehmen.

Gesamtstichprobe

Bei der Entlassung der PatientInnen am Ende ihres stationären Aufenthalts wurden vom Stationsarzt oder vom Psychologen die jeweiligen Entlaßdiagnosen gestellt, die auch bei der Katamnesestudie Berücksichtigung finden.

Um eine Auswertung zu erleichtern, wurden die gestellten Diagnosen zu vier Gruppen zusammengefaßt, die im folgenden dargestellt werden:

Tabelle 2: Diagnosenverteilung der Gesamtstichprobe

Diagnose	Frauen n=125	Männer n=66	Insgesamt n=191
Angststörung	19 (9,9 %)	16 (8,4 %)	35 (18,3 %)
Persönlichkeitsstörung	26 (13,6 %)	21 (11,0 %)	47 (24,6 %)
Depression	50 (26,2 %)	14 (7,3 %)	64 (33,5 %)
Sonstige	30 (15,7 %)	15 (7,9 %)	45 (23,6 %)

Die vier Gruppen für alle drei PatientInnenjahrgänge veranschaulicht:

Abbildung 1: Verteilung der Diagnosegruppen für die Gesamtstichprobe

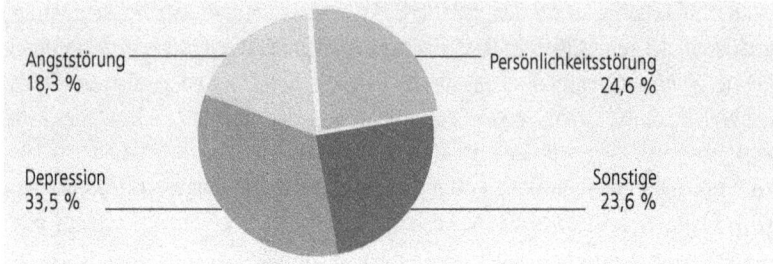

Angststörung 18,3 %
Persönlichkeitsstörung 24,6 %
Depression 33,5 %
Sonstige 23,6 %

Im nächsten Diagramm sind die beschriebenen Diagnosegruppen geschlechtsspezifisch unterteilt dargestellt.

Abbildung 2: Diagnoseverteilung der Gesamtstichprobe, geschlechtsspezifisch

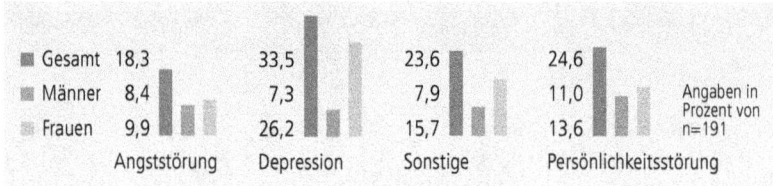

	Angststörung	Depression	Sonstige	Persönlichkeitsstörung
Gesamt	18,3	33,5	23,6	24,6
Männer	8,4	7,3	7,9	11,0
Frauen	9,9	26,2	15,7	13,6

Angaben in Prozent von n=191

Untersuchungsstichprobe

Insgesamt haben – gemessen an der Verteilung in der Gesamtstichprobe – anteilsmäßig weniger Frauen und mehr Männer geantwortet, als zu erwarten war.

Tabelle 3: Diagnosenverteilung der Untersuchungsstichprobe

Diagnose	Frauen n=125	Männer n=66	Insgesamt n=191
Angststörung	9 (10,2 %)	11 (12,5 %)	20 (22,7 %)
Persönlichkeitsstörung	8 (9,1 %)	9 (10,2 %)	17 (19,3 %)
Depression	25 (28,4 %)	8 (9,1 %)	33 (37,5 %)
Sonstige	11 (12,5 %)	7 (8,0 %)	18 (20,5 %)

Besonders ist darauf zu achten, ob auffällige Abweichungen zu der Verteilung der Gesamtstichprobe feststellbar sind. Insgesamt kann bezüglich der Diagnosegruppen festgehalten werden, daß prozentual weniger Personen mit den Diagnosen Persönlichkeitsstörung und Sonstige vertreten sind, während anteilsmäßig mehr Personen mit den Diagnosen Angstneurose und Depression geantwortet haben.

Abbildung 3: Verteilung der Diagnosegruppen für die Untersuchungsstichprobe

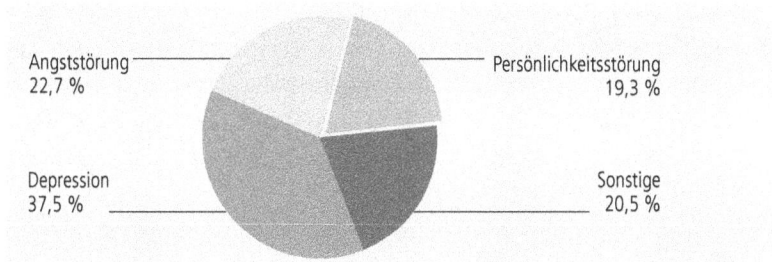

Angststörung
22,7 %

Persönlichkeitsstörung
19,3 %

Depression
37,5 %

Sonstige
20,5 %

Auch bei der Untersuchungsstichprobe interessierte uns, ob und wie sich Diagnose und Geschlecht auf die Mitarbeit bei unserer Studie auswirken.

Abbildung 4: Diagnoseverteilung der Untersuchungsstichprobe, geschlechtsspezifisch

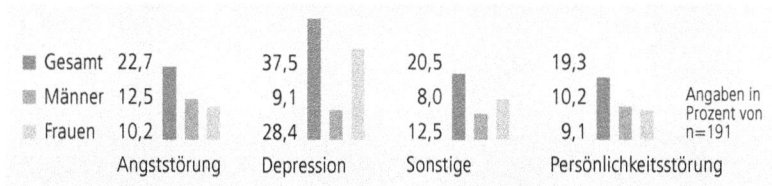

	Angststörung	Depression	Sonstige	Persönlichkeitsstörung	
Gesamt	22,7	37,5	20,5	19,3	
Männer	12,5	9,1	8,0	10,2	Angaben in Prozent von n=191
Frauen	10,2	28,4	12,5	9,1	

In der Untersuchungsstichprobe insgesamt, d.h. bei der Befragung nach einem Jahr, sind Männer mit Angststörungen sowie männliche und weibliche Depressive überrepräsentiert, wohingegen die Frauen mit der Diagnose Persönlichkeitsstörung und die weiblichen sonstigen Diagnosen unterrepräsentiert sind.

Ergebnisse der Fragebogenitems

Nun sollen die einzelnen Fragebogenitems vorgestellt werden. Dazu werden die Ergebnisse unserer Studie jeweils nach einem, nach zwei und nach drei Jahren dargestellt. Im einzelnen sollen Tabellen mit Häufigkeiten und/oder Prozentzahlen einen detaillierten Einblick ermöglichen. Diagramme sollen darüber hinaus einen umfassenden Überblick bieten und einzelne Ergebnisse beleuchten.

Das erste Fragebogenitem dient hauptsächlich als ›Eisbrecher‹. Es soll die Befragten auf den Fragebogen einstimmen und dabei helfen, sich in die Situation auf der Station zurückzuversetzen. Außerdem bietet eine persönliche Schilderung einen Eindruck davon, wie ein Patient seine Störung erlebt. »Wenn Sie heute zurückblicken, wegen welchen (Haupt-)Problems kamen sie damals zur Behandlung auf Station?« Die Durchsicht der geschilderten Probleme zeigte, daß teilweise deren Definition im Zeitablauf durch klinische Diagnosen ergänzt wurde oder daß neu gewonnene Erkenntnisse hinzugefügt wurden. Diese Ergebnisse bieten für das therapeutische Team aufschlußreiche Informationen, die allerdings die persönliche Bekanntschaft mit dem ehemaligen Patienten voraussetzt, weswegen hier nicht ausführlicher darauf eingegangen werden soll.

Therapieerfolg

Beim nächsten Fragebogenitem sollten die Befragten die Effektivität der Therapie auf einer vierstufigen Ordinalskala einschätzen. Die PatientInnen bekamen vier Antwortkategorien vorgegeben, von denen sie die zutreffende ankreuzen sollten:

»Die Therapie auf Station sehe ich für mich im nachhinein als
☐ sehr erfolgreich,
☐ erfolgreich,
☐ teilweise erfolgreich,
☐ nicht erfolgreich.«

Folgende Häufigkeiten wurden nach einem Jahr ermittelt:

Tabelle 4: Therapieeffekt nach einem Jahr

	Gruppe 1994 Frauen/Männer	Gruppe 1995 Frauen/Männer	Gruppe 1996 Frauen/Männer	Insgesamt n=87
Sehr erfolgreich	2 / 2	6 / 0	5 / 2	17
Erfolgreich	2 / 3	6 / 6	7 / 2	26
Teilweise erfolgreich	6 / 6	7 / 2	7 / 9	37
Nicht erfolgreich	1 / 0	2 / 1	1 / 2	7

Bei der prozentualen Verteilung dieser Werte ergibt sich für die subjektive Einschätzung des Therapieerfolges folgendes Bild.

Abbildung 5: Erlebte Effekte der Therapie nach einem Jahr

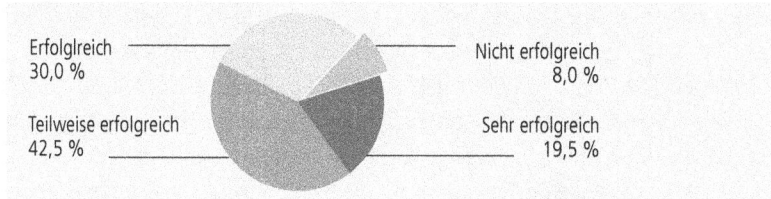

Erfolglreich 30,0 %	Nicht erfolgreich 8,0 %
Teilweise erfolgreich 42,5 %	Sehr erfolgreich 19,5 %

Die Grafik zeigt deutlich, daß die ehemaligen PatientInnen ihre Therapie äußerst positiv beurteilen. 92 Prozent bewerten sie nach Ablauf eines Jahres zumindest teilweise als erfolgreich. Fast die Hälfte, nämlich 49,4 Prozent, erachten die Therapie im nachhinein als erfolgreich beziehungsweise sogar sehr erfolgreich.

Welche Einschätzung haben die Befragten nun nach zwei Jahren?

Tabelle 5: Therapieeffekt nach zwei Jahren

	Gruppe 1994 Frauen/Männer	Gruppe 1995 Frauen/Männer	Insgesamt n=19
›Sehr erfolgreich‹	1 / 1	1 / 2	5
›Erfolgreich‹	2 / 3	2 / 2	9
›Teilweise erfolgr.‹	0 / 2	0 / 0	2
›Nicht erfolgreich‹	1 / 1	1 / 0	3

Auch hier ergibt sich ein sehr interessantes Bild.

Abbildung 6: Erlebte Effekte der Therapie nach zwei Jahren

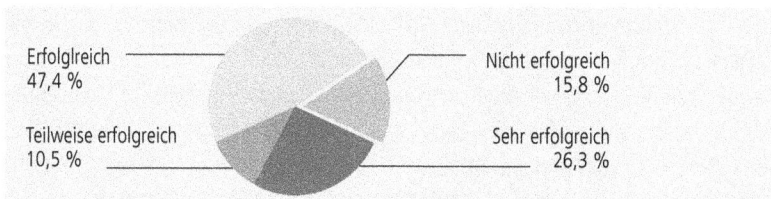

Erfolglreich 47,4 %	Nicht erfolgreich 15,8 %
Teilweise erfolgreich 10,5 %	Sehr erfolgreich 26,3 %

Auf den ersten Blick scheint es, als ob die PatientInnen die Therapie insgesamt als weniger erfolgreich einschätzten, da 15,8 Prozent sie als nicht erfolgreich bewerten. Aber ein anderer Wert fällt ins Auge: knapp die Hälfte, nämlich 47,4 Prozent beurteilen die Effekte als erfolgreich, und noch einmal 26,3 Prozent erachten sie sogar als sehr erfolgreich. Dies bedeutet, daß nach zwei Jahren Abstand 73,7 Prozent der Befragten ihre Therapie auf der Station als erfolgreich oder sehr erfolgreich bezeichnen. Demgegenüber ist der Anteil der noch unentschieden antwortenden ehemaligen PatientInnnen mit 10,5 Prozent wesentlich geringer als bei den Ergebnissen nach einem Jahr. Möglicherweise ist die Ursache hierfür darin zu suchen, daß sich die Befragten nach diesem zeitlichen Abstand eindeutiger für eine Kategorie entscheiden können oder wollen. Offensichtlich ist diese Entscheidung bei den nach zwei Jahren Antwortenden überwiegend für die Kategorie erfolgreich gefallen.

Die Ergebnisse nach drei Jahren möchte ich einzeln darstellen, da sie die Vielfalt der unterschiedlichen Einschätzungen über den Ablauf von drei Jahren hinweg verdeutlicht. Da die Häufigkeit hier nur gering ist, möchte ich kurz die sechs PatientInnen vorstellen. Insgesamt handelt es sich um eine Frau und fünf Männer, die Diagnosen sind je zur Hälfte in der Gruppe der Angstneurosen und in der Gruppe der Sonstigen zu finden:

- *1/95/3/02* ist männlich, war zum Zeitpunkt des Therapieaufenthaltes 58 Jahre alt und hatte die Diagnose Psychosomatose.
- *1/95/3/03* ist männlich, war 40 Jahre alt und litt unter einer Zyklothymie.
- *1/95/7/11* ist ebenfalls männlich, zählte 27 Jahre und hatte eine Angstneurose, ebenso wie der ebenfalls männliche, damals 36jährige *1/95/5/22*.
- Die einzige weibliche Patientin *1/95/8/28*, die nach drei Jahren antwortete, war während der Therapie 25 Jahre alt und litt unter einer endogenen Depression.
- *1/95/9/30* schließlich war wiederum männlich, 33jährig und hatte ebenfalls eine Angstneurose.

Bei allen Diagrammen und in allen Tabellen, in denen diese sechs Personen vorgestellt werden, sind sie an der Codiernummer oder den Begriffen Patient 1 bis 6 zu unterscheiden. Eine Darstellung von Einzelfällen mag ungewöhnlich erscheinen für eine ursprünglich vorwiegend quantitativ geplante Studie. Dennoch sind auf diese Weise interessante Zusammenhänge zu erschließen; daher sollte im Rahmen einer deskriptiv ausgewerteten Untersuchung auch Platz dafür sein.

Abbildung 7: Einschätzung des Therapieerfolgs nach 1, 2 und 3 Jahren

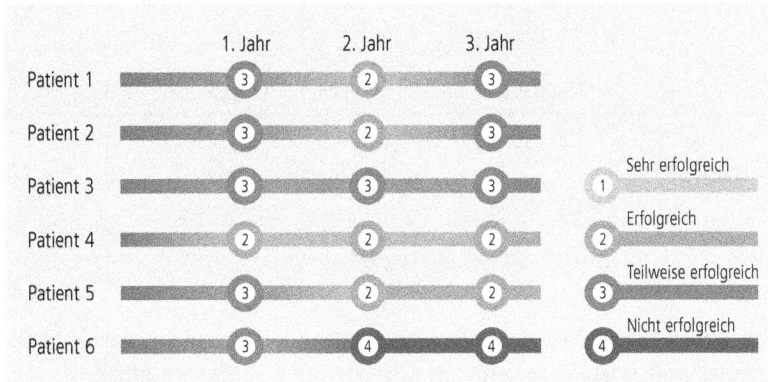

Erfolgte Nachbehandlung

Das folgende Fragebogenitem untersuchte, ob sich die PatientInnen nach dem Ende der stationären Therapie im vergangenen Jahr jeweils in weiterer Behandlung befunden hatten. Die Befragten sollten angeben, ob und wenn ja, wie sie weiterbehandelt wurden:

»Ich befand mich im Jahr seit meiner Entlassung von Station
☐ in keinerlei psychiatrischer/psychotherapeutischer Behandlung,
☐ in ambulanter psychiatrischer/psychotherapeutischer Behandlung,
☐ in stationärer psychiatrischer/psychotherapeutischer Behandlung.«

Die Antwortvorgaben schließen sich nicht aus, so daß alle denkbaren Kombinationen erfaßt werden konnten.

Tabelle 6: Nachbehandllung nach einem Jahr

	Gruppe 1994 Frauen/Männer	Gruppe 1995 Frauen/Männer	Gruppe 1996 Frauen/Männer	Insgesamt n=88
Stationär	3 / 3	2 / 2	1 / 0	11
Ambulant	6 / 3	14 / 5	13 / 14	55
Beides	1 / 1	4 / 0	4 / 0	10
Keine	2 / 4	1 / 2	2 / 1	12

Folgenden Prozentzahlen beziehen sich jeweils auf die Rückläufe eines Jahrgangs.

Tabelle 7: Rückläufe eines Jahrgangs

	Gruppe 1994	Gruppe 1995	Gruppe 1996	Insgesamt
Stationär	6 (26,1 %)	4 (13,3 %)	1 (2,9 %)	11
Ambulant	9 (39,1 %)	19 (63,3 %)	27 (77,1 %)	55
Beides	2 (8,4 %)	4 (13,3 %)	4 (11,4 %)	55
Keine	6 (26,1 %)	3 (10,0 %)	3 (8,6 %)	12

Das nächste Diagramm zeigt einen Vergleich der Nachbehandlung über drei Patientenjahrgänge, jeweils im ersten Jahr nach dem stationären Aufenthalt.

Abbildung 8: Nachbehandlung der drei Patientenjahrgänge im 1. Jahr

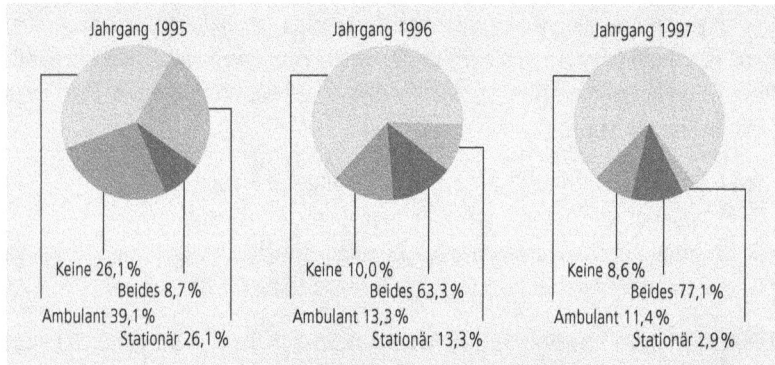

Jahrgang 1995 | Jahrgang 1996 | Jahrgang 1997

Keine 26,1 %
Beides 8,7 %
Ambulant 39,1 %
Stationär 26,1 %

Keine 10,0 %
Beides 63,3 %
Ambulant 13,3 %
Stationär 13,3 %

Keine 8,6 %
Beides 77,1 %
Ambulant 11,4 %
Stationär 2,9 %

Die Zahlen belegen einen in den letzten Jahren feststellbaren Trend, der sich in einer Ausweitung der ambulanten Nachbehandlung zugunsten weniger nachfolgender stationärer Aufenthalte nach einer Therapie bemerkbar machte. Hierfür gibt er mehrere Gründe: Zum einen hat die Station in den letzten Jahren zunehmend mehr schwer gestörte PatientInnen aufgenommen, bei denen es ratsam war, nach dem Ablauf der regulären Therapiedauer eine weitere Unterstützung zu Hilfe zu ziehen. Zum anderen hat sich in der Region das Nachsorge-Angebot stark verbessert, so daß im Vergleich zu früher viel mehr Nachbetreuungs- beziehungsweise Weiterbehandlungsangebote überhaupt erst ermöglicht werden konnten.

Tabelle 8: Nachbehandlung nach zwei Jahren

	Gruppe 1994 Frauen/Männer	Gruppe 1995 Frauen/Männer	Insgesamt n=88
Stationär	0 / 1	1 / 0	2
Ambulant	3 / 2	3 / 2	10
Beides	1 / 2	0 / 0	3
Keine	1 / 2	0 / 2	5

Tabelle 9: Rückläufe eines Jahrgangs

	Gruppe 1994	Gruppe 1995	Insgesamt
Stationär	1 (8,3 %)	1 (12,5 %)	2
Ambulant	4 (41,7 %)	5 (62,5 %)	9
Beides	3 (25,0 %)	0 (0,0 %)	3
Keine	3 (25,0 %)	2 (25,0 %)	5

Die Ergebnisse nach zwei Jahren scheinen den Trend zu bestätigen, wie das nächste Diagramm verdeutlicht. Auch hier nimmt im Vergleich über die Jahrgänge hinweg nach dem Abstand von zwei Jahren der Anteil der ambulant Nachbetreuten zu. Zudem ist beim späteren Jahrgang eine eindeutigere Trennung von stationärer und ambulanter Therapie festzustellen, beides nimmt in dieser Untergruppe der Stichprobe keiner der früheren PatientInnen im zweiten Jahr in Anspruch.

Abbildung 9: Nachbehandlung der drei Patientenjahrgänge im 2. Jahr

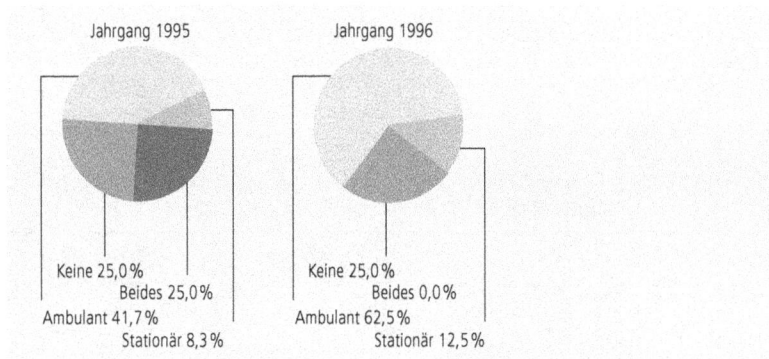

Jahrgang 1995

Jahrgang 1996

Keine 25,0 %
Beides 25,0 %
Ambulant 41,7 %
Stationär 8,3 %

Keine 25,0 %
Beides 0,0 %
Ambulant 62,5 %
Stationär 12,5 %

130 Forschung

Hier schließlich die Daten für die dreimal Befragten:

Tabelle 10: Veränderungen in der Nachbehandlung

Patient	Nach 1. Jahr	Nach 2. Jahr	Nach 3. Jahr
1/95/3/02	stationär u. ambuant	stationär u. ambuant	stationär u. ambuant
1/95/3/03	stationär	stationär	stationär
1/95/7/11	ambulant	ambulant	ambulant
1/95/5/22	keine	keine	keine
1/95/8/28	stationär	ambulant	keine
1/95/9/30	ambulant	ambulant	ambulant

In dieser Stichprobe bleibt die Art der Nachbehandlung ziemlich konstant. Nur bei einer Person zeigt sich eine zu dem obig beschriebenen Trend passende Veränderung hin zu einem Leben ohne Therapie.

Symptomerhalt

Dieses Fragebogenitem erfrägt den Grund einer Nachbehandlung:

»Falls Sie sich im letzten Jahr in psychiatrischer und/oder psychotherapeutischer Behandlung befanden, war dies
☐ wegen des damaligen Problems,
☐ wegen inzwischen neu aufgetretener Probleme.«

Die folgenden Häufigkeiten konnten für die Erhebung nach einem Jahr ermittelt werden:

Tabelle 11: Symptomerhalt nach einem Jahr

	Gruppe 1994 Frauen/Männer	Gruppe 1995 Frauen/Männer	Gruppe 1996 Frauen/Männer	Insgesamt n=88
Neu	0 / 1	2 / 0	2 / 0	5
Gleich	10 / 6	18 / 7	16 / 14	71
Keines	2 / 4	1 / 2	2 / 1	12

Über 80 Prozent an PatientInnen, die wegen des gleichen Symptoms weiter behandelt werden, belegen, wie wichtig für schwerer beeinträchtigte PatientInnen eine ambulante Nachbetreuungsmöglichkeit ist.

Tabelle 12: Symptomerhalt nach zwei Jahren

	Gruppe 1994 Frauen/Männer	Gruppe 1995 Frauen/Männer	Insgesamt n=20
Neu	1 / 1	0 / 0	5
Gleich	3 / 4	4 / 2	13
Keines	1 / 2	0 / 2	5

Auch nach zwei Jahren weisen noch 65 Prozent das gleiche Symptom auf. Allerdings sind in dieser Gruppe immerhin 25 Prozent symptomfrei.

Tabelle 13: Veränderungen in der Nachbehandlung

Patient	Nach 1. Jahr	Nach 2. Jahr	Nach 3. Jahr
1/95/3/02	gleich	gleich	gleich
1/95/3/03	neu	gleich	gleich
1/95/7/11	gleich	gleich	gleich
1/95/5/22	keins	keins	keins
1/95/8/28	gleich	gleich	keins
1/95/9/30	gleich	gleich	gleich

Wiederum ein recht homogenes Bild. Nur bei der Person mit der Zyklothymie konnte ein neues Symptom entdeckt werden; dennoch zeigt sich auch bei ihr in den Folgejahren ein gleichbleibendes Zustandsbild.

Einschätzung des Symptoms

Mit diesem Fragebogenitem soll die momentane subjektive Einschätzung der Symptomatik von den ehemaligen PatientInnen erfragt werden. Die Antworten sind ordinalskaliert; Kästchen zum Ankreuzen verdeutlichen, daß nur eine Möglichkeit gewählt werden darf.

»Die Symptomatik, weswegen ich auf Station kam, ist jetzt, nach einem
(entspr.) Jahr, nach meinem Gefühl
☐ so gut wie weg
☐ gut gebessert
☐ etwas gebessert
☐ gleich wie damals
☐ verschlechtert.«

Tabelle 14: Symptomatik nach einem Jahr

	Gruppe 1994 Frauen/Männer	Gruppe 1995 Frauen/Männer	Gruppe 1996 Frauen/Männer	Insgesamt n=87
Verschlechtert	1 / 0	2 / 0	0 / 2	5
Gleich wie damals	3 / 2	2 / 3	3 / 3	16
Etwas gebessert	4 / 4	3 / 0	6 / 3	20
Gut gebessert	3 / 3	9 / 5	8 / 7	35
So gut wie weg	0 / 2	5 / 1	3 / 0	11

Ähnlich wie beim Therapieerfolg bewertet die Mehrheit der früheren PatientInnen
ihre Symptomatik als gebessert; insgesamt sind dies 75 Prozent der nach dem
ersten Jahr Antwortenden.

Tabelle 15: Symptomatik nach zwei Jahren

	Gruppe 1994 Frauen/Männer	Gruppe 1995 Frauen/Männer	Insgesamt n=20
Verschlechtert	0 / 1	0 / 0	1
Gleich wie damals	1 / 1	1 / 0	3
Etwas gebessert	1 / 0	0 / 0	1
Gut gebessert	2 / 2	3 / 2	9
So gut wie weg	1 / 3	0 / 2	6

Nach Ablauf von zwei Jahren zeigen sich hier 80 Prozent der Befragten mit verbes-
serter Symptomatik.

Abbildung 10: Einschätzung der Symptome nach 1, 2 und 3 Jahren

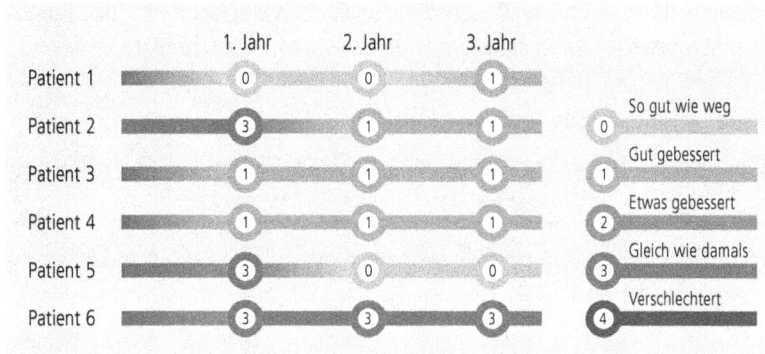

Von der Stichprobe der nach drei Jahren untersuchten gab niemand an, daß sich seine Symptomatik verschlechtert hätte. Eine Person, die die Probleme als gleichbleibend bewertet, tut dies kontinuierlich über alle drei Meßzeitpunkte hinweg.

Einschränkung durch vorhandene Symptome

Wie beim vorhergehenden Fragebogenitem soll auch hier eine aktuelle Einschätzung ermittelt werden. Ausdrücklich betont wurde hierbei, daß es um das während des Therapieaufenthaltes vorherrschende Symptom geht; nur so kann ein Zusammenhang mit den übrigen Daten hergestellt werden.

»Ich bin durch die damals schon bestehende Symptomatik in meinem Alltagsleben heute

☐ stark eingeschränkt,

☐ etwas eingeschränkt,

☐ nicht mehr eingeschränkt.«

Tabelle 16: Einschränkung nach einem Jahr

	Gruppe 1994 Frauen/Männer	Gruppe 1995 Frauen/Männer	Gruppe 1996 Frauen/Männer	Insgesamt n=87
Stark eingeschränkt	4 / 4	3 / 2	6 / 4	23
Etwas eingeschränkt	5 / 5	10 / 5	8 / 10	43
Nicht mehr eingeschränkt	2 / 2	8 / 2	6 / 1	21

Nach einem Jahr fühlen sich 24,1 Prozent nicht mehr eingeschränkt. Ziemlich genau die Hälfte, nämlich 49,4 Prozent , seien etwas eingeschränkt. 26,4 Prozent allerdings bewerten ihren aktuellen Zustand als stark eingeschränkt.

Tabelle 17: Einschränkung nach zwei Jahren

	Gruppe 1994 Frauen/Männer	Gruppe 1995 Frauen/Männer	Insgesamt n=20
Stark eingeschränkt	2 / 2	0 / 0	4
Etwas eingeschränkt	1 / 2	3 / 3	9
Nicht mehr eingeschränkt	2 / 3	1 / 1	7

Nach zwei Jahren sehen immerhin 35 Prozent keine Einschränkung in ihrem Alltagsleben mehr. 20 Prozent teilen auch nach diesem Zeitraum eine starke Einschränkung mit; und in 45 Prozent der Antworten fühlen sich die Patienten noch etwas eingeschränkt.

Abbildung 11: Einschränkung durch die Symptomatik nach 1, 2 und 3 Jahren

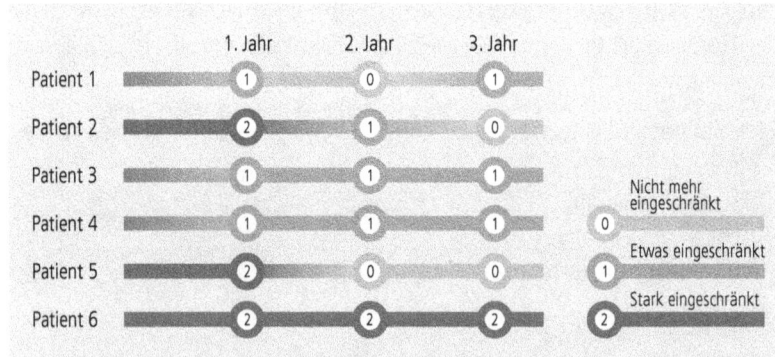

Bei der Stichprobe nach drei Jahren sind zwei Drittel letztlich unverändert beim Vergleich der Meßzeitpunkte ein und drei Jahre nach der Therapie. Dagegen nennt immerhin ein Drittel der PatientInnen eine sehr positive Entwicklung; sie bemerkten zwischen den Meßzeitpunkten ein Jahr und drei Jahre eine Veränderung von starker Einschränkung zu gar keiner Einschränkung mehr.

Wohnsituation

Mit der folgenden halboffenen Frage nach einer möglicherweise veränderten Wohnsituation sollte erforscht werden, ob sich durch die Therapie eventuell weitergehende Veränderungen in der Lebenssituation der ehemaligen PatientInnen ergeben haben. Die Frage lautete: »Meine Wohnsituation hat sich seit der Entlassung von Station verändert

☐ ja,

☐ nein,

☐ auf folgende Weise…«

Tabelle 18: Wohnsituation nach einem Jahr

	Gruppe 1994 Frauen/Männer	Gruppe 1995 Frauen/Männer	Gruppe 1996 Frauen/Männer	Insgesamt n=87
Gleich	8 / 10	12 / 4	10 / 10	54
Verändert	3 / 1	9 / 5	10 / 5	33

Während des ersten Jahres nach der Therapie veränderte sich für 37,9 Prozent die Wohnsituation. Dabei zogen 26 Personen weg von ihrem vorherigen Wohnort, um aus einer schwierigen Situation zu gelangen und um alleine zu sein; 7 zogen hingegen mit jemandem zusammen, davon dreimal mit Bruder, Mutter oder mit den Eltern.

Tabelle 19: Wohnsituation nach zwei Jahren

	Gruppe 1994 Frauen/Männer	Gruppe 1995 Frauen/Männer	Insgesamt n=19
Gleich	1 / 5	3 / 2	11
Verändert	3 / 2	1 / 2	8

Im zweiten Jahr hatten anhand der ausgewerteten Rückmeldungen statistisch gesehen 42,1 Prozent etwas an ihrer häuslichen Wohnsituation geändert. Dabei gaben sechs PatientInnen an, alleine beziehungsweise in einer eigenen Wohnung leben zu wollen.

Tabelle 20: Veränderungen bei der Wohnsituation

Patient	Nach 1. Jahr	Nach 2. Jahr	Nach 3. Jahr
1/95/3/02	gleich	gleich	gleich
1/95/3/03	gleich	verändert (Wohnung)	verändert (3-Zimmer-Wohnung)
1/95/7/11	gleich	gleich	gleich (Veränderung geplant)
1/95/5/22	gleich	gleich	verändert (Wohnung mit Partner)
1/95/8/28	gleich	verändert (WG)	verändert (aus Elternhaus, mit Freund)
1/95/9/30	gleich	verändert (eigenes Haus)	verändert (kleines Häuschen auf dem Land)

Hier hat sich im ersten Jahr für keinen der Befragten etwas verändert. Erst ab dem zweiten Jahr nach Therapieende änderte die Hälfte etwas an der Wohnsituation. Und im dritten Jahr schließlich ist bei nahezu allen etwas in Bewegung geraten.

Beziehungssituation

Auch hier sollte möglichen Veränderungen im Leben der PatientInnen Rechnung getragen werden, die Antwort angekreuzt und gegebenenfalls erläutert werden:

»Meine Beziehungssituation (Partnerschaft) hat sich seit der Entlassung von Station verändert:

☐ ja,
☐ nein,
☐ auf folgende Weise...«

Hierbei ergaben sich nach einem Jahr die nachstehenden Häufigkeiten:

Tabelle 21: Beziehungssituation nach einem Jahr

	Gruppe 1994 Frauen/Männer	Gruppe 1995 Frauen/Männer	Gruppe 1996 Frauen/Männer	Insgesamt n=84
Gleich	5 / 8	9 / 4	8 / 7	41
Verändert	5 / 3	12 / 5	11 / 7	43

Mehr als die Hälfte der Befragten, genau 51,2 Prozent, haben nach einem Jahr Neuerungen an ihrer Beziehungssituation zu vermelden.

Auffällig ist die im Vergleich zu allen anderen Tabellen viel größere Zahl an nicht auswertbaren Bögen. Immerhin vier Personen antworteten hierzu ungenau, obwohl sie alle anderen Fragen bereitwillig beantworteten.

Die angegebenen Veränderungen offenbaren im einzelnen sehr unterschiedliche Arten von Umgestaltungen. Einerseits handelt es sich um Änderungen in der Qualität der Beziehung; so wird beispielsweise von offenerem oder verständnisvollerem Umgang miteinander, von mehr Vertrauen, anderer Kommunikation oder mehr Verständnis füreinander berichtet. Andererseits handelt es sich bei den Änderungen aber auch um Trennung beziehungsweise Scheidung vom Partner.

Tabelle 22: Beziehungssituation nach zwei Jahren

	Gruppe 1994 Frauen/Männer	Gruppe 1995 Frauen/Männer	Insgesamt n=12
Gleich	2 / 5	4 / 1	12
Verändert	3 / 2	0 / 3	8

Nach zwei Jahren nennen 40 Prozent der Befragen eine veränderte Beziehungssituation.

Tabelle 23: Veränderungen in der Beziehungssituation

Patient	Nach 1. Jahr	Nach 2. Jahr	Nach 3. Jahr
1/95/3/02	gleich	gleich	gleich
1/95/3/03	gleich	gleich	gleich
1/95/7/11	gleich	gleich	gleich (leider)
1/95/5/22	gleich	gleich	gleich
1/95/8/28	verändert (Trennung)	verändert (neuer Partner)	verändert (bessere Beziehung zum Partner)
1/95/9/30	gleich	verändert (verliebt)	verändert (ein Jahr feste Partnerschaft)

Nach drei Jahren ist bei unserer Untersuchungsstichprobe für zwei Drittel alles beim alten geblieben. Allerdings weist eine Anmerkung darauf hin, daß die gleichbleibende Situation nicht unbedingt eine problemlose Situation bedeutet.

Kontakte zu ehemaligen Mitpatienten

Da in der stationären Gruppentherapie die MitpatientInnen eine entscheidende Rolle spielen, interessierte uns, ob unsere ehemaligen PatientInnen noch Kontakte zu ihren damaligen MitpatientInnen haben und wenn ja, zu wievielen. Außerdem sollte angegeben werden, welcher Art diese Kontakte seien und wie häufig sie stattfänden. Bei dieser Frage wurden in der Gruppe der nach dem ersten Jahr Befragten die nachstehenden Häufigkeiten ermittelt:

Tabelle 24: Kontakte nach einem Jahr

	Gruppe 1994 Frauen/Männer	Gruppe 1995 Frauen/Männer	Gruppe 1996 Frauen/Männer	Insgesamt n=88
Nein	4 / 5	2 / 3	3 / 5	22
Ja	8 / 6	19 / 6	17 / 10	66

In der Untersuchungsstichprobe haben nach Ablauf eines Jahres drei Viertel aller PatientInnen noch Kontakte zu ihren damaligen MitpatientInnen. Die Kontakte liegen im Durchschnitt bei 2,97 Personen und bestehen überwiegend aus Telefonaten und Besuchen.

Abbildung 12: Kontakte zu ehemaligen MitpatientInnen nach einem Jahr

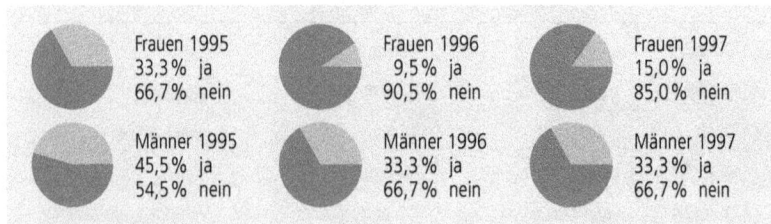

Frauen 1995
33,3 % ja
66,7 % nein

Frauen 1996
9,5 % ja
90,5 % nein

Frauen 1997
15,0 % ja
85,0 % nein

Männer 1995
45,5 % ja
54,5 % nein

Männer 1996
33,3 % ja
66,7 % nein

Männer 1997
33,3 % ja
66,7 % nein

Frauen zeigen, bezogen auf ihren jeweiligen PatientInnenjahrgang, nach einem Jahr durchgehend einen etwas höheren Anteil an aufrechterhaltenen Kontakten als die Männer. Von den Frauen hielten nach einem Jahr in den verschiedenen Jahrgängen 66,7 Prozent, 90,5 Prozent und 85 Prozent noch Kontakte zu den früheren MitpatientInnen. Von den Männern waren dies jeweils 54,5 Prozent, 66,7 Prozent und nochmals 66,7 Prozent.

Tabelle 25: Kontakte nach zwei Jahren

	Gruppe 1994 Frauen/Männer	Gruppe 1995 Frauen/Männer	Insgesamt n=20
Nein	2 / 5	1 / 3	11
Ja	3 / 2	3 / 1	9

Nach Ablauf von zwei Jahren haben insgesamt noch 45 Prozent der Befragten Kontakte zu früheren MitpatientInnen. Die Anzahl liegt durchschnittlich bei 2,11 Personen und besteht überwiegend aus Telefonaten und Besuchen.

Abbildung 13: Kontakte zu ehemaligen MitpatientInnen nach zwei Jahren

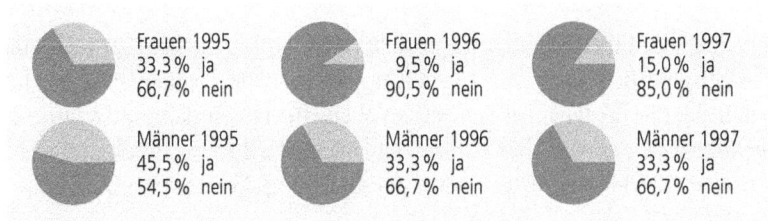

Frauen 1995
33,3 % ja
66,7 % nein

Frauen 1996
9,5 % ja
90,5 % nein

Frauen 1997
15,0 % ja
85,0 % nein

Männer 1995
45,5 % ja
54,5 % nein

Männer 1996
33,3 % ja
66,7 % nein

Männer 1997
33,3 % ja
66,7 % nein

Auch bei den Rückläufen im Anschluß an das zweite Jahr war die Frage nach einem Geschlechtsunterschied im Aufrechterhalten von Kontakten von besonderem Interesse. Im Vergleich zu der vorherigen Tabelle wurden mit zunehmend mehr vergangener Zeit die bestehenden Kontakte anteilsmäßig weit stärker von Frauen gepflegt. Von den Frauen hatten nach zwei Jahren noch 60 Prozent beziehungsweise 75 Prozent Verbindung zu anderen Befragten, bei den Männern waren dies 28,6 Prozent beziehungsweise 25 Prozent. Da sich diese Prozentzahlen immer geschlechtsspezifisch auf den jeweiligen Jahrgang beziehen, verringert der Anteil der Männer sich nicht etwa aus rechnerischen Gründen.

Betrachten wir die Tabelle auf der nächsten Seite, dann fällt auf, daß die Hälfte unserer Stichprobe schon während des ersten Jahres keine Verbindungen aufrecht hielt. Daran änderten die Patienten auch nichts mehr. Die andere Hälfte war ziemlich beständig in ihren Kontakten. Der durchschnitte Wert liegt hier bei 2,67 Personen; die Kontakte bestehen auch hier überwiegend aus Telefonaten und Besuchen.

Tabelle 26: Veränderungen bei den Kontakten

Patient	Nach 1. Jahr	Nach 2. Jahr	Nach 3. Jahr
1/95/3/02	nein	nein	nein
1/95/3/03	ja (3) Telefonate	ja (4) Telefonate, Besuche	ja (3) Telefonate
1/95/7/11	ja (4) Telefonate, Besuche	ja (4) Telefonate, Besuche	ja (3) Telefonate, Besuche
1/95/5/22	nein	nein	nein
1/95/8/28	ja (3) Telefonate, Treffen	ja (2) Telefonate, Besuche	ja (2) Telefonate, Besuche
1/95/9/30	nein	nein	nein

Innerhalb der Untersuchungsstichprobe bestehen im Durchschnitt zu rund drei ehemaligen PatientInnen nach einem Jahr noch Kontakte. Die Häufigkeit liegt im Schnitt bei vier Wochen. Bei Frauen und Männern ergeben sich Unterschiede in der Anzahl der Personen. Die männlichen Patienten treffen sich im Schnitt rechnerisch mit 2,45 Personen; die Frauen statistisch mit 3,23 Personen.

Geschilderte Wirkfaktoren

Mit folgender offenen Frage sollten die von den PatientInnen als wichtig empfundenen Bestandteile des Therapieaufenthalts ermittelt werden: »Am meisten Nutzen zog ich aus folgenden Bestandteilen/Faktoren meines Aufenthalts auf Station…« Insgesamt machten die befragten PatientInnen nach einem Jahr 247 Angaben (durchschnittlich 2,8), nach zwei Jahren gab es 57 Erwähnungen (durchschnittlich 2,9), nach drei Jahren konnten 19 Nennungen (durchschnittlich 3,2) festgestellt werden. Da die Frage nach den Wirkfaktoren offen gestellt wurde, kamen eine große Anzahl verschiedener Angaben, die aus Gründen der besseren Informationsgewinnung nicht zu weniger Gruppen zusammengefaßt werden sollen.

Die folgende Tabelle zeigt eine Auflistung der nach einem Jahr genannten Wirkfaktoren für die stationäre Psychotherapie. Aus den Rückmeldungen während und am Ende des Aufenthaltes wurden folgende Bereiche als mögliche stationsspezifische Wirkfaktoren erwartet: 1. Konfliktgruppe, 2. Einzelgespräche mit dem therapeutischen Team, 3. die Gruppe der MitpatientInnen als Wirkfaktor.

Tabelle 27: Wirkfaktoren nach einem Jahr retrosp.

	Gruppe 1994	Gruppe 1995	Gruppe 1996	Alle 1. Jahr
Team	5 (21,7 %)	15 (50,0 %)	15 (42,9 %)	35 (39,8 %)
Konfliktgruppe	6 (26,1 %)	10 (33,3 %)	16 (45,7 %)	32 (36,4 %)
Kontakt zu Mitpatienten	8 (34,8 %)	8 (26,7 %)	8 (22,9 %)	24 (27,3 %)
Gespräche mit Mitpatienten	6 (26,1 %)	5 (16,7 %)	7 (20,0 %)	18 (20,5 %)
Schutz, Geborgenheit	2 (8,7 %)	6 (25,7 %)	9 (25,7 %)	17 (19,3 %)
Atmosphäre, Milieu	2 (8,7 %)	3 (10,0 %)	9 (25,7 %)	14 (15,9 %)
Selbstsicherheitstraining	2 (8,7 %)	2 (6,7 %)	10 (28,6 %)	14 (15,9 %)
Entspannungsverfahren	3 (13,0 %)	3 (13,0 %)	6 (17,1 %)	12 (13,6 %)
Einzelgespräche mit Therapeuten	5 (21,7 %)	1 (3,3 %)	5 (14,3 %)	11 (12,5 %)
Introspektion/Tagebuch	3 (13,0 %)	2 (6,7 %)	6 (17,1 %)	9 (10,2 %)
Gestalttherapie	3 (13,0 %)	1 (3,3 %)	5 (14,3 %)	7 (8,0 %)
Positiver Tagesrückblick	2 (8,7 %)	0	5 (14,3 %)	6 (6,8 %)
Distanz von gewohnter Umgebung	1 (4,3 %)	1 (3,3 %)	4 (11,4 %)	6 (6,8 %)
Sport	5 (21,7 %)	0	1 (2,9 %)	5 (5,7 %)
Therapien allgemein	1 (4,3 %)	1 (3,3 %)	3 (8,6 %)	5 (5,7 %)
Kommunikationstraining	1 (4,3 %)	1 (3,3 %)	3 (8,6 %)	4 (4,5 %)
Körpertherapie	0	0	4 (11,4 %)	4 (4,5 %)
Angstdesensibilisierung	0	1 (3,3 %)	3 (8,6 %)	3 (3,4 %)
Veränderung sozialer Belange	3 (13,0 %)	0	0	2 (2,3 %)
Musiktherapie	0	0	2 (5,7 %)	2 (2,3 %)
Struktur	1 (4,3 %)	0	1 (2,9 %)	1 (1,1 %)
Projektgruppe	1 (4,3 %)	0	0	1 (1,1 %)
Wochenzielbesprechung	0	0	1 (2,9 %)	1 (1,1 %)
Medizinische Untersuchungen	1 (4,3 %)	0	0	1 (1,1 %)
Psychologische Tests	1 (4,3 %)	0	0	1 (1,1 %)
Arbeitstherapie	1 (4,3 %)	0	0	1 (1,1 %)
Beschäftigungstherapie	0	0	1 (2,9 %)	1 (1,1 %)
Gesamte Erwähnungen	63	60	124	247
Summe Rückläufe (Pn)	23	30	35	88
Zahl der Nennungen/Durchschnitt	2,7	2,0	3,5	2,8

Schon diese grobe Einteilung läßt Tendenzen erkennen; so scheinen für die Patienten besonders milieuspezifische Faktoren ausschlaggebend zu sein.

Möglicherweise verändert sich im Rückblick aber die Wichtigkeit einzelner Bestandteile. Im folgenden wird die Hierarchie der gleichen obigen Faktoren für die nach zwei Jahren antwortenden PatientInnen dargestellt.

Tabelle 28: Wirkfaktoren nach zwei Jahren retrosp.

	Gruppe 1994	Gruppe 1995	Alle 2. Jahr
Team	3 (25,0 %)	4 (50,0 %)	7 (35,0 %)
Konfliktgruppe	4 (33,3 %)	2 (25,0 %)	6 (30,0 %)
Gespräche mit Mitpatienten	4 (33,3 %)	2 (25,0 %)	6 (30,0 %)
Einzelgespräche mit Therapeuten	2 (16,7 %)	3 (37,5 %)	5 (25,0 %)
Schutz, Geborgenheit	3 (25,0 %)	1 (12,5 %)	4 (20,0 %)
Selbstsicherheitstraining	2 (16,7 %)	2 (25,0 %)	4 (20,0 %)
Gestalttherapie	2 (16,7 %)	2 (25,0 %)	4 (20,0 %)
Positiver Tagesrückblick	1 (8,3 %)	2 (25,0 %)	3 (15,0 %)
Sport	2 (16,7 %)	1 (12,5 %)	3 (15,0 %)
Kontakt zu Mitpatienten	1 (8,3 %)	1 (12,5 %)	2 (10,0 %)
Entspannungsverfahren	1 (8,3 %)	1 (12,5 %)	2 (10,0 %)
Introspektion/Tagebuch	2 (16,7 %)	0	2 (10,0 %)
Atmosphär/Milieu	1 (8,3 %)	0	1 (5,0 %)
Distanz von gewohnter Umgebung	1 (8,3 %)	0	1 (5,0 %)
Therapie allgemein	1 (8,3 %)	0	1 (5,0 %)
Körpertherapie	1 (8,3 %)	0	1 (5,0 %)
Musiktherapie	0	1 (12,5 %)	1 (5,0 %)
Struktur	0	1 (12,5 %)	1 (5,0 %)
Wochenzielbesprechung	0	1 (12,5 %)	1 (5,0 %)
Medizinische Untersuchungen	1 (8,3 %)	0	1 (5,0 %)
Arbeitstherapie	1 (8,3 %)	0	1 (5,0 %)
Gesamte Erwähnungen	33	24	57
Summe Rückläufe (Pn)	12	8	20
Zahl der Nennungen/Durchschnitt	2,8	3,0	2,9

Im großen und ganzen sind auch hier die erwarteten Wirkfaktoren in ihren einzelnen Gruppierungen unter den wichtigsten Einflüssen zu finden.

Für einen vollständigen Überblick sei hier auch die Rangfolge der nach dem dritten Jahr Befragten aufgeführt.

Tabelle 29: Wirkfaktoren nach drei Jahren retrosp.

	Gruppe 1994	Alle 3. Jahr
Konfliktgruppe	3 (50,0 %)	3 (50,0 %)
Gespräche mit Mitpatienten	2 (33,3 %)	2 (33,3 %)
Entspannungsverfahren	2 (33,3 %)	2 (33,3 %)
Einzelgespräche mit Therapeuten	2 (33,3 %)	2 (33,3 %)
Gestalttherapie	2 (33,3 %)	2 (33,3 %)
Team	1 (16,7 %)	1 (16,7 %)
Kontakt zu Mitpatienten	1 (16,7 %)	1 (16,7 %)
Sellbstsicherheitstraining	1 (16,7 %)	1 (16,7 %)
Introspektion/Tagebuch	1 (16,7 %)	1 (16,7 %)
Positiver Tagesrückblick	1 (16,7 %)	1 (16,7 %)
Distanz von gewohnter Umgebung	1 (16,7 %)	1 (16,7 %)
Sport	1 (16,7 %)	1 (16,7 %)
Medizinische Untersuchungen	1 (16,7 %)	1 (16,7 %)
Gesamte Erwähnungen	19	
Summe Rückläufe (Pn)	6	
Zahl der Nennungen/Durchschnitt	3,2	

Für diese Befragten spielt nach drei Jahren neben den erwarteten und auch tatsächlich angegebenen Hauptwirkfaktoren besonders das Erlernen eines Entspannungsverfahrens eine wichtige Rolle.

Allgemeine Lebensveränderungen

In der bisherigen klinischen Praxis hat sich gezeigt, daß stationäre Psychotherapie nicht nur Veränderungen im Erleben und Verhalten der PatientInnen bewirkt, sondern daß sie auch häufig die Beurteilung der gesamten Lebenssituation verändert *(vgl. Eckert & Biermann-Ratjen 1988)*. Um auch diese Erfahrung zu berücksichtigen, sollten die PatientInnen in einer offenen Fragestellung das für sie subjektiv Wichtige benennen und eventuell auch genauer beschreiben: »Durch den Aufenthalt auf Station hat sich allgemein in meinem Leben folgendes verändert...«

Nur zehn der angeschriebenen Personen ließen den Raum frei oder strichen ihn durch. Vier antworteten, »nichts« habe sich geändert. Die anderen 74 Personen antworteten mehr oder weniger ausführlich. Die Bandbreite ging dabei von einzelnen Stichworten oder einem Satz über einige eng beschriebene Zeilen bis zu beigehefteten Begleitbriefen, in denen ausführlich Veränderungen geschildert wurden.

Inhaltlich handelte es sich um sehr viele Einzelschilderungen des eigenen Schicksals (was hat sich beruflich und familiär genau verändert, wie hat sich die Befindlichkeit entwickelt); vor allem hier fanden sich auch Beschreibungen von Auf-und-Ab-Verläufen, die im Rahmen des einfachen Fragebogens keinen Raum hatten.

Außer lebensgeschichtlichen Entwicklungen formulierten die PatientInnen auch konkrete Erlebens- und Verhaltensänderungen. Dazu gehören beispielsweise die Fähigkeit, seine Bedürfnisse besser zu kennen und zu berücksichtigen, der Versuch, in der Wahrnehmung zu leben und sich dadurch weniger in Angst hineinzusteigern, aktiveres Verhalten, sich selbst mehr zuzutrauen und dadurch auch Andere leichter akzeptieren zu können, sich Hilfe zu holen, rechtzeitig Überforderung zu bemerken und gegenzusteuern.

Einige Erwähnungen beziehen sich auf die Schwierigkeit, in der Therapie gewonnene Erkenntnisse in die Tat umzusetzen. Hierbei beklagen die PatientInnen, daß sie selbst über Anregungen und Lösungsvorschläge nur reden würden, statt aktiv an sich zu arbeiten und sich andere Verhaltensweisen anzugewöhnen. Gleichzeitig wird dabei durch die häufige Nennung des Begriffs ›Versuch‹ deutlich, daß die PatientInnen sich nicht überfordern möchten; hierbei spielte auch immer wieder der Hinweis auf die nötige Zeit für Veränderungsprozesse eine Rolle.

Hilfreich zur Seite stehen den Patienten nach ihrer Schilderung noch bestehende Kontakte zu den ehemaligen MitpatientInnen (um nicht wieder in die alte Einsamkeit zurückzufallen), regelmäßige Therapiesitzungen bei ambulanten Therapeuten und der Besuch von Selbsthilfegruppen.

Mehrere Erläuterungen beziehen sich auf die Chance, die den PatientInnen durch die Therapie auf der Psychotherapiestation geboten wurde. Diese wird zum Beispie bezeichnet als »erster und schwerster Schritt zur Selbsterkenntnis und Selbstfindung, als Möglichkeit für einen Neubeginn«.

Außerdem gab es mehrere Rückmeldungen, die Station sei im nachhinein sehr gut gewesen, obwohl man damals aufgrund von Blockaden selbst leider keinen Nutzen daraus habe ziehen können. Zum Teil wurde dies auf Erkenntnisse zurückgeführt, die man zwischenzeitlich gewonnen habe, weil man damals das eigentliche Hauptproblem noch nicht erkannt habe (zum Beispiel eine Patientin mit sexuellem Mißbrauch in der Familie).

Ergänzungen

Am Ende erhielten die PatientInnen Raum für Ergänzungen und weitere Anmerkungen. Hier bot sich die Möglichkeit, Anregungen, Tips und Kritik sowie andere den PatientInnen wichtige Mitteilungen loszuwerden.

Von einigen PatientInnen wurde bedauert, daß keine persönliche Befragung (Treffen oder auch Telefonat) stattgefunden habe; dort hätten sie wesentlich ausführlicher die Fragen beantwortet.

Zweimal wurde das Fehlen von Arbeitstherapie, die die PatientInnen als speziell für sie sehr hilfreich empfanden, bedauert. Eine Patientin nannte persönlich empfundenen Zeitdruck mit daraus resultierendem Leistungsdruck, Versagensängsten, Verzweiflung und resultierendem tatsächlichen Versagen.

Ein Patient fand es traurig, daß es im Klinikum Ingolstadt nur eine Therapiestation gebe und auf den anderen Stationen nur medikamentös behandelt werde. Seiner Meinung nach sollte das Verhältnis umgekehrt sein. Er stellte das Beispiel der Psychosomatik in Harlaching gegenüber, die durch die hohe personelle Besetzung von Psychiatern und Psychologen (durchschnittlich fünf bis sieben für zirka 20 Patienten) sehr empfehlenswert sei, da intensive Einzelbetreuung möglich sei. Er schließt wörtlich: »Ich hoffe schwer, daß die Station in ihrer Form bestehen bleibt oder gar ausgebaut werden kann – ich möchte Sie und Ihr Team ganz besonders dazu ermutigen, denn eine zunehmende Zahl an ›Psychischkranken‹ braucht Ihre Hilfe!«

Der überwiegende Teil der PatientInnen nutzte diesen Raum, um detaillierte persönliche Veränderungen zu schildern. Häufig verbunden wurde dies mit dem

Ausdruck von Dankbarkeit gegenüber dem Team und der Station als ganzem. Hierbei wurde ebenfalls häufiger erwähnt, wie froh PatientInnen seien, diese Therapie machen haben zu können. Dazu wurde einige Male erwähnt, wie hilfreich es sei, weiterhin auf die Station zählen zu können, so daß immer eine Anlaufstelle in Krisenzeiten vorhanden sei. Aufmunternde Grüße, verbunden mit Sprüchen wie »Macht weiter so!« kamen ebenso vor wie die wiederholte Rückmeldung, man fühle sich als Patient wirklich angenommen.

Schlußbemerkungen

Es ziehe nun jede/r für sich eine Resümee, ob nicht auch methodisch kritisierbare Untersuchungen wie die eben dargestellte, mit einem einfachen Untersuchungsdesign, ohne prä-post und Kontrollgruppenvergleiche und aus dem Informationsbedürfnis eines therapeutischen Teams hervorgegangen, gewinnbringende und für die eigene klinische Arbeit nützliche Hinweise zu geben vermag. Die subjektive Einschätzung des Therapieerfolgs durch die PatientInnen darf unserer Meinung nach aber in ihrer Aussagekraft über angewandte Therapiemethoden auf keinen Fall unterschätzt werden.

Es soll an dieser Stelle aber auch betont werden, daß die Ergebnisse der im zweiten Teil des vorliegenden Bandes dargestellten Untersuchungen ihre ›volle Wirkung‹ erst in einer Zusammenschau entfalten können. Sie beschäftigen sich auf wissenschaftlicher Art mit unreren PatientInnen, allerdings unter sehr verschiedenem Blickwinkel. Zusammengenommen ergibt sich ein Bild dessen, was aus unserer gemeinsamen Arbeit schließlich ›wird‹. Und dies bedeutet in einem Rückkoppelungsprozeß erneute Entwicklungsanregungen für die in der täglichen Arbeit steckenden PraktikerInnen.

R. Berger, E. Plaum

Anna F. – eine gescheiterte Psychotherapie?

1 Qualitative Psychotherapieforschung auf der Psychotherapiestation

Die Forderung nach mehr qualitativer Psychotherapieforschung wird seit einigen Jahren verstärkt gestellt *(Arnold, 1987; Faller & Frommer, 1994)*. Als bedeutsamstes Argument für qualitative Psychotherapieforschung wird meist die Erkenntnis über Beschränkungen und Fallstricke in den bisher bevorzugt beschrittenen Wegen der Psychotherapieforschung genannt. In Ergänzung zu einer diagnostischen Rahmenkonzeption, die sich der analytisch-positivistischen Methodentradition verpflichtet fühlt, soll die mehr phänomenologisch-hermeneutisch geprägte qualitative Methodentradition nicht vernachlässigt werden *(Plaum, 1992)*.

Angesichts der sehr komplexen Vorgänge und Zusammenhänge, wie sie in der (therapeutischen) Begegnung verschiedener Subjekte in einem aus zahlreichen Bausteinen zusammengesetzten therapeutischen Setting bestehen, muß neben einer Messung isolierter Variablen – orientiert an einem eher naturwissenschaftlichen Exaktheitsideal – das Erkennen und Verstehen sinnhafter Erlebenszusammenhänge stehen.

Das Verhältnis zwischen operational-quantitativer und hermeneutisch-sinn-orientierter Vorgehensweise wird zum einen als ›Spannungsfeld‹, zum anderen auch als ›Ergänzungsverhältnis‹ bezeichnet *(Frommer, 1996)*. Ein übergreifendes methodologisches Konzept für die Interventionsforschung sollte aber auf jeden Fall einseitigen Fehlentwicklungen vorbeugen und somit verschiedene Methoden der Diagnostikforschung umfassen. Wünschenswert wäre eine multimodale und multimethodale Diagnostik (siehe hierzu *Plaum, 1992*). So soll mit den in diesem Band vorgestellten Forschungsprojekten das therapeutische Geschehen insgesamt mit möglichst vielfältigen Mitteln erfaßt und bewertet werden. Die Evaluation der Interventionen auf der Psychotherapiestation erfolgt sowohl unter Verwendung von eher dimensional-beschreibenden, quantifizierenden Methoden als auch konkret-inhaltlich und einzelfallbezogen.

Das von Elisabeth Seel und mir gewählte Vorgehen soll einen qualitativen und einzelfallorientierten Ansatz zur Evaluation des bestehenden Therapiekonzepts der psychotherapeutisch orientierten Spezialstation verwirklichen.

Die folgende Falldarstellung ist Teil einer Katamnese-Erhebung, in der ehemalige Patientinnen und Patienten der Psychotherapiestation zwei bis zweieinhalb Jahre nach ihrem stationären Aufenthalt im Rahmen eines circa einstündigen Interviews befragt wurden. Die Fragestellung umfaßte die Erhebung subjektiver Wirkfaktoren und Bewertungen der Psychotherapie. Zudem sollten die Befragten schildern, was sich zwischen der Zeit vor und der Zeit nach der Therapie in ihrem Leben verändert hat. Die Auswertung der Gespräche erfolgte in Anlehnung an die qualitative Inhaltsanalyse nach *Mayring (1983)*. Ungefähr ein halbes Jahr später fand zum Zwecke der Rückmeldung von Ergebnissen an die Befragten und zur kommunikativen Validierung der Auswertungen (vgl. hierzu auch *Lamnek, 1993; Heinze 1987*) ein Nachgespräch mit den Teilnehmern der Studie statt. Neue Aspekte aus den Nachgesprächen, die unsere Fragestellung betrafen, wurden ebenfalls in die Falldarstellungen integriert.

Die Form des ersten Forschungsinterviews entspricht einer Mischung zwischen einem offenen, halbstrukturierten *(Fuchs-Heinritz 1998; Kruse & Schmitt 1998; Mayring 990)* und einem narrativen Interview *(Hermanns 1991)*. Der Interview-Leitfaden gibt keine theoretischen oder therapeutischen Perspektiven vor, unter denen die Fragen nach erlebten Veränderungen, subjektiven Wirkfaktoren und Bewertungen zu beantworten sind. Zum Beispiel wurden von den Interviewerinnen keine therapeutischen Verfahren ins Gespräch gebracht oder bekannte therapeutische Wirkfaktoren erfragt. Thematische Auswahl und Schwerpunktsetzungen im Gespräch erfolgten somit weitgehend durch die ehemaligen Patientinnen und Patienten selbst. Diese werden als Spezialisten für ihre psychischen Probleme, beziehungsweise die Bewertung der Therapie und damit als wichtige Informationsträger betrachtet. Unser Vorgehen entspricht somit einer Art Befragung zur ›Kundenzufriedenheit‹ der ehemaligen Patientinnen und Patienten. Es zeigt sich eine große Komplexität und Differenziertheit, mit der die Befragten ihre Therapiegeschichten schildern, wenn Bewertungen zur Psychotherapie nicht innerhalb vorgegebener Kategorien erfolgen, sondern ausführlich anhand von freien Patientenschilderungen erhoben werden. Auf der Basis dieser Erkenntnisse können beispielsweise für die Patientinnen und Patienten hilfreiche, aber auch konflikthafte und problematische Prozesse im therapeutischen Geschehen erfaßt werden.

Ebenso ist denkbar, daß sich subjektiv erlebte Interaktionen zwischen spezifischen Ressourcen beziehungsweise Fähigkeiten der Befragten und therapeutischen Verfahren oder Vorgehensweisen abbilden lassen. Die Stichprobengröße mag angesichts der sehr aufwendigen Methodik, die dem Einzelfall ungewöhnlich viel Raum gibt, klein sein. Daher sind zur Erfassung der Wirksamkeit auch Untersuchungen an repräsentativen Stichproben vonnöten, die dann eher isolierte Variablen erfassen, aber auch quantifizierbare und verallgemeinerbare Größen liefern, mit denen die Effektivität der Therapie über die gesamte Patientenpopulation hinweg genauer bewertet werden kann. Die Einzelfälle sollen solche Bewertungen jedoch inhaltlich greifbarer machen.

Indem die Kriterien für Erfolg und Bewertung der Therapie nicht vorgegeben, sondern deren Auswahl weitgehend den ehemaligen Patientinnen und Patienten überlassen wird, kann unsere Erhebung für sich beanspruchen, eine Evaluation der Therapie unabhängig von therapeutischen Schulen oder Paradigmen zu verwirklichen (siehe hierzu *Plaum 1992*).

2 Anna F. – eine gescheiterte Psychotherapie?

Im Rahmen einer katamnestischen Fragebogenerhebung *(Weimer 1997)* ergab sich für die Psychotherapiestation eine Quote von 8,9 Prozent an Patienten, die bei einem Rating der subjektiven Effektivität ihrer Psychotherapie diese als ›nicht erfolgreich‹ einschätzten. Im allgemeinen kann man aufgrund der vorliegenden Literatur annehmen, daß Negativeffekte (in Psychotherapien allgemein) in bis zu 20 Prozent der Fälle auftreten können *(Plaum 1992)*. Anhand der Aussagen von Anna F. lassen sich beispielhaft Situationen, Empfindungen u.a. konkretisieren, die im Einzelfall zu einer negativen Gesamt-Bewertung führen können. Daß retrospektive Einschätzungen des Therapieerfolges aber auch noch lange nach Abschluß der Therapie Schwankungen unterliegen können, wird anhand von Frau F.s Aussagen im Nachgespräch deutlich.

Wörtliche Zitate des hier beschriebenen ›Falles‹ Anna F. stehen in Anführungszeichen. Um den Text nicht zu kompliziert zu gestalten, wird der Bericht der Patientin im Indikativ wiedergegeben, was nicht bedeuten soll, daß wir diesen als objektive Realitätsbeschreibung betrachten. Die ehemalige Patientin ist zum Zeitpunkt des Gespräches ungefähr 35 Jahre alt. Sie wohnt zusammen mit ihrem Lebenspartner und absolviert gerade eine Umschulung.

2.1 Veränderungen im Leben von Anna F.

Wenn Frau F. Veränderungen in ihrem Leben berichtet, liegt der Schwerpunkt darauf, daß sie diese Veränderungen ihrer Ansicht nach aus eigener Kraft erreicht hat. Bezüglich ihres Befindens und ihrer Symptome im weitesten Sinne berichtet Anna F. zwei Aspekte, die sich gegenüber der Zeit vor ihrer Psychotherapie verändert haben: Sie beschreibt zum einen massive Angstgefühle in zwischenmenschlichen Situationen (beim Einkauf, im Gespräch mit Freunden und Bekannten, in Situationen, in denen sie Menschen neu kennenlernt), die ihr beispielsweise die ›Sprache verschlugen‹; zum anderen schildert sie seelische ›Tiefs‹, Gefühle von Niedergeschlagenheit, beziehungsweise Depressionen. Diese beiden Probleme sind inzwischen nicht verschwunden, aber reduziert. Frau F. kann besser mit ihnen umgehen und ist bereit, etwas dagegen zu unternehmen. In bestimmten sozialen Situationen besteht zwar weiterhin Angst; sie berichtet auch eine Episode mit manifesten körperlichen Symptomen wie Kribbeln und Lähmungserscheinungen in der linken Körperhälfte. Frau F. konnte sich diesen angstauslösenden zwischenmenschlichen Situationen (zum Beispiel einem Besuch bei Freunden ihres Partners, die sie nicht kannte) jedoch stellen und ihre Angst dadurch bewältigen. Anna F. lebt – im Gegensatz zu früher – nicht mehr völlig zurückgezogen zuhause und hat im Gespräch mit anderen mehr Sicherheit. Sie arbeitet hart an ihrer weiteren Entwicklung, indem sie sich mit ihren Ängsten konfrontiert und versucht, angstauslösende Situationen durchzustehen, ohne die Flucht zu ergreifen. Im Zeitraum zwischen dem Forschungsinterview und dem Nachgespräch haben sich ihre Ängste noch weiter reduziert; sie berichtet, daß sie ›lockerer‹ geworden ist.

Das Vorhandensein von Gefühlen tiefer Niedergeschlagenheit belastet Frau F. aber noch heute. Sie vermittelt im Gespräch jedoch nicht mehr den Eindruck, daß sie in der gegebenen Situation nicht weiterleben kann. So berichtet sie von früheren Suizidversuchen und erzählt, daß sie heute gelernt hat, mit diesen ›Tiefs‹ besser umzugehen. Sie glaubt, das Schlimmste überstanden zu haben, muß jedoch akzeptieren, daß diese negativen Empfindungen sie ihr Leben lang begleiten werden. Im Nachgespräch schilderte Frau F., daß sie nach der stationären Psychotherapie noch einmal stationär in einer psychiatrischen Klinik aufgenommen werden mußte, da sie einige Wochen nach unserem Forschungsinterview wieder in eine tiefe Depression geraten war. Frau F. betont ihre Bereitschaft, auf jeden Fall etwas gegen diese Depressionen zu unternehmen, da sie sich eigentlich als lebensfrohen

Menschen empfindet. Im Rahmen des letzten Klinikaufenthaltes hat sich ihre Ursachenzuschreibung beziehungsweise Sichtweise ihrer psychischen Erkrankung verändert: Sie sieht ihre Depression nun als körperlich verursacht an und betont die erbliche Vorbelastung in ihrer Familie. Seit sie diese Zusammenhänge kennt, gelingt es ihr noch besser, mit der Depression umzugehen. Demgegenüber deutet sie heute körperliches Unwohlsein (zum Beispiel Magenschmerzen) als Signal dafür, daß in ihrem Leben etwas nicht stimmt, daß ein Problem vorliegt, das sie bearbeiten sollte. Gegen derartige Interpretationen hatte sie sich früher stets gewehrt. Körperliche Symptome deutet sie nun als einen Hinweis auf ›Seelenmüll‹ und als Frühwarnsignal, das sie dazu anhält, ihre psychische Befindlichkeit genau zu beachten und vor allem auch über Probleme zu sprechen. Eine Depression stellt sich hingegen als ein vom Gehirn verursachter Zustand dar, der so schlimm wird, daß sie dann nicht mehr in der Lage ist, etwas für sich zu tun oder Probleme zu bearbeiten.

Frau F. schildert ihre momentane Umschulung als großen Erfolg, gerade auch im Gegensatz zu früher, als sie das Haus nicht mehr verlassen hat und daher keinerlei Erfolgserlebnisse erfahren konnte: Sie hat die Umschulung selbst organisiert und sich für Fernkurse angemeldet. Zudem hat sie es geschafft, unangenehmen Schulstoff ebenso zu bewältigen wie die für sie beängstigende soziale Situation des ersten Schultages mit lauter unbekannten Gesichtern. Sie erzielt gute Noten und ist mit ihrer Leistung zufrieden. Diese Ereignisse geben ihr das Gefühl, doch nicht ›so blöd‹ zu sein, wie sie früher immer geglaubt hat.

Im Rahmen der Umschulungsmaßnahme hat sie auch gelernt, sich Grenzen abzustecken und Prioritäten zu setzen, weil sie sich auf die Schule konzentrieren muß und weiß, daß sie nicht alles (Schule, Haushalt) perfekt erledigen kann. Früher hat Frau F. in Situationen, die sie nicht gleich bewältigen konnte, die Flucht ergriffen. Heute stellt sie sich diesen Anforderungen. Ebenso hat sie das Ausmaß an Hilfe, die sie anderen zukommen läßt, reduziert. Als es ihr selbst schlecht ging, war sie enttäuscht darüber, daß ihr niemand geholfen hat, obwohl sie immer für alle da gewesen war. Jetzt hilft sie nur noch Menschen, bei denen sie den Eindruck hat, daß diese ihr ebenso beistehen würden, wenn sie selbst Hilfe bräuchte. Sie möchte sich nicht mehr für andere ›kaputt machen‹ und betont, wie wichtig es für sie ist, auch einmal nein sagen zu können und sich nicht mehr ausnutzen zu lassen.

Im Gegensatz zu früher läßt sich Frau F. heute auch nicht mehr alles gefallen; sie möchte sich nicht mehr als ›Fußabstreifer‹ mißbrauchen lassen, auf dem man

›herumtrampeln‹ kann. Lieber riskiert sie heute eine Auseinandersetzung, als zu allem ›ja und amen‹ zu sagen. Zum Zeitpunkt des Nachgespräches hat sie den Eindruck, daß sie nun sachlicher und überlegter streiten und diskutieren kann.

Es stellte einen großen Schritt für Anna F. dar, selbst Verantwortung für ihr Leben zu tragen. Diese war ihr früher immer von anderen abgenommen worden. Anfangs war sie damit überfordert, für sich selbst die Verantwortung zu übernehmen. Auch heute noch ist es für sie ein großer Schritt, ihr Leben selbst in der Hand zu haben und zu wissen, daß sie die alleinige Verantwortung für sich und ihr Leben trägt. Sie stellt dementsprechend nun auch gewisse Ansprüche dahingehend, wie sie ihr Leben gerne anpacken und gestalten möchte und bekommt ein schlechtes Gewissen, wenn es nicht einmal ›nicht so läuft‹ wie sie sich das vorstellt. Zum Zeitpunkt des Nachgesprächs berichtet Frau F., daß sie sich diesbezüglich nun jedoch mehr Gelassenheit angeeignet hat und es auch einmal akzeptieren kann, wenn etwas schiefgeht. Frau F. berichtet zudem, daß sie heute – im Gegensatz zu früher – bei Problemen nicht mehr zum Alkohol greift.

Auch ihre Einstellung zu sich selbst und zu ihrem Leben hat Anna F. verändert, und zwar dergestalt, daß sie sich heute mehr auf die Zukunft als auf die Vergangenheit konzentriert und versucht, aus ihrem Leben das Beste herauszuholen anstatt ›mit Scheuklappen‹ am Leben vorbeizulaufen und in Selbstmitleid zu versinken. Sie kann damit umgehen, daß sie ihre Vergangenheit noch immer verfolgt. Diesbezüglich hat ihr auch die Psychotherapiestation geholfen, wo sie erkannt hat, daß es auch andere Menschen gibt, denen es schlecht geht.

Frau F. stellt die gesammelten negativen Erfahrungen mit Therapeuten und professionellen Helfern (siehe später) als ein wichtiges Ereignis in ihrem Leben dar, das sie dazu gebracht hat, ihr Leben selbst in die Hand zu nehmen. Man darf somit mannigfache Verbesserungen in Frau F.s Leben annehmen, die im übrigen auch große Ähnlichkeiten mit denen zeigen, die andere ehemalige Patienten als positive psychotherapeutische Effekte und Lernerfahrungen schildern: Nein-Sagen lernen, sich mit Ängsten konfrontieren, lockerer werden und weniger streng mit sich sein, Abnahme/Verschwinden von Symptomen etc. Sie war zu der Überzeugung gelangt, daß ihr Therapeuten nicht helfen können und beschloß daher, für sich selbst die Verantwortung zu tragen und alleine an sich zu arbeiten, um Verbesserungen ihres Zustandes zu erzielen. Obwohl es sie öfters ›aus der Bahn‹ wirft und sie Veränderungen nur in sehr kleinen Schritten schafft, ist Frau F. stolz und zufrieden mit dem, was sie bereits geschafft hat.

Anna F. schreibt diese Erfolge aber zum größten Teil sich selbst und zum anderen der Unterstützung durch ihren Partner und andere Bezugspersonen (siehe später) zu. Die Psychotherapie hat für sie mit den positiven Veränderungen nichts zu tun, außer daß sie erfuhr, daß sie davon keine Hilfe erwarten kann und auf sich alleine gestellt ist.

2.2 Anna F.s Bewertungen zur Psychotherapie

Bereits ihren ersten Aufenthalt in einer psychiatrischen Klinik bewertet Frau F. rückblickend als extrem negativ: Sie verbrachte sechs Wochen auf einer geschlossenen Station, wurde dort ›mit Psychopharmaka vollgepumpt‹, wurde entlassen und hatte dieselben Probleme immer noch. Schon zu dieser Zeit wollte sie eigentlich mit Psychotherapeuten nichts mehr zu tun haben; es war eine ›Sperre‹ da. Es ging ihr aber zu schlecht, um sich alleine helfen zu können. Fremde Hilfe anzunehmen war für Frau F. insgesamt ein Schritt, der ihr sehr schwer fiel.

Ihre Erwartung an den Kontakt mit ihren Mitpatientinnen und -patienten zu Beginn der stationären Psychotherapie waren – entsprechend Anna F.s generellen Ängsten vor fremden Personen – negativ geprägt. Sie hatte Angst, sich zu äußern und im Gespräch zu versagen. Zudem befürchtete sie Angriffe gegen ihre Person von seiten der Mitpatienten, die damit ihre eigenen Probleme überspielen könnten. Sie fühlte sich insgesamt einer bedrohlichen Situation ausgeliefert. Überraschenderweise erschienen ihr die Mitpatientinnen und -patienten am ersten Tag jedoch freundlich und verständnisvoll. Sie versuchten, ihr die Angst zu nehmen. Dennoch blieben ihre Ängste, sich vor der gesamten Gruppe äußern zu müssen.

Frau F. hatte jahrelang alles in sich ›reingefressen‹ und nie über Probleme gesprochen. Sie schaffte dies auch in den zehn Wochen auf der Psychotherapiestation nicht und glaubt, daß eine Einzeltherapie besser für sie gewesen wäre, um zu lernen, über ihre Schwierigkeiten zu sprechen. Vor einer Gruppe dieser Größe gelang ihr dieser Schritt nicht. Zusätzlich verschärfte sich die Situation dadurch, daß Frau F. die Patientengruppe als extrem konfliktgeladen erlebte. Die Patienten paßten nicht zusammen; es gab andauernd Streit; zwei Teilgruppen bekämpften sich aufs heftigste. Frau F. litt unter diesem Zustand und konnte ihn kaum ertragen, auch deshalb, weil sie an ihre eigene Vergangenheit erinnert wurde, schmerzliche Empfindungen von damals noch einmal durchlebte: »Und ich saß da wirklich mal in dieser Gruppe drin und hab wirklich zu Heulen angefangen, mir tat des so weh. Ich hab so des Gefühl gekriegt, ich krieg jetz keine Luft mehr, ja, und ich hab mich da so zurückversetzt gehabt in meine Kindheit, wo i mer dacht hab, siehste des is genauso wie zuhause, ja, und ich hasse sowas, ich hasse sowas, wenn gestritten wird und es kommt im Endeffekt überhaupt nichts dabei raus, ja; ich fand des ganz schlimm und des tat mir weh, ja, und da hab ich mir gedacht, das kann, das kann's doch wohl nich gewesen sein, ja. Vielleicht wär's anders gekommen, wenn wenn die Leute n' bißchen besser zusammengepaßt hätten...«

Frau F. schildert diese Erlebnisse als ›Horror‹. Recht ausführlich und auch aggressiv beziehungsweise ärgerlich erzählt sie von Mitpatientinnen und -patienten, die Symptome von anderen übernommen und Symptome vorgetäuscht haben (zum Beispiel Angst vor dem Fahrstuhlfahren oder ein ›schlechtes Körpergefühl‹). Neben der Kritik an den Mitpatienten bezüglich des Vortäuschens von Symptomen bewertet Anna F. auch das entsprechende Verhalten des Stationsteams negativ. Das Personal ging auf die vorgespielten Schwierigkeiten auch noch ein, während man sich um sie, die wirklich Probleme gehabt hätte, nicht kümmerte. Frau F. hätte sich gewünscht, daß diese Mitpatienten und -patientinnen vom Stationsteam mit ihrem unaufrichtigen Verhalten konfrontiert worden wären. Es stellte eine Bloßstellung des Stationsteams dar, als in der Patientengruppe Personen mit diesem Verhalten konfrontiert wurden und zugaben, Symptome vorgetäuscht zu haben. Das Team war somit auf diese Patientinnen und Patienten ›reingefallen‹. Frau F. glaubt, daß die Mitglieder des Teams zwar ihre Arbeit ernstgenommen haben, sich aber zu wenig Gedanken gemacht haben, da ihnen sonst die Täuschungen gleich aufgefallen wären.

Durch die Beschäftigung des Stationsteams mit vorgetäuschten Problemen und auch durch die Mimik und Gestik von Teammitgliedern in den Therapiegruppen haben sie ihr »auch dieses Gefühl nich gegeben, schau du brauchst keine Angst haben, ja, sondern sie ham mir eher des Gefühl gegeben, na ja so schlimm kann's doch gar net sei...«, »und da war da bei mir da ne Sperre da, wo ich gesagt hab, und jetz kann ich nich mehr und jetz will ich auch nich mehr...«

Frau F. beschreibt insbesondere sehr junge Mädchen, die den anderen Patienten genau zuhörten, stark mitgelitten und Symptome von anderen übernommen haben. Sie überlegte, weshalb diese überhaupt auf der Station sind. Diese jungen Frauen nahmen die Therapie nicht ernst, während andere Menschen wirklich Hilfe brauchen würden. Das Geld der Krankenkasse wurde damit verschleudert für diese

Mädchen, die vielleicht noch zu jung beziehungsweise sich dessen nicht bewußt waren, was sie da tun und worum es im Leben geht. Ebenfalls belastend empfand Anna F. eine junge Patientin mit Magersucht, die sich nicht helfen lassen wollte und nicht begriffen hatte, daß man daran sterben kann. Die Energien des therapeutischen Teams hätten sinnvoller in sie – Frau F. selbst – investiert werden können anstatt in Mitpatientinnen, die ihr unreif oder auf der Psychotherapiestation fehl am Platze erschienen. Frau F. schildert, daß sie sich dadurch hintergangen vorkam. Als sie selbst einmal über einen Traum berichtete, fühlte sie sich vom Stationsteam nicht ernst genommen.

Als weitere negativ bewertete Episode schildert sie, daß der Stationspsychologe ein wichtiges Detail ihrer Lebensgeschichte vergessen hatte. Nach Meinung von Frau F. hätte so etwas nicht passieren dürfen. Sie assoziierte dieses Vorkommnis (ähnlich wie bereits an anderer Stelle zuvor) mit ihrer Kindheit, als ihr der Vater auch keinerlei Interesse entgegengebracht hatte. Sie interpretiert also diese falsche beziehungsweise fehlende Erinnerung des Psychologen als mangelndes Interesse, und damit als eine Wiederholung von schmerzvollen Ereignissen aus der Kindheit.

Als zentrales Problem schildert sie die Tatsache, daß von ihr erwartet wurde, daß sie auf das Stationsteam zugeht und sich selbst meldet, wenn es ihr schlecht geht. Dazu fühlte sich Frau F. jedoch in keiner Weise imstande. Sie hatte auch zu Beginn der Therapie erwähnt, daß sie nicht auf jemanden zugehen kann, wenn es ihr nicht gut geht. Da sie auch die Rückmeldung erhalten hatte, daß man es ihr ansehe, wenn es ihr schlecht gut geht, sah Frau F. nicht ein, weshalb dann in einer solchen Situation niemand auf sie zukam. In einem Gespräch mit einem Teammitglied erfuhr sie schließlich, daß es zu den Regeln der Station gehört, sich als Patientin selbst zu melden, wenn es einem nicht gut geht und man Hilfe braucht, und daß davon nicht abgewichen würde. Zwar sieht Frau F. rückblickend durchaus ein, daß das Stationsteam die Verantwortung für das Befinden von Patienten gerade auch im Hinblick auf eine mögliche Suizidalität *nicht* übernehmen kann; sie betont aber immer wieder, daß es ihr in keiner Weise möglich war, von sich aus mit akuten Problemen auf das Stationsteam zuzugehen: Sie hat dies nicht geschafft, fühlte sich – ähnlich wie bereits für die Therapiegruppen dargestellt – wie gelähmt und mit der Anforderung, sich selbst zu melden, völlig überfordert.

Die Unfähigkeit, über Probleme zu sprechen und um Hilfe zu bitten, taucht auch in den Lebensgeschichten anderer Patienten immer wieder auf. Dies zu lernen, beziehungsweise in einer therapeutischen Gemeinschaft persönliche Schwierigkeiten, traumatische Erlebnisse etc. erstmals an- und aussprechen zu können, wird im allgemeinen als Erleichterung und Gewinn erlebt. Somit stellt sich hier die Frage, was Frau F. daran hinderte, diese Gelegenheit wahrzunehmen und für sich zu nutzen, beziehungsweise warum der Schritt für diese Patientin zu groß war und sie ihn irgendwann auch nicht mehr tun wollte. Ein Zusammenhang zum fehlenden Vertrauen in die Patientengruppe und das Stationsteam scheint gut möglich.

Anna F. hatte insgesamt zwar keine Hoffnung mehr, daß sich in der Patientengruppe noch etwas ändern würde, hielt es aber dennoch für möglich, daß sich ihre eigene Therapie noch zum Positiven wenden könnte. Sie blieb die vollen zehn Wochen auf der Station, obwohl sie durchaus überlegt hatte, die Behandlung vorzeitig abzubrechen. Dabei gewann sie den Eindruck, daß ihre Schwierigkeiten heruntergespielt wurden, als sie diese einmal dem Stationspsychologen gegenüber äußerte.

Nach ihrer Therapie hatte sie keinen Kontakt mehr zur Station, und es würde ihr ›nicht im Traum einfallen‹, dort einmal vorbeizuschauen, da sie keinerlei positive Beziehung zum Stationsteam aufgebaut hat.

Insgesamt schildert Anna F. somit unserer Ansicht nach vor allem, daß sie mit ihren Problemen zu kurz kam, zu wenig Zuwendung erfuhr. Insgesamt hat sich für Frau F. das Bedürfnis nach Harmonie und Fürsorge im Umfeld der Station nicht erfüllt. Stattdessen empfand sie offenbar ähnlichen Schmerz wie in ihrer Kindheit, als sie in einem konfliktgeladenen familiären Umfeld aufwuchs und ihrer Person keinerlei Interesse entgegengebracht wurde.

Die Eindrücke, die Frau F. von ihren Versuchen, eine Nachtherapie zu finden, wiedergibt, stimmen mit dem bisher geschilderten negativ getönten Inhalt aller Berichte über Einrichtungen und Angebote der psychiatrischen und psychotherapeutischen Versorgung überein. Die Patientin sah sich nirgendwo willkommen: Es bestanden bei Therapeuten lange Wartezeiten von einem Jahr; die Beratungsstelle, die sie ersatzweise aufgesucht hatte, verließ sie empört, als eine Mitarbeiterin dort bemerkte: »...ja die Leute glauben wohl auch, weil's hier nichts kostet, können se uns die Bude einrennen.« Frau F. fühlte sich beunruhigt durch den Gedanken, auf fremde Hilfe angewiesen zu sein, die jedoch nicht verfügbar war. Dieses letzte Erlebnis in der Beratungsstelle schildert sie als einen Punkt, von dem an sie definitiv mit Therapeuten und Psychiatrie nichts mehr zu tun haben wollte.

Insgesamt ist Frau F. der Überzeugung, daß ihr kein Therapeut helfen kann. Dennoch schränkt sie ein, daß es ihr vielleicht jetzt doch noch ein wenig besser gehen würde, wenn sie einen Therapeuten ihres Vertrauens gefunden hätte, um mit ihm langsam und Schritt für Schritt an sich zu arbeiten. Als positiv schildert sie, die Erfahrung gemacht zu haben, ein Hilfsangebot zu bekommen, als sie es gebraucht hat, (»ich streck meine Hand aus und es is jemand da, der nimmt sie auch«), auch wenn dieses Hilfsangebot ihr im Endeffekt nichts gebracht hat.

Anna F. äußert niemals Kritik an den Interventionsmethoden der Station. Sie bezieht sich in ihren negativen Bewertungen vielmehr vor allem auf Aspekte, die zwischenmenschliche Beziehungen zu Mitpatientinnen/-patienten und das Stationsteam betreffen. Dies belegt bei Frau F. eine sehr hohe subjektive Bedeutsamkeit der Beziehungsebene, bzw. therapeutischer Beziehungen im weitesten Sinne.

Psychotherapeutische Sicht- und Denkweisen dürfte Anna F. kaum negativ bewerten, da sie diese selbst häufig äußert und damit in ihrem Leben Zusammenhänge herstellt und begründet (vgl. hierzu auch *Künlein & Mutz, 1996*). Sie zieht beispielsweise für bestimmte Situationen Parallelen zu Erlebnissen in ihrer Kindheit (zum Beispiel bei Konflikten in der Patientengruppe), oder erklärt, wie sie sich selbst mit angstauslösenden Situationen konfrontiert, anstatt sie zu vermeiden, und daß sie so die Angst bezwingen kann.

Insgesamt zeigt sich in Frau F.s Erzählung ein Muster, das auch für andere Forschungsinterviews charakteristisch ist: In der Rückschau bilden verschiedene Einrichtungen der psychosozialen, psychotherapeutischen oder psychiatrischen Versorgung häufig eine Art Einheit; Erzählungen beziehen sich nicht auf eine eng umgrenzte psychotherapeutische Intervention (selbst wenn sie beispielsweise nur nach der psychotherapeutischen Station des Ingolstädter Klinikums gefragt wurde), sondern auf die Gesamtheit an therapeutischen Erfahrungen, die jemand bisher gesammelt hat. Diese können sich auch gegenseitig beeinflussen. Gerade auch verschiedene Stationen einer Klinik können rückblickend nicht immer genau unterschieden werden, ebenso einzelne Therapiebausteine, deren Namen auch oft vergessen wurden. Dieser Befund ist deshalb bedeutsam, weil über längere Zeiträume hinweg, wenn mehrere Interventionen erfolgen, sich aus zahlreichen therapeutischen und anderen Maßnahmen ein Konglomerat an Emotionen, Einstellungen, Erfahrungen und Veränderungen bildet. So ist Frau F.s negative Einstellung und Ärger im Gespräch global auf ›Therapeuten‹ und ihren gesamten Weg durch verschiedene Einrichtungen bezogen. (Es gibt aber auch Patientinnen und Patienten, die retrospektiv verschiedene Therapien und Einrichtungen, deren Bewertungen und Effekte, genau unterscheiden.)

Dies macht die Befragung ehemaliger Klientinnen und Klienten zu den Effekten einer einzigen Intervention zu einem zweifelhaften Unterfangen. Im Falle längerer Patientengeschichten, an denen verschiedene Einrichtungen beteiligt sind, muß – wenn es sich um längerfristige Katamnesezeiträume handelt – somit ein Überblick gewonnen werden über den gesamten therapeutischen Weg, den eine Person genommen hat. Gerade auch im Hinblick auf die Empfehlung, daß sinnvolle Katamnese-Daten auch die längerfristige Weiterentwicklung von Klientinnen und Klienten beinhalten sollten (siehe unten), müßten die psychotherapeutischen Erfahrungen zu einem solchen Zeitpunkt in ihrer Gesamtheit erfragt werden, um hier im Einzelfall ein einigermaßen realistisches Bild gewinnen zu können.

2.3 Die Bewertung verändert sich

Frau F. schildert im Nachgespräch, daß die Bewertung der gesamten stationären Psychotherapie sich inzwischen zum Positiven verändert hat.

Sie ist heute der Ansicht, daß ihr die Therapie doch ›etwas gebracht‹ hat. Diese veränderte Sichtweise ergab sich im Zusammenhang mit Ereignissen während eines Kurses im Rahmen ihrer Umschulungsmaßnahme, die sie als eine Wiederholung von Schwierigkeiten in der Therapiegruppe empfand. Anna F. verspürte wiederum massiven Ärger über das Verhalten anderer Gruppenmitglieder, in diesem Falle über Mitschülerinnen und Mitschüler, die wenig motiviert am Kurs teilnahmen und dabei den Fortgang des Unterrichts störten. Frau F. empfand den intensiven Wunsch, eine solche Situation nicht noch einmal wie zuvor zu durchleben. Sie hat diesmal die Problematik angesprochen und damit eine Aussprache im Kurs herbeigeführt. Sie sieht es als großen Fortschritt für sich an, diese neue Strategie angewandt zu haben und ist der Ansicht, daß sie zu diesem Verhalten deshalb fähig war, weil sie sich an die schreckliche Situation in ihrer Psychotherapie erinnerte und derartige zwischenmenschliche Probleme nunmehr unbedingt anders bearbeiten wollte. Anna F. kritisiert explizit an ihrem damaligen Verhalten, daß sie mit ihren Problemen allein geblieben ist, diese nie mitgeteilt, sondern vor den Menschen verborgen hat, die sie eigentlich betrafen. Die Bewertung der Vorgänge im Verlauf der Psychotherapie bleibt zwar weiterhin negativ; diese Erlebnisse haben ihr jedoch später eine Weiterentwicklung ihrer Fähigkeiten im Umgang mit Konflikten ermöglicht. Rückblickend haben die Vorkommnisse in der Psychotherapie nun eine positive sinnhafte Bedeutung für Frau F. gewonnen. Sie waren ein Anstoß dafür, etwas an ihrem Verhalten zu ändern. Konsistent dazu hatte Frau F. im Forschungsinterview vor allem Ärger über verschiedene Personen geäußert, während sie im Nachgespräch wesentlich versöhnlicher wirkte und mehr inhaltliche Kritik äußerte: Insgesamt ist ihr demnach die Station als zu wenig strukturiert und zu offen in Erinnerung. Sie hätte gerne genauer Bescheid gewußt über Mitpatienten, hätte sich gewünscht, daß man sich gegenseitig in einer Runde genauer vorstellt (wer man ist, wieso man auf der Station ist). Auch darüber, was in der Therapie passieren wird und was von ihr erwartet wird, hätte sie sich mehr Aufklärung gewünscht. Solche Informationen haben zwar nicht gefehlt, waren für Anna F.s Empfinden aber deutlich zu wenig. Sie plädiert für mehr Einzelgespräche am Anfang der Therapie und verstärkte Fürsorge für die Patienten in dem Sinne, daß sie öfters in der Runde gefragt werden, wie es ihnen momentan geht (siehe hierzu *Burth & Plaum 1999*).

2.4 Positive Bewertungen und subjektive Wirkfaktoren

Trotz des insgesamt keineswegs positiven Fazits und der negativ getönten Gesamterzählung berichtet Frau F. zum Schluß unseres Gespräches auch über andere Erfahrungen aus der stationären Psychotherapie und erwähnt Faktoren, die positiv auf sie wirkten: Einen hohen Wert mißt sie dem guten Kontakt zu einem Mitpatienten bei, den sie während der Therapie aufgebaut und bis heute gehalten hat. Die beiden sind noch immer gut befreundet und unterstützen und besuchen sich gegenseitig, wenn es einem von beiden nicht gut geht.

Als sehr bedeutsame Erfahrung stellt sie die von *Yalom (1996)* so genannte ›Universalität des Leidens‹ dar, den Abbau des Eindrucks, mit ihrem Leiden ganz allein zu sein. Frau F.s starke soziale Isolierung dürfte sicher dazu mit beigetragen haben, daß sie erst auf der Psychotherapiestation die deutliche Gewißheit bekam, daß es auch andere Menschen gibt, denen es schlecht geht. Zudem wurde Anna F. Bewunderung von Mitpatienten dafür zuteil, wie sie ihr bisheriges Schicksal gemeistert hat: Sie erfuhr, daß es andere gibt, die solche Erlebnisse vielleicht gar nicht so durchgestanden hätten.

Anna F. schränkt die negative Bewertung ihres Therapieaufenthaltes schließlich doch dahingehend ein, daß nicht alles schlecht war und sie sich an manchen

Tagen auch auf der Station wohlgefühlt hat. Als positiven Aspekt nennt sie das Entspannungstraining, das sie noch heute mit Hilfe einer Tonbandaufnahme mit der Stimme eines Pflegers der Therapiestation praktiziert. Frau F. gelangte überdies in der Therapie zu der für sie wichtigen Erkenntnis, daß sie sich selbst zu wenig Raum gibt, daß sie sich ›mehr ausbreiten‹ und die eigene Person wichtiger nehmen sollte. Diese Einsicht hat sie bei einer Gruppenübung in der Gestaltungstherapie gewonnen. Das Arbeiten mit Zeichnungen oder Farbe bewertet sie insgesamt positiv, ebenso die Person des Gestaltungstherapeuten sowie eine weitere Übung, in der es darum ging, daß man gewisse Dinge sowohl positiv als auch negativ sehen kann.

Es gibt somit in Anna F.s Erzählung dennoch einige wenige Wirkfaktoren innerhalb der Psychotherapie, die ihr positive Veränderungen ermöglichten oder ihr Hilfe gaben. Als ›Wirkfaktor‹ nimmt jedoch vor allem ihr Lebensgefährte eine herausragende Stellung ein. Frau F. berichtet von mannigfaltigen Hilfen, die er ihr gibt: So machte er ihr Mut, wenn sie glaubte, ihr Leben nicht mehr bewältigen zu können; er ›baut sie auf‹, wenn es ihr schlecht geht, traut ihr vieles zu und sagt ihr, daß sie ›nicht blöd‹ ist, daß sie vieles schaffen kann. Der Lebensgefährte hält sie dazu an, selbst die Verantwortung für sich und ihre Angelegenheiten zu übernehmen, ist stolz darauf, daß sie ihre Umschulung selbst organisiert hat und gibt ihr dadurch Bestätigung. Frau F. hat nicht auf der Therapiestation, wohl aber durch ihren Lebensgefährten gelernt, über Probleme zu sprechen und sich mitzuteilen, wenn es ihr nicht gut geht. Er ist der einzige Mensch, zu dem sie ›hundertprozentiges Vertrauen‹ hat und mit dem sie eigene Schwierigkeiten besprechen kann. Dementsprechend verschlechterte sich ihr Befinden auch einmal, als er auf Reisen war. Frau F. glaubt, daß sie ohne ihren Partner bestimmt noch nicht so weit wäre, wie sie heute ist. Sie ist der Ansicht, daß Andere sie bestimmt schon verlassen hätten, während ihr Lebensgefährte auch dann zu ihr steht, wenn es ihr schlecht geht. Anna F. schildert, daß sich ihr Freund nicht als ihr Psychotherapeut sieht und dies auch so äußert.

Wie auch immer man die Rolle des Lebenspartners bezeichnen möchte, so ist er jedoch unserer Meinung nach von herausragender Bedeutung als helfende und stützende Person für Frau F. und wird von ihr als jemand beschrieben, der durchaus mannigfache therapeutische Aufgaben erfüllt. Im Gegensatz zu ihrer Eigenständigkeit und Selbstverantwortlichkeit, die Frau F. immer wieder betont, schildert sie allerdings nach unserer Meinung eine starke Abhängigkeit von einem anderen Menschen. Aber auch einige andere Bezugspersonen haben für Anna F. eine stützende Funktion: Wenn sie sich schlecht fühlt und ihr Lebensgefährte auch nicht mehr weiter weiß, ruft er beim Hausarzt an und die beiden besprechen sich. Frau F. hat volles Vertrauen in ihn und seine Kompetenz. Sie kann auch mit ihm darüber sprechen, daß es ihr schlecht geht. Zeitweise verschreibt er ihr dann ein Medikament, damit sie ruhig schlafen kann. Zudem hat Frau F. jetzt wieder einen guten Kontakt zu ihrem Bruder, den sie als jemanden beschreibt, der ihr sehr ähnlich ist. Dieser interessiert sich für ihre Schulleistungen und ist stolz auf Anna F. Auch Bekannte freuen sich, daß es ihr wieder besser geht. Als Unterstützung hat Frau F. zudem noch den bereits erwähnten ehemaligen Mitpatienten.

Man darf sagen, daß sich in ihrem Fall so etwas wie ein hilfreiches Netzwerk etabliert hat – außerhalb psychotherapeutischer Maßnahmen. Deren Stellenwert bleibt uneindeutig. Es stellt aber wohl keine Fehlinterpretation dar, wenn man annimmt, daß es die Gesamtheit der dargestellten Faktoren ist, welche hier letztlich doch Positives bewirkt hat. Dabei dürfte es unmöglich sein, den jeweiligen Anteil einzelner Aspekte zu eruieren. Eine ganzheitliche Betrachtung der Umstrukturierungen des gesamten Lebensraumes (im Sinne *Lewins*) wird den hier geschehenen Veränderungen sicherlich eher gerecht. Es muß von im einzelnen nicht genau feststellbaren – eventuell auch zeitlich versetzten – Wechselwirkungen sämtlicher Wirkfaktoren ausgegangen werden. So ist beispielsweise anzunehmen, daß Effekte der Umschulungsmaßnahme bei Frau F. im Zusammenhang mit dem Erlebnis ihrer Psychotherapie zu sehen sind und diese wiederum im nachhinein – aufgrund der späteren Erfahrungen – zu weiteren Umstrukturierungen beizutragen vermochten. Von derartigen Komplexitäten darf man nicht nur in dem hier dargestellten Fall ausgehen; es wird dabei vielmehr ein grundsätzliches Problem einer jeglichen Wirkungsforschung, auch über den Bereich der Psychotherapie hinaus, deutlich (vgl. *Plaum 1999*).

3 Schlußwort: Anna F.s Definition von Psychotherapie

»Psychotherapie is eigentlich mehr oder minder für mich eigentlich nur 'ne Hilfestellung, des heißt Hilfestellung zum Leben zu geben«, zu versuchen, das Ganze durch gezielte Gespräche oder durch gezielte Dinge, wovor man Angst hat, daß man die »halt einfach macht«, »einfach nur ne Hilfestellung zu geben, mehr is des ja eigentlich auch gar nich.«

E. Seel, E. Plaum

Psychotherapie aus der Klientenperspektive

Dieser Beitrag stellt eine zusammenfassende Darstellung der Resultate einer qualitativen Studie dar, die subjektive Sichtweisen von Veränderungen und Wirkfaktoren bei ehemaligen Psychotherapiepatientinnen und -patienten erfaßte.

Was verändert sich im Leben von Menschen, die eine Stationäre Psychotherapie durchlaufen haben? Wodurch ergeben sich aus der Sicht dieser Menschen solche Veränderungen? Um diesen Fragen nachzugehen, führten wir mit sechs ehemaligen Psychotherapiepatienten und –patientinnen ein offenes, leitfadengestütztes, etwa einstündiges Interview (siehe dazu *Berger & Plaum*, im selben Band). Dabei interessierte uns allein die subjektive Sicht der Erzählenden und wir gingen von der Annahme aus, daß die Befragten die Aspekte, die sie im Moment des Interviews als wichtig für ihren Werdegang und ihre Biographie erachten, frei produzieren werden.

Nachdem *Berger & Plaum* (im selben Band) unser Vorgehen und einen Einzelfall darstellten, möchten wir, unmittelbar daran anknüpfend, eine Übersicht über die von sechs ehemaligen Psychotherapiepatientinnen und -patienten genannten Veränderungen und Wirkfaktoren geben. Wir werden dabei auf die Veränderungen in den Bereichen Partnerschaft, Beruf, Wohnsituation, Symptome, Familie und Problembewältigung eingehen. Bei den Wirkfaktoren finden die Bereiche therapeutische Verfahren, Stationsteam und weitere, nur für Einzelne bedeutsame subjektive Wirkfaktoren Erwähnung.

Wir möchten darauf hinweisen, daß ein Beitrag wie der vorliegende nicht jedem Einzelfall so umfassend gerecht werden kann, wie es den einzelnen Individuen mit ihren ganz persönlichen Erfahrungen angemessen wäre[1]. Trotz dieser Unzulänglichkeit dürfte die in diesem Artikel dargestellte Übersicht von allgemeinen

---

1 Für die vollständige Darstellung der Einzelfälle ist auf die demnächst vorliegende Diplomarbeit der Erstautorin (Elisabeth Englert-Seel, Weißenburger Straße 20, 85072 Eichstätt) zu verweisen.

Interesse sein. Ganz bewußt bleiben wir dabei sehr eng an der Sprache der Befragten, um dadurch einen authentischen Eindruck entstehen zu lassen.

1 Was hat sich verändert?

Wenn im Folgenden die einzelnen Gesichtspunkte beschreibend dargestellt werden, gehen wir davon aus, daß unklar bleiben muß, in welchem Zusammenhang die jeweils stattgefundene oder auch fehlende Veränderung im einzelnen Fall mit der Stationären Psychotherapie steht. Die dargestellten Aspekte erheben keinen Anspruch auf Vollständigkeit, da von Einzelnen auch andere Veränderungsbereiche angeführt wurden.

Statt einer ausformulierten Zusammenfassung befindet sich am Ende jedes Kapitels eine Tabelle, welche die angegebenen Veränderungen und später die anzunehmenden Wirkfaktoren stark verkürzt für einen direkten Vergleich wiedergibt. Es ist dabei zu berücksichtigen, daß bei einer solchen Reduzierung gerade durch die qualitative Erhebungsweise gewonnene zusätzliche sehr differenzierte Informationen verloren gehen.

1.1 Veränderungen im Bereich Partnerschaft

Frau Sylvia A. (zwischen 25 und 30 Jahre alt) erzählt, daß sie zur Zeit ohne Partner ist. Vor ihrer Psychotherapie hatte sie häufig wechselnde Bekanntschaften. Heute hat die ehemalige Patientin »andere Erwartungen« an eine Partnerschaft und »achtet auf diese«[1]. »Das lange Alleinleben drückt« sie und sie sehnt sich nach einer festen Partnerschaft, benötigt diese aber nicht mehr für ihr Selbstbewußtsein: »Das war ein Strohhalm, ein Partner, das ist nicht mehr der Fall«, »Ich bin fähig, ohne Partner zu existieren.«

Frau Kerstin B. (zwischen 25 und 30 Jahre alt) hat derzeit keine Partnerbeziehung. Vor ihrem Aufenthalt auf der Station ist ihre letzte gescheitert, worunter sie immer noch leidet.

---

[1] In Anführungszeichen stehen wörtliche Zitate der Befragten, wobei diese aus Gründen der Verständlichkeit und leichteren Lesbarkeit bereits von Dialekt, Wiederholungen und Füllwörtern bereinigt sowie gegebenenfalls grammatikalisch an bestehende Satzstrukturen angepaßt sind. Die Autoren sind sich im Klaren darüber, daß dies letztlich eine ›verfälschende‹ Wiedergabe zur Folge hat.

Abbildung 14: Veränderungen in der Partnerschaft

Patient(in)	Veränderungen in der Partnerschaft
Frau A.	Keine; Klarere Erwartungen
Frau B.	Keine
Frau C.	Mit ehemaligem Mitpatienten
Herr D.	Trennung von Frau; vorübergehende Beziehung zu Mitpatientin, neue Beziehung
Herr E.	Partnerschaftsprobleme mit Ehefrau vorübergehend gebessert
Herr F.	Trennung von Freundin, vorübergehende Beziehung mir Mitpatientin, neue Beziehung

Frau Ulrike C. (zu diesem Zeitpunkt zwischen 30 und 35 Jahre alt) hat seit ihrem Aufenthalt eine Beziehung mit einem ehemaligen Mitpatienten. Die beiden lernten sich kennen, als Ulrike C. auf einer anderen Station des Klinikums ihre Aufnahme auf der Psychotherapiestation erwartete (und sie bereits manchmal die Station besuchte) und sich ihr derzeitiger Partner in der Endphase seiner Psychotherapie befand.

Herr Manfred D. (zwischen 30 und 35 Jahre alt) trennte sich im Laufe seiner Psychotherapie von seiner damaligen Frau. Manfred D. begann darauf hin eine neue Beziehung mit einer Mitpatientin, welche aber nach kurzer Zeit scheiterte. Anschließend lebte er einige Zeit alleine. Neuerdings hat Manfred D. wieder eine Partnerin.

Herr Oliver E. (zwischen 35 und 40 Jahre alt) lebt weiterhin mit seiner Frau zusammen und berichtet, daß sich die schon vorher bestehenden Partnerschaftsprobleme vorübergehend gebessert haben: »Meine Frau sagt, daß ich nach der Therapie offener war, daß die Gespräche mit ihr offener waren, aber im Laufe der Zeit hat es sich wieder verschlechtert; ich ziehe mich wieder zurück und rede weniger über die Probleme.«

Herr Hans F. (zwischen 25 und 30 Jahre alt) trennte sich während der Therapie von seiner damaligen Freundin; er hatte ein kurzes Geplänkel mit einer Mitpatientin und anschließend für einige Zeit keine Beziehung. Heute hat er eine »sehr verständnisvolle Freundin, die von vornherein wußte, was mit mir los ist und darin kein Problem sieht«.

1.2 Veränderungen im Bereich Beruf

Sylvia A. arbeitet heute nicht in dem von ihr erlernten, sondern in einem ganz anderen Berufszweig. Das Arbeitsklima ist dort im Gegensatz zum früheren Arbeitsplatz »gut«, und sie hat »Angst«, ihren Arbeitsplatz zu verlieren. Sie plant eine Umschulung, die aber eventuell aus finanziellen Gründen nicht begonnen wird.

Kerstin B. ist weiterhin beim gleichen Arbeitgeber angestellt: »Die Problematik am Arbeitsplatz, das nimmt mich immer noch sehr mit.« Gleichzeitig ist sie stolz darauf, daß sie wieder ohne längere Fehlzeiten voll arbeiten kann. Zum Zeitpunkt des Interviews war unklar, ob sie eventuell in eine andere Abteilung versetzt wird, was die Patientin sehr verunsichert.

Ulrike C. hat einen neuen Arbeitsplatz in einer Werkstatt für Behinderte.

Manfred D. ist an seinen alten Arbeitsplatz zurückgekehrt. Dort wurde er befördert, hat keine Schichtarbeit mehr (was ihn vorher sehr belastete), kaum Krankheitstage und ihm macht seine Arbeit »Spaß«: der Beruf »ist mein Hobby«. Das Verhalten bei ›Gruppenarbeiten‹ hat sich verändert: »Da gehe ich mehr aus mir heraus, ich vertrete meine Meinung« und zu seinem Chef hat er den »besten Kontakt«. »Betriebsbedingt« darf Herr D. zur Zeit nur Teilzeit arbeiten, was er sehr bedauert. Vorher »habe ich mich auf der Arbeit durchgekämpft«.

Oliver E. ist im Moment in keinem Arbeitsverhältnis. Er möchte sich beruflich verändern, weiß aber nicht, wie diese Veränderung aussehen soll. Die berufliche Situation »schwebt im Moment, aber ich weiß, daß das kein Zustand ist, ich muß etwas anpacken«.

Hans F. hat sein Studium nach der Psychotherapie abgebrochen und ein auf der Station aufgebautes neues Berufsziel mit »viel Ehrgeiz« umgesetzt.

Abbildung 15: Veränderungen im Beruf

Patient(in)	Veränderungen im Beruf
Frau A.	Neue Tätigkeit in neuem Berufsfeld
Frau B.	Gleiche Arbeitsstelle; keine längeren Fehlzeiten wegen Krankheit mehr
Frau C.	Neuer Arbeitsplatz in Behindertenwerkstatt
Herr D.	Gleiche Arbeitsstelle, Beförderung, höhere Zufriedenheit, unfreiwillige Teilzeit
Herr E.	Kein Arbeitsverhältnis, möchte berufliche Veränderung
Herr F.	Abbruch des Studiums, neuer Beruf

Abbildung 16: Veränderungen im Bereich der Wohnsituation

Patient(in)	Veränderungen im Bereich der Wohnsituation
Frau A.	Unverändert alleine
Frau B.	Unverändert bei den Eltern
Frau C.	Betreutes Wohnen in anderer Stadt
Herr D.	Eigenes Haus, ohne damalige Frau
Herr E.	Hausrenovierung
Herr F.	Umgezogen in eine andere Stadt, neuen »Lebensmittelpunkt«

1.3 Veränderungen im Bereich der Wohnsituation

Sylvia A. wohnt weiterhin alleine in einer gemieteten Wohnung, wobei sie gerne mit einem Partner zusammenleben würde (siehe auch Bereich Partnerschaft).

Kerstin B. lebt weiterhin gemeinsam mit ihren Eltern in einem Haus. Sie hat »noch keine eigene Wohnung, aber das kommt noch«.

Ulrike C. ging nach ihrem Aufenthalt auf der Psychotherapiestation in eine betreute Wohngemeinschaft und ist jetzt im betreuten Einzelwohnen, wo sie mit einer ehemaligen Mitpatientin in einer Zweizimmerwohnung lebt. »Nach Hause wollte ich nicht mehr.«

Manfred D. lebt weiter in seinem eigenen Haus, allerdings nicht mehr gemeinsam mit seiner damaligen Frau (siehe Bereich Partnerschaft). Die Renovierungsarbeit am Haus, die vor der Stationären Psychotherapie einen erheblichen Streßfaktor bedeutete, liegt brach. »Den Zeitdruck, den ich mir selber geschaffen habe, den habe ich mir weggenommen« (siehe dazu Bereich Problembewältigung).

Oliver E. renoviert gerade sein Haus, in dem er gemeinsam mit seiner Frau lebt.

Hans F. ist in eine andere Stadt gezogen und hat dort seinen »Lebensmittelpunkt« gefunden. Wohnung, Beruf und Freundin sind dort vereinigt, was vorher nicht der Fall gewesen war und wodurch er sich sehr zerrissen gefühlt hatte.

1.4 Veränderungen im Bereich Symptome

Sylvia A.s Eß-Brech-Verhalten ist seltener geworden, aber es »kommt noch ab und zu vor«. Sie sieht, daß für sie das Essen ein »Ersatzmittel« ist, das sie einsetzt,

»wenn ich unglücklich bin oder unzufrieden bin oder es mir langweilig ist«, und daß ihr Verhalten »sehr gesundheitsschädigend« ist, wovor sie »Angst« hat. Außerdem ist sie weniger depressiv, selbstbewußter und kann sich und ihren Körper besser annehmen.

Kerstin B. klagt weiterhin über Müdigkeit, Schlafstörungen und körperliche Beschwerden. »Ich habe mich verschlechtert vom Gesundheitlichen und Psychischen her.« Sie ist »dicker« und »selbstbewußter« geworden.

Ulrike C. schildert die Veränderungen ihrer verschiedenen Symptomatiken sehr differenziert: Nach der Stationären Psychotherapie traten ihre Selbstmordgedanken und optischen Halluzinationen unverändert auf; »wenn es mir schlecht geht, sehe ich nach wie vor alles schrecklich«. Verbessert sind ihre Depressionen: sie sind »kürzer«, »in abgeschwächter Form«, »ein paar Tage gut, ein paar Tage schlecht«, »keine Depression wie vorher«. Seit der Stationären Psychotherapie traten keine Manie und seit einer Medikation durch ihren Psychiater auch keine Halluzinationen mehr auf.

Manfred D. schildert Verbesserungen bei seinen Schlafstörungen, seinen »Minderwertigkeitskomplexen«, in seinem Essensrhythmus und Hungergefühl: »Ich esse, wenn ich Hunger habe, aber jetzt bekomme ich auch Hunger.«

Oliver E. sieht sich noch »mitten drin in der Krise«. Es gibt keine konkreten Veränderungen, die Veränderung ist der Wille zur Veränderung (siehe dazu auch Bereich Beruf).

Hans F.s vor der Stationären Psychotherapie bestehende Schlafstörung und Antriebslosigkeit sind nicht mehr vorhanden: »Ich kann mittlerweile ins Bett fallen und schlafen und abschalten.«

Abbildung 17: Veränderungen bei den Symptomen

Patient(in)	Veränderungen bei den Symptomen
Frau A.	Verbessert
Frau B.	Verschlechtert
Frau C.	Teilweise unverändert (Selbstmordgedanken), verbessert (Depression) oder verschwunden (Manie)
Herr D.	Verbessert
Herr E.	»Mitten drin«
Herr F.	Verschwunden

1.5 Veränderungen im Bereich Familie

Sylvia A. erlebt die Beziehung zu ihrer Mutter als sehr belastend, da diese »sehr große psychische Probleme« hat und an ihre Tochter hohe Erwartungen stellt. Sich davon abzugrenzen, fällt ihr heute leichter. Eine Entidealisierung fand in der Beziehung zu ihrem Vater statt, weshalb sie sich von ihm »gut lösen« konnte.

Bei Kerstin B. steht im Vordergrund, daß sich die schon vor der Psychotherapie belastende Krankheit des Vaters noch verschlechtert hat. Die Beziehung zur Mutter hat sich verbessert, da diese für Frau B. mehr Verständnis aufbringt. Mit Bruder und Schwägerin »komme ich jetzt klar«.

Ulrike C. erwähnt ihre Mutter einmal kurz in einem Nebensatz, weshalb eine inhaltliche Aussage nicht möglich ist.

Bei Manfred D. werden die Eltern einmal in einer für diesen Bereich inhaltlich nicht relevanten Aufzählung genannt.

Oliver E. erzählt sehr ausführlich, daß er nach jahrelangen Problemen mit seinem Vater zum ersten Mal mit ihm einen Streit angefangen hat, was Herrn D. »richtig gut getan hat«; es war »eine gute Erfahrung«. Der Streit »war ein erster Punkt, um mich mit ihm und meiner Vergangenheit oder Jugend zu versöhnen«. Seine Mutter erwähnt er nicht, den Bruder kurz, und zwar in bezug auf seinen anderen Umgang mit dem Vater.

Hans F. sieht, daß ihm die nach der Psychotherapie stattgefundene räumliche und emotionale »Distanz« zu seinen Eltern »gut getan« hat. »Ich bin nicht mehr derjenige, den sie beschützen müssen, sondern ich bin einer, der seine Wege geht«.

Abbildung 18: Veränderungen im Bereich der Familie

Patient(in)	Veränderungen im Bereich der Familie
Frau A.	Entlastende Abgrenzung von der Mutter; Entidealisierung des Vaters; gutes Verhältnis zur Schwester
Frau B.	Verschlechterung der belastenden Krankheit des Vaters; Verbesserung zur Mutter (Bruder und Schwägerin)
Frau C.	–
Herr D.	–
Herr E.	Erster Streit mit Vater als positive Erfahrung
Herr F.	Selbständigkeit den Eltern gegenüber

Abbildung 19: Veränderungen im Bereich Problembewältigung

Patient(in)	Veränderungen im Bereich Problembewältigung
Frau A.	Verhaltensmuster bewußter
Frau B.	–
Frau C.	Allgemeine positivere Lebenseinstellung
Herr D.	–
Herr E.	Mit anderen über Probleme reden
Herr F.	Bewußter, vor sich und anderen; konfliktbereiter

1.6 Veränderungen im Bereich Problembewältigung

Sylvia A. erkennt heute ihre für sie typischen negativen Verhaltensmuster. »Ich kenne meine Schwachstellen, aber ich kann damit umgehen.«

Kerstin B. trifft keine Aussage zu diesem Thema.

Ulrike C. streicht im Verlauf des Gesprächs immer wieder ihre positivere Lebenseinstellung heraus: »Ich kann positiver sehen als vorher.«

Manfred D. erkennt eine große, für ihn sehr wichtige Veränderung im Umgang mit Streß. Er spürt die Grenzen seiner Belastbarkeit und achtet auf diese. »Wenn ich etwas nicht machen will, dann mache ich das jetzt nicht mehr, auch wenn es die Leute etwas verärgert.« »Ich kann es mir nicht leisten, wenn ich das ein paar Mal mache, dann schaffe ich meine eigenen Sachen nicht.«

Für Oliver E. ist eine zentrale Erfahrung der Stationären Psychotherapie, daß es ihm, auch wenn er vorher »Bedenken« hat, »besser geht«, wenn er »ganz offen und ehrlich« über seine Probleme redet. Dies versucht er mit seiner Frau (siehe dazu Bereich Partnerschaft) und in einer Selbsthilfegruppe umzusetzen.

Hans F. sieht sich heute als »Kopfmensch«, der darauf achten muß, daß er bei Entscheidungen und Problemen, seine »emotionale Seite« nicht vernachlässigt. Er nimmt seine Probleme bewußt wahr, gibt sie »vor sich selbst« zu und kann mit anderen offener darüber sprechen, und zwar auch dann, wenn es dabei zu Konflikten kommen kann.

2   Wodurch hat sich etwas verändert?

Im folgenden Abschnitt beschränken wir uns auf die beiden Wirkfaktoren therapeutische Verfahren und Stationsteam, da auf das Thema, wodurch sich etwas verändert habe, sehr unterschiedlich von den einzelnen Befragten eingegangen wurde.

Auch möchten wir darauf hinweisen, daß kaum direkte Zusammenhänge im Sinne eines Kausalschlusses zu erwarten sind. Die realen und auch formulierten Zusammenhänge sind zu komplex, um sie auf eine solche Weise erfassen und darstellen zu können. Die folgenden Nennungen erheben keinen Anspruch auf Vollständigkeit, da auch hier die einzelnen Befragten weit mehr Faktoren genannt haben.

2.1   Therapeutische Verfahren als subjektiver Wirkfaktor

Sylvia A. erzählt, daß sie heute noch Wochenziele in einem Ordner nachliest, »um sich ihrer Fortschritte bewußt zu werden«. Erwähnung finden auch die während des stationären Aufenthalts durchgeführten Tests des Arbeitsamtes, von deren Ergebnisse sie sehr positiv überrascht war: »Das gibt mir immer wieder Kraft, weil ich weiß, daß ich nicht ohne bin, daß ich mich nicht minderwertig zu fühlen brauche, speziell von dem, was ich vom Kopf her habe.«

Bei Kerstin B. steht die Konfliktgruppe im Mittelpunkt: »Das Schlimmste war die Konfliktgruppe«, sagt sie zweimal. »Das Reden hat mich fertig gemacht, weil ich nichts gesagt habe.« Andere Verfahren oder Therapiebausteine werden nicht erwähnt.

Ulrike C. erzählt, daß sie sowohl das Entspannungsverfahren als auch den positiven Tagesrückblick weiterhin angewendet hat. Die Wochenziele hat sie »mitgenommen, damit ich Ziele vor Augen habe«. Die Beschäftigungstherapie wird negativ bewertet.

Manfred D. wendet heute noch manchmal das auf Station erlernte Entspannungsverfahren an. Frühsport hat er am Anfang seines Aufenthaltes gerne gemacht, später wegen des frühen Aufstehens nicht mehr. Die Musiktherapie bewertet er negativ. Insgesamt betont Herr D. die von ihm erlernte »Streßbewältigung«, die er in seiner Psychotherapie als wichtigsten Bestandteil ansah, aber mit keinem speziellen Verfahren verband.

Oliver E. erwähnt die Konfliktgruppe ambivalent: einerseits war »der Teil der Therapie im Gesprächskreis schwierig« für ihn, weil er sich nicht so einbringen konnte, wie er das gerne gewünscht hätte, andererseits ist er dadurch »lockerer« geworden, so »daß es möglich ist, mit jemanden wie Sie (es ist die Interviewerin gemeint)[1] zu reden«. Entspannungsverfahren nennt er ein »Ritual«, das er zu Hause nicht fortgeführt hat. Er erinnert sich an seine »Ängste« vor der Videokamera im Selbstsicherheitstraining und beschreibt die Paargespräche mit seiner Frau beim Stationspsychologen als sehr positiv: »Das ist die Erkenntnis, die ganz wichtig ist, daß ich mit ihr darüber (über seine Probleme)[1] reden muß, wobei das in der Station mit einem Familiengespräch schon angefangen hat.«

Hans F. bezeichnet die Entspannungsverfahren als »wertvoll« und gleichzeitig schildert er Probleme damit, weil er »permanent unter Spannung« stand. Die Gestaltungstherapie war »eine tolle Geschichte«, die Einzelgespräche waren wichtig.

Abbildung 20: Subjektiver Wirkfaktor des therapeutischen Verfahrens

Patient(in)	Subjektiver Wirkfaktor des therapeutischen Verfahrens
Frau A.	Positiv: Wochenziele Arbeitsamtstests
Frau B.	Negativ: Konfliktgruppe
Frau C.	Positiv: Entspannung, Tagesrückblick, Wochenziel; Negativ: Beschäftigungstherapie
Herr D.	Positiv: Entspannung; Positiv/negativ: Frühsport; Negativ: Musiktherapie
Herr E.	Negativ: Selbstsicherheitstraining; Negativ/positiv: Konfliktgruppe Neutral: Entspannung; Positiv: Paargespräch
Herr F.	Positiv: Entspannungsverfahren, Gestaltungstherapie, Einzelgespräche

2.2 Das Stationsteam als subjektiver Wirkfaktor

Bei Sylvia A. finden die Gespräche mit Personen des gesamten Teams besondere Erwähnung. Ob »mit Ärzten, Schwestern oder Psychologen«, »die Gespräche haben mir sehr geholfen«. Noch heute ruft sie sich manchmal einzelne Gesprächsinhalte

---

1 Hinzufügung in Klammern von den Verfassern

in Erinnerung, was ihr »immer gut tut«. Sie hebt hervor, daß das gesamte Stationsteam »einfach Menschen« waren, daß »Ehrlichkeit und Interesse spürbar« waren und ihr das »Vertrauen gegeben« hat: »Da konnte ich offen reden, ohne mich wegen irgend etwas genieren zu müssen.« Außerdem stellt sie die Fachkompetenz des Teams heraus: Aie haben »Wissen, was ein Laie nicht hat«.

Kerstin B. fühlte sich während der Stationären Psychotherapie »auf sich alleine gestellt«. »Man ist verratzt, weil einem keiner hilft, weil die darauf warten, daß du hingehst und etwas sagst; das habe ich nicht gekonnt.« Sie konnte kein Vertrauen zum Stationsteam entwickeln.

Ulrike C. erzählt immer wieder von konkreten Gesprächen mit einzelnen Personen des Teams. Besondere Bedeutung hat dabei der Stationspsychologe. Frau C. erinnert »Ratschläge« von ihm, die sie daraufhin befolgt hat (z.B. regelmäßige Medikamenteneinnahme), oder einzelne Gesprächsinhalte, die ihr heute noch hilfreich sind: Der Stationspsychologe hat »gesagt, daß es ihm nicht egal wäre, wenn ich mich umbringen würde … Wenn es mir schlecht geht, dann denke ich manchmal daran«.

Von Manfred D. wird zum Stationsteam außer zwei knappen Erwähnungen nichts ausgesagt. Lediglich: Der Stationspsychologe war »prima« und die Pflegerinnen »super«.

Oliver E. äußert sich nicht über das Team, dafür spricht er sehr viel über die »Gruppe« der Mitpatientinnen und -«patienten (siehe dazu später).

Hans F. schildert eine konkrete Rückmeldung des Teams, die ihm sehr geholfen und wodurch er sein Verhalten geändert hat. Besonders positiv spricht er über den Therapeuten der Gestaltungstherapie, den er »so schnell nicht vergessen« wird.

Abbildung 21: Subjektiver Wirkfaktor des Stationsteams

Patient(in)	Subjektiver Wirkfaktor des Stationsteams
Frau A.	Positiv: Gespräche, Vertrauen, Fachkompetenz
Frau B.	Negativ: Auf sich gestellt, kein Vertrauen
Frau C.	Positiv: Gespräche, vor allem mit Stationspsychologen
Herr D.	Wenig Aussagen
Herr E.	—
Herr F.	Rückmeldung des Teams, Gestaltungstherapeut

3   Abschließend zu den einzelnen Fällen

In diesem Abschnitt, in dem neben einer Bewertung der gesamten Stationären Psychotherapie durch die Befragten auch Wirkfaktoren zur Sprache kommen, die für Einzelne sehr bedeutsam waren, möchten wir hauptsächlich die Befragten selbst zu Wort kommen lassen.

Abschließend zu Sylvia A.

Für Frau A. sollen zwei weitere Wirkfaktoren anhand von Zitaten dargestellt werden: »Es war wie eine Familie, die ich daheim nicht habe; Freunde, es war wie die zweite Heimat.«

»Ich mache mir Gedanken und versuche, durch mich zu lernen, durch meine Fehler, Erlebnisse und Eindrücke; und ich muß sagen, das wird wahrscheinlich für immer tief in mir sitzen. Es waren nur 14 Wochen, aber das hat sich so festgesetzt, daß ich das Gefühl habe, daß mir das immer Kraft geben wird, daß es mir irgendwie immer hilft.«

Frau A. hat im Laufe des Interviews immer wieder betont, wie wichtig die eigene aktive Mitarbeit des Betroffenen ist: »Ich denke, daß das ein wesentlicher Bestandteil ist, daß man wirklich weiß und merkt, daß man an sich arbeiten muß.« Bei ihr fällt sehr häufig das Wort »arbeiten«, sie sieht sich in einem Prozeß, der durch die Stationäre Psychotherapie angestoßen wurde, der aber noch nicht beendet ist und zu dessen Weiterentwicklung sie viel leisten muß.

Insgesamt bewertet Sylvia A. ihren Aufenthalt als »Spitze einfach«.

Abschließend zu Kerstin B.

»Ich habe kapiert, daß ich mich ändern muß, damit mein Leben anders wird.« »Das (Wissen) macht mich krank, weil ich nicht damit fertig werde, daß es mir wieder schlechter geht.« Frau B. erkennt auf einer rein kognitiven Ebene, daß sie Verhaltensweisen und Einstellungen ändern müßte, schafft es aber nicht, diese Erkenntnisse umzusetzen.

»Das Ganze belastet mich im Nachhinein noch mehr, weil ich mir denke, warum habe ich das nicht besser geschafft?« Sie leidet zusätzlich an den negativen Erfahrungen der Stationären Psychotherapie.

Insgesamt bewertet sie: »Schlimm war alles.«

Abschließend zu Ulrike C.

In einem Gespräch mit Frau C. kam ihre Verunsicherung über eine Ursachenzuschreibung für ihre Krankheit sehr deutlich zum Ausdruck. Auf der Psychotherapiestation hat sie erfahren, »daß meine Depressionen von der Kindheit her kommen, aber das nützt mir nichts; ich weiß es zwar, aber deswegen gehen sie auch nicht weg«. »Ein Nervenarzt hat gesagt, daß es vererbt wäre … Ich weiß nicht, was stimmt, weil jeder etwas anderes sagt.«

In bezug auf die Frage, ob Medikamente oder Psychotherapie gewirkt haben, die Frau C. an die Interviewerin stellte und die diese zurückgab, sagt sie: »Wenn ich das wüßte; ich glaube fast, daß es vielleicht doch von den Tabletten kommt; das glaube ich inzwischen.« Frau C. hatte durch die Stationäre Psychotherapie auf ein Ende ihrer Krankheit gehofft und war »enttäuscht«, als nach kurzer Zeit wieder Symptome auftraten.

Insgesamt bewertet sie die Psychotherapie auf der Psychotherapiestation als »ziemlich gut«.

Abschließend zu Manfred D.

»Die Ruhe war das Wichtigste.« »Allein die Entspannung, raus aus dem Alltag, das war das Wichtigste, damit man die ursprünglichen Probleme einmal wegbekommt.«

»Vorher habe ich gesagt, ich mag nicht mehr, egal was passiert, und das kommt herüber, daß es weitergeht, schwer, aber es geht.«

»Der ganz extreme Tiefpunkt kam nach der Therapie …; da war ich so unten, das war schlimmer als vorher, aber aufgrund der Therapie bleiben Sachen hängen.« »Ich habe es bewältigt, das hat geklappt …; der Grundstock ist in Ingolstadt gelegt worden, daß man es schaffen kann.«

»Mir geht es jetzt bei weitem besser als vorher, schon bevor die großen Probleme aufgetaucht sind.«

Insgesamt bewertet Herr D. die Psychotherapie als »positiv«.

Abschließend zu Oliver E.

»Ich habe gemerkt durch die Therapie, dadurch, daß ich dort neue Leute kennengelernt habe, daß ich nichts für mich mache, daß ich keine Freunde habe, die man so gut kennenlernt, daß man über seine Probleme erzählt.«

»Das hat die Therapie gebracht, zu sehen, daß andere Leute auch solche Probleme haben und daß man etwas machen kann, auch wenn es schwer fällt.«

Herr E. bezeichnet seine Stationäre Psychotherapie als den »Einstieg vom Ausstieg aus den Problemen«. Es hat »für mich als Person etwas gebracht, weniger für meine Probleme«, die weiterhin vorhanden sind. Die Veränderung besteht im Moment darin, »daß ich mich verändern will, ich weiß nicht, was ich machen will«.

Insgesamt bewertet er seine Zeit auf der Psychotherapiestation als »schwierig, aber dann doch gut«.

Abschließend zu Hans F.

»Ich hatte ein paar Muskelverspannungen, und die sind wieder einigermaßen gerade gerückt worden.« Ihm wurden »immer wieder Reizpunkte von außen gegeben, wo man ins Grübeln kommt, ins Überlegen« und »plötzlich kommt man darauf, was schief gelaufen ist«.

Den Zeitpunkt nach der Entlassung sieht Herr F als den »schwierigsten, weil da ist man plötzlich wirklich allein«. Diesen »wackligen Punkt« konnte Herr F. mit Unterstützung von sehr guten Freunden meistern, aber er schildert Mitpatienten, die das nicht geschafft haben.

Herr F. sieht sich »als kleines Erfolgserlebnis für die Leute« (für das Stationsteam)[1]. Insgesamt bewertet Herr F. seine Psychotherapie als »sehr, sehr wertvolle Erfahrung«.

4 Schluß: Was kann diese qualitative Erhebung leisten und was nicht?

Keine Aussage kann getroffen werden darüber, wie viele ehemaligen Patientinnen und Patienten ihre Stationäre Psychotherapie so oder anders als die hier dargestellten bewerten. Auch sind die hier präsentierten Ergebnisse nicht auf eine Zahl, die eine Kategorie repräsentiert, reduzierbar (hierzu siehe *Weimer*, im selben Band).

Dennoch darf man vielleicht folgendes feststellen: in der Zusammenschau aller oben genannten Gesichtspunkte sind bei den Patienten A. und F. so gut wie aus-

---

1 Anmerkung in Klammern von den Verfassern

schließlich positive Äußerungen zu vermerken. Die Patienten C., D. und E. lassen erkennen, daß jeder Einzelfall differenziert betrachtet werden sollte; zwar überwiegen auch bei diesen Personen positive Aspekte, zu anderen Themen kamen aber entweder keine Aussagen oder es wurden auch negative Punkte angesprochen. Patientin B. erwähnt hingegen nur wenig Positives. Dies läßt vermuten, daß die einfache Frage nach erfolgreichen oder nicht erfolgreichen Therapien – so undifferenziert gestellt – allenfalls bei wenigen eindeutigen Fällen sinnvoll erscheint (vgl. hierzu auch *Burth & Plaum 1999*).

Die qualitative Erhebungs- und Auswertungsmethode, die hier als eine Ergänzung und Vertiefung des quantitativen Vorgehens bei *Weimer (1997)* gesehen wird, bringt jedenfalls im Einzelfall sehr vielschichtige und differenzierte Ergebnisse. Innerhalb der Falldarstellungen wird beispielsweise deutlich, daß oft einzelne Fragen nicht eindeutig beantwortbar sind, sondern einer ausführlicheren Darstellung durch den Antwortenden bedürfen, wenn man das Gemeinte in seiner ganzen Komplexität erfassen will. So ist etwa eine Bewertung der Therapiemethode »Konfliktgruppe« nicht unbedingt mit einem »gut« oder »schlecht« oder einer Kategorie dazwischen zu bewerkstelligen, wenn der Befragte »gut« und »schlecht« gleichzeitig ausdrücken möchte, weil dieser scheinbare Widerspruch eventuell zwei Aspekte, zwei Perspektiven des einen Beurteilungsobjektes, beleuchtet. Der Widerspruch löst sich auf, wenn man die einzelne Aussage in ihrem Gesamtkontext betrachtet, der Fragende beginnt erst dann zu verstehen.

Auch zwischen den Falldarstellungen ergeben sich sehr differenzierte Bilder. Jede und jeder spricht unterschiedliche Bereiche an, setzt andere Schwerpunkte und Gewichtungen, integriert das Einzelne (hier hauptsächlich die Stationäre Psychotherapie) auf verschiedene Weise in den gesamten Lebenslauf. Selbst scheinbar gleich bewertete Aspekte können sehr verschiedene Hintergründe und Zusammenhänge haben oder ähnlich scheinende Veränderungen einen komplett anderen Weg dorthin (hierzu *Plaum 1992, 1999*).

Wenn auch nicht völlig umfassend, so kann die qualitative Methodik doch mehr von dem erfassen, was wir hier kurz angeschnitten habe.

Die Interviewerin hat versucht, sich mit sechs ganz unterschiedlichen Menschen – nicht anonymen ›Versuchspersonen‹ – intensiv auseinanderzusetzen und hofft, daß sie einen Teil von dem, was ihr diese über ihre oft sehr intimen Erfahrungen mitgeteilt haben – mit ihr geteilt haben –, im jeweiligen individuellen und komplexen Lebenszusammenhang verstanden hat.

S. Weimer

Wie effektiv ist Stationäre Psychotherapie?

Der Beitrag gibt eine subjektive Beurteilung des Therapieerfolges stationärer Psychotherapie: ein Vergleich zwischen Patienten- und Therapeuteneinschätzungen.

Im Rahmen der Gesundheitsreform erfährt der klinische Sektor immer mehr Einschränkungen und Beschneidungen. Um eine Behandlung finanzieren zu können, werden mehr und mehr Patienten mit ›zur Kasse gebeten‹. Der Begriff Eigenbeteiligung hat gerade in den vergangenen fünf bis sechs Jahren einiges an Unverständnis bei den Betroffenen ausgelöst. Auch die Psychotherapie als eigenständige Behandlungsform unterliegt zunehmend Beschränkungen. Für Psychotherapie werden nach Kassenrichtlinien zirka 40 Millionen Mark ausgegeben. Zehnmal so viel kostet pro Jahr alleine der Teil verschriebener Medikamente, der, nicht eingenommen, ›auf dem Müll landet‹. Dennoch wird die Bewilligung psychotherapeutischer Maßnahmen durch die jeweiligen Versicherungsträger immer schwieriger.

Gleichzeitig zeigt sich sowohl aus soziologischen wie auch aus wirtschaftlichen und gesellschaftlichen Veränderungen eine deutliche Zunahme therapeutischen Behandlungsbedarfes. Betrachten wir die Angaben der Deutschen Ärztekammer zur Anzahl der psychotherapeutischen Behandlungen nur mittels der Psychoanalyse, dann zeigten sich für das Jahr 1989 insgesamt 68 094 Behandlungsfälle. Im Jahr 1994 lag die Zahl der behandelten Patienten schon bei 153 958. Und die Tendenz ist weiter steigend. Bei diesen Zahlen müssen wir bedenken, daß hier nur die tatsächlich behandelten Patienten genannt wurden. Die Zahl der behandlungsbedürftigen Menschen liegt weitaus höher.

Um so wichtiger erscheint es uns, die bestehenden Therapieangebote genauer ›unter die Lupe zu nehmen‹. Da es innerhalb des Psychotherapiesektors noch immer viele Unstimmigkeiten darüber gibt, was wirkt und was effektiv ist, läßt sich die Frage nach der gewinnbringensten und der effektivsten Behandlungsform ganz sicher nicht beantworten. Dieses ist aber auch ganz gewiß nicht unser Anliegen. Unsere Intention lag primär darin begründet, daß wir unser bestehendes Therapiekonzept auf seine Effektivität und auf einzelne Wirkfaktoren hin überprüft haben und bereit waren, notwendige Veränderungen vorzunehmen. Daß wir damit einen Beitrag zur Psychotherapieforschung liefern, der wieder einmal die Wirksamkeit von Psychotherapie belegt, gilt als positive ›Nebenwirkung‹.

Im Rahmen der stationären Tätigkeit wurde gemeinsam eine auf fünf Jahre angelegte Studie begonnen. Mittels eines Fragebogens untersuchten wir, wie ehemalige PatientInnen die Effektivität der Therapie nach einem einem, zwei und nach drei Jahren bewerten. Wir fragten zusätzlich nach der Weiter- beziehungsweise Nachbehandlung, dem Symptomerhalt, den damit verbundenen Einschränkungen, den subjektiv erlebten Wirkfaktoren und nach persönlichen Veränderungen in Bezug auf Wohnung und Partner.

Die Darstellungen und Ausführungen in diesem Artikel beziehen sich auf die Ergebnisse nach einem Jahr und waren Gegenstand meiner Diplomarbeit im Sommer 1997. Knapp die Hälfte der angeschriebenen PatientInnen beantwortete die Fragebögen und ermöglichte uns somit eine Katamnese-Studie mit fast 50-prozentiger Rücklaufquote. Gleichzeitig wurden auch die behandelnden TherapeutInnen gebeten, die Effektivität der Psychotherapie, den Symptomerhalt und die damit verbundenen Einschränkungen für jede PatientIn zu bewerten.

In der stationären psychotherapeutischen Behandlung werden bestimmte ›Wirkfaktoren‹ angenommen, die im Konzept ausreichend dargestellt sind (vgl. dazu *Yalom, 1992*). Unser Interesse ging dahin, daß wir überprüfen wollten, ob die angenommenen Wirkfaktoren der Therapeuten mit den erlebten Wirkfaktoren der Patienten übereinstimmen oder nicht. Vielleicht waren für die Patienten ganz andere ›Faktoren‹ von Bedeutung als für das therapeutische Team?

Um unsere Untersuchung transparenter und greifbarer zu machen ist es sicher sinnvoll den Kreis der behandelten Patienten näher zu beschreiben. Die Psychotherapiestation im Klinikum Ingolstadt behandelte zur Zeit der Studie erwachsene PatientInnen aus dem Großraum Ingolstadt und der näheren Umgebung. Insgesamt wurden im Untersuchungszeitraum 1995/96 157 PatientInnen im Rahmen einer stationären Gruppenpsychotherapie behandelt. Davon waren 66 Prozent Frauen und 34 Prozent Männer. Behandelt wurden im Untersuchungszeitraum überwiegend PatientInnen mit Persönlichkeitsstörungen, depressiven Erkrankungen und Angst- und Panikstörungen.

Zu welchen Ergebnissen kamen wir nun durch unsere Befragungen? Wer an Zahlen interessiert ist, vertiefe sich in diesen kleinen Abschnitt. Wer nicht, der möge die dargestellten Zahlen einfach überspringen und nach dem Kasten weiterlesen.

Um einen Vergleich zwischen PatientInnen- und TherapeutInnen-Angaben zu ermöglichen, ohne dauernd zwischen Zahlenreihen ›hin-und-herspringen‹ zu müssen, sind die Angaben der PatientInnen normal dargestellt. Die Angaben der TherapeutInnen finden Sie immer direkt dahinter *kursiv* in einer Klammer.

1. Einschätzung des Therapieerfolges

Von den behandelten Patienten schilderten 48 Prozent *(47 %)* ihre Therapie als ›erfolgreich‹, 43 Prozent *(46 %)* benannten einen ›teilweisen Erfolg‹ der Behandlung und 9 Prozent *(7 %)* berichten ›keine Verbesserung‹ durch die Therapie.

2. Nach- beziehungsweise Weiterbehandlung der PatientInnen

Zusätzlich wollten wir wissen, ob die PatientInnen nach ihrer Entlassung aus der Klinik eine Nach- beziehungsweise Weiterbehandlung aufgesucht haben. Daraus hat sich ergeben, daß 52 Prozent ambulant, 16 Prozent stationär und 13 Prozent ambulant *und* stationär weiterbehandelt worden sind. 19 Prozent der PatientInnen suchten nach ihrer Entlassung keine weitere Behandlung auf.

3. Grund der Nachbehandlung

Für uns von Interesse war, aus welchem Grund sich die PatientInnen in eine Nachbehandlung begeben haben. Aufgrund der gleichen Symptome, die sie auch die stationäre Therapie aufsuchen ließen, oder aufgrund neu aufgetretener Symptome? 78 Prozent der PatientInnen suchte eine Weiterbehandlung aufgrund der gleichen Symptomatik auf, vier Prozent schilderte eine neuaufgetretene Symptomatik. 16 Prozent der ehemaligen PatientInnen berichten von ›Symptomfreiheit‹ nach Abschluß der stationären Therapie.

4. Symptomatik nach einem Jahr und die damit verbundenen Einschränkungen

Die für uns entscheidenden Fragen waren: »Wie schätzen Sie heute, zirka ein Jahr nach ihrem stationären Aufenthalt, die Symptome ein, die damals Grund für ihre Aufnahme waren?« Das therapeutische Team wurde bei der Entlassung des Patienten um eine Einschätzung gebeten. Von Symptomfreiheit berichten, wie oben schon dargestellt, nur 16 Prozent *(22 %)* der PatientInnen. Der überwiegende Teil der PatientInnen, 54 Prozent *(24 %)*, schildert die damalige Symptomatik als ›gut bis etwas gebessert‹. 24 Prozent erleben die Symptome heute ›gleich wie damals‹. Ein Prozent berichtet von einer Verschlechterung der Symptomatik.

Eine andere Frage lautete: »Wie stark bin ich durch die schon damals bestehende Symptomatik in meinem Alltagsleben heute eingeschränkt?« Intention dieser Frage war, daß es uns interessierte, wie und ob eine Einschränkung durch die Symptomatik besteht, oder ob es gelungen ist, mit den noch immer leicht bis ausgeprägt bestehenden Symptomen zu leben, ohne sich stark in der Lebensqualität beeinträchtigt zu fühlen. Die Frage nach der Beeinträchtigung beantworteten 28 Prozent *(56 %)* damit, daß sie sich ›nicht mehr eingeschränkt‹ fühlen. 46 Prozent *(35 %)* berichten, daß sie sich ›etwas eingeschränkt‹ erlebten. 26 Prozent *(9 %)* schilderten ›starke Einschränkungen‹ aufgrund der bestehenden Symptomatik. (Die Angaben der PatientInnen beziehen sich auf den Zeitraum ein Jahr nach der Entlassung, die der TherapeutInnen auf den Zeitpunkt der Entlassung.)???

5. Veränderungen von Wohnsituation und Partnerschaft

Therapie geht mit dem Begriff der ›Veränderung‹ häufig Hand in Hand. So wollten wir wissen, ob und was sich an der persönlichen Situation der ehemaligen PatientInnen ein Jahr nach der Stationären Psychotherapie etwas geändert hat. 39 Prozent der PatientInnen gaben an ihre Wohnsituation verändert zu haben und 49 Prozent haben ihre Beziehungssituation verändert.

6. Stehen die damaligen PatientInnen noch im Kontakt miteinander?

71 Prozent der Patienten stehen auch nach ein Jahr noch in Kontakt zu ihren damaligen MitpatientInnen auf der Station.

Wie anhand der Prozentzahlen deutlich wird, gibt es in der Bewertung der Therapieeffektivität relativ hohe Übereinstimmungen zwischen PatientInnen und TherapeutInnen. Wie läßt sich das erklären?

Ein Beitrag zu dieser relativ hohen Übereinstimmung ist ganz sicher, daß möglichst viele Mitglieder des therapeutischen Teams an der Einschätzung der Effektivität beteiligt waren. Nachdem auf der Station verbale und non-verbale Verfahren angeboten werden, konnten die einzelnen TherapeutInnen ihre jeweilige Erfahrungen mit dem Patienten einbringen. Es fand ein reger Austausch der zum Teil ganz unterschiedlichen Beobachtungen statt.

Häufig war es schwierig und zeitaufwendig einen Konsens bezüglich der Effektivität und der Symptomatik zu finden. Dennoch hatte es den Effekt, daß ein ›umfassenderes Bild vom Patienten‹ vorlag und daß verschiedene Erfahrungen berücksichtigt wurden. Daraus entstand dann auch eine ›kritische‹ und somit wahrscheinlich auch objektivere Einschätzung dessen, was der jeweilige Patient im Rahmen der Behandlung ›profitieren‹ konnte.

Zum anderen hatten die ›Einschätzungsrunden‹ den Nebeneffekt, daß sich die verschiedenen Berufsgruppen fachlich besser austauschen konnten und sich die Zusammenarbeit verbesserte.

Eine weitere Erklärung liegt darin, daß die MitarbeiterInnen des Pflegeteams eng in die therapeutischen Behandlung miteingebunden sind. Sie haben den großen Vorteil, daß sie die PatientInnen einerseits in den therapeutischen Angeboten erleben. Anderseits aber natürlich auch im ›Stationsalltag‹ und in den ›therapiefreien Zeiten‹, wie zum Beispiel am Abend oder an den Wochenenden. Sie erleben den Patienten im ›Miteinander‹. Dort, wo sich die ›alltäglichen Schwierigkeiten‹ auch außerhalb der Klinik dargestellt haben; eben genau in der Interaktion. Bei der Einschätzung der Effektivität waren die Mitarbeiter aus der Pflege selbstverständlich beteiligt. Sie trugen durch ihre Erfahrungen mit den PatientInnen im alltäglichen Stationsleben und innerhalb der Therapieangebote dazu bei, ein möglichst breites und umfassendes ›Bild‹ des Patienten zur Verfügung zu stellen.

Größere Divergenzen ergaben sich in der Bewertung der bestehenden Symptomatik und vor allem in der Einschätzung der damit verbundenen Einschränkungen. Diese Unterschiede lassen sich zum einen sicher daraus ableiten, daß zwischen den Einschätzungen der TherapeutInnen- und denen der PatientInnen mindestens ein Jahr liegt, in dem der Patient außerhalb der Klinik in seinem persönlichen Umfeld lebt. Häufig haben die privaten und persönlichen Umstände mit dazu geführt, daß ein Patient eine bestimmte Symptomatik entwickelt hat, mit der er sich in der Psychotherapie kritisch auseinandersetzen konnte. Innerhalb der Klinik gelang es dem Patienten eine gewisse und sicher auch notwendige Distanz zum ›normalen Alltag‹ herzustellen. Schon allein deshalb kann es möglich sein, früher notwendige Symptome dann weniger notwendig erscheinen zu lassen. Objektiv zu beobachten ist dann: die vorher benannten und aufgetretenen Symptome zeigen sich während des stationären Aufenthaltes weniger. Die Symptomatik ist ›so gut wie weg‹.

Eine weitere Erklärungsmöglichkeit liegt darin, daß PatientInnen während ihres Aufenthaltes in der Klinik ›Menschen treffen, die ähnliche Erfahrungen und Beschwerden‹ kennen wie sie selbst. Es ergibt sich automatisch das ›Gefühl‹ verstanden zu sein und ›Gleichgesinnte‹ zu treffen. War der Patient innerhalb seines persönlichen, familiären Umfeldes zu Hause ›auffällig‹, so ist er es auf Station sicher nicht mehr, da viele der Patienten ähnliche Erlebnisse schildern können.

Die meisten der PatientInnen sind motiviert, aktiv an der Behandlung mitzuarbeiten. Sie geben sich die Möglichkeiten neue und korrigierende Erfahrungen zu machen. Die Umsetzungen und die praktische Anwendung dessen brauchen erfahrungsgemäß einige Zeit und bedarf auch einer Resonanz aus dem sozialen Umfeld. (Wie wirke ich damit auf andere? Was verändert meine Veränderung an bestehenden Beziehungen, an meiner bisherigen Rolle in der Familie, in der Arbeit?)

Natürlich ergeben sich gerade im ›Zusammenleben auf der Station‹ alltagstypische Situationen, die dem entsprechen, was PatientInnen auch außerhalb der Klinik erleben und wie ihnen zum Teil begegnet wird. Im Rahmen der Gruppentherapie besteht gerade im Umgang mit Konflikten und Auseinandersetzungen die Möglichkeit weitere und vielleicht neue Erfahrungen zu machen. Es besteht das Angebot etwas anderes zu erleben als das ›Altbekannte‹. Viele PatientInnen lassen sich auf diese neuen Erfahrungen ein. Sie können profitieren, indem sie sich in eine ›andere, nicht sypmtomatische, Form der Auseinandersetzung mit Konfliktsituationen begeben‹. Häufig verbessern sich bestehende ›Beschwerden‹ und viele PatientInnen schildern sich auf der Station als symptomfrei. Oder sie berichten von neuen Möglichkeiten mit ihrer bestehenden Symptomatik umzugehen und sich dadurch wieder viel ›freier zu fühlen‹.

Mit der Rückkehr nach ›draußen‹ ist es nur verständlich, daß sich frühere Symptome eher wieder zeigen und auch zu erlebten Beeinträchtigungen führen können. Der Patient selbst hat einiges an Veränderungen in sich selbst erlebt, sein Umfeld muß sich deshalb noch lange nicht verändert haben. Jetzt ist es an der Zeit, daß der Patient seine ›Einsichten, Erkenntnisse, Erfahrungen, Ziele...‹ umsetzt. Ein ›Rückfall‹ in die alten Symptome ist dabei nicht ungewöhnlich, muß aber nicht zwangsläufig zu einer Verschlechterung und zu einer stärkeren Einschränkung führen.

Dadurch läßt sich dann auch, zumindest zum Teil, erklären, warum sich viele der ehemaligen PatientInnen trotz noch bestehender Symptomatik weniger eingeschränkt fühlen als vor der Behandlung. Eine weitere Erklärungsmöglichkeit liegt darin, daß viele der PatientInnen während der Behandlung ihren Symptomen einen anderen Stellenwert zugeschrieben haben. Viele haben gelernt einen anderen Umgang mit der eigenen Symptomatik zu finden, sich gewissermaßen damit ›anzufreunden‹ und ihr damit den Schrecken zu nehmen. Die dafür wichtigste Erfahrung war sicher die, daß es keiner völligen Symptomfreiheit bedarf um ›gesund zu sein‹.

Wirkfaktoren

Im Rahmen der Untersuchung beschäftigten wir uns mit den Wirkfaktoren innerhalb unseres therapeutischen Angebotes auf denen das Konzept der Station aufgebaut ist. Um einen Vergleich zwischen den von uns angenommenen Wirkfaktoren und dem subjektiven Erleben der PatientInnen zu ermöglich, baten wir die ehemaligen PatientInnen einzuschätzen, was ihnen während der stationären Therapie am meisten geholfen hat. Dabei kristallisierten sich von PatientInnenseite drei Angaben als bedeutend heraus.

Der Therapiebaustein ›Konfliktgruppe‹ wurde von fast 70 Prozent aller PatientInnen angegeben. (Anmerkung: Die Konfliktgruppe ist eine grundsätzlich tiefenpsychologisch orientierte Gesprächsgruppe, an der alle PatientInnen, außer in der Eingewöhnungsphase, teilnehmen. Je nach Zusammensetzung der Gruppe können dabei folgende therapeutische Faktoren im Vordergrund stehen: 1. Allgemeine therapeutische Faktoren (das Erleben von Akzeptanz und von emotionaler Wärme), 2. Einsichtsvermittelnde Faktoren (der Patient/die Patientin erkennt, daß sich das psychische Leiden aus seiner Lebensgeschichte ableitet, wie konkrete Auswirkungen aussehen, welcher Beitrag, um bestehendes Problem beizubehalten), 3. Beziehungsfaktoren.

Auch von den TherapeutInnen wird der Therapiebaustein ›Konfliktgruppe‹ als ein wesentlicher Wirkfaktor angegeben und ist die eigentlich Grundlage des bestehenden Therapiekonzeptes.

Einzelgespräche mit dem therapeutischen Team

Fast 62 Prozent der PatientInnen gab an, daß sie von den Einzelgesprächen sehr profitieren konnte. Im Gegensatz dazu gaben die Mitglieder des therapeutischen Teams therapeutische Einzelgespräche nicht als Wirkfaktor an. Das Gesamt-konzept der Station ist gruppentherapeutisch orientiert. Einzelgespräche werden nur in Einzelfällen vom Pflegepersonal, vom Stationspsychologen oder der Stationsärztin geführt und haben somit auch unterschiedliche Zielsetzungen.

65 Prozent der PatientInnen gaben die Gruppe der MitpatientInnen als sehr hilfreich während ihrer Stationären Psychotherapie an. Hier decken sich die Angaben des therapeutischen Teams mit denen der PatientInnen. Beide sehen in der Gruppe der MitpatientInnen einen entscheidenden Wirkfaktor innerhalb der Stationären Psychotherapie. *Yalom (1992)* hat in seinem Buch über die ›Theorie und Praxis der Gruppentherapie‹ diesen Wirkfaktor als die ›Universalität des Leidens‹ bezeichnet. »Viele PatientInnen beginnen die Behandlung mit dem Gefühl, sie seien in ihrem Elend einzigartig, nur sie alleine hätten bestimmte erschreckende oder Abwehr auslösende Probleme, Gedanken, Impulse und Phantasien… Ihr Gefühl der Einzigartigkeit wird oft durch soziale Isolation verstärkt, wegen zwischenmenschlicher Schwierigkeiten haben Patienten meistens keine Gelegenheit, ihre Lage in einer intimen Beziehung aufrichtig und freimütig in wechselseitigem Einverständnis zu überprüfen… Nachdem sie gehört haben, wie andere Gruppenmitglieder Probleme enthüllen, die ihren eigenen gleichen, berichten manche Patienten, sie fühlten sich wieder mehr im Kontakt mit der Welt, und beschreiben den Vorgang als Erlebnis einer Wiederaufnahme in die menschliche Gesellschaft« *(Yalom 1992, S. 23)*.

Vom therapeutischen Team der Station wird die Distanz der Patienten vom alltäglichen Milieu als wichtiger Wirkfaktor angegeben. Unsere Erfahrung innerhalb der therapeutischen Arbeit zeigte, daß es für viele PatientInnen notwendig war einen Abstand vom ›Alltäglichen‹ zu finden. Dieses ›Alltägliche‹ war überwiegend mit Konflikten, Schwierigkeiten und Leiden verbunden. Eine kritische Auseinandersetzung wurde in der Regel erst dann möglich, wenn sich die PatientInnen auf der Station eingelebt hatten, sich in der Gruppe relativ sicher fühlten und wenn sie einen gewissen Abstand zu ›zu Hause‹ gefunden hatten. Interessanterweise wurde die Distanz zum alltäglichen Milieu nur von ganz wenigen PatientInnen im Rahmen der Befragung angegeben.

Wirken die Faktoren ›Konfliktgruppen‹, ›MitpatientInnen‹, ›Einzelgespräche‹ und die ›Distanz vom häuslichen Milieu‹ während der Therapie, so macht sich ihr Wegfallen nach der Entlassung sicher genauso bemerkbar. Da wir als BehandlerInnen die Patienten nur innerhalb des stationären Rahmens erleben, kann sich unsere Einschätzung natürlich auch nur auf diesen beziehen. Dennoch zeigte sich, daß viele PatientInnen auf der Station einiges an ›Werk- und Rüstzeug‹ mitnehmen können, um nach ihrem Aufenthalt besser mit ihren Symptomen zurecht zu kommen, mehr Veränderungsbereitschaft entwickeln konnten und neue Wege kennengelernt haben.

Zusammenfassend konnten wir feststellen, daß unser Stationskonzept und seine darin enthaltenen Therapiebausteine für die untersuchte Zielgruppe der PatientInnen ein recht effektives gruppentherapeutisches Angebot darstellen kann; wenn der Patient motiviert ist und sich aktiv an der Behandlung beteiligt. Die Zusammenarbeit der einzelnen Berufsgruppen und vor allem auch die enge Einbindung der PflegemitarbeiterInnen in die therapeutischen Angebote hat sich, wie oben ausführlich dargestellt, bestens bewährt.

Das Konzept der ›Konfliktgruppen‹ wurde nach wie vor beibehalten. Es dient weiterhin als Grundstock der therapeutischen Arbeit auf der Station. Auch wenn viele PatientInnen therapeutische Einzelgespräche als sehr sinnvoll geschildert haben, sollte dieses Angebot eher als Ausnahme bestehen bleiben. Wir erachten es nach wie vor als sehr sinnvoll, wenn soviel wie möglich an Themen in die Gruppen eingebracht werden.

J. Winkler

Lebensthemen stationärer Psychotherapiepatienten – eine Untersuchung nach Wildes Wunschprobe

1 Einleitung

In einer Untersuchung an stationären Psychotherapiepatienten mit dem *Freiburger Persönlichkeitsinventar* und dem *Gießen-Test* ergaben sich folgende Auffälligkeiten dieser Gruppe gegenüber Normwerten aus repräsentativen Stichproben der Bevölkerung[1]: Die Therapiepatienten klagten über mehr körperliche Beschwerden und psychosomatische Allgemeinstörungen als andere Menschen. Sie erlebten sich als depressiver, d. h. sie gaben häufiger als der Durchschnitt der Bevölkerung Mißstimmungen, Konzentrationsschwierigkeiten und Minderwertigkeitsgefühle an. Außerdem schilderten sie sich als eher wenig kontaktbedürftig, zurückhaltend und ungesellig. Sie waren irritierbarer und zögernder als die meisten anderen Menschen und erlebten sich in Kontakten als gehemmter und innerlich gespannter. Die FPI-Zusatzskalen E, N und M, die sich aus den Items der 9 Einzelversionen zusammensetzen, ergaben folgendes Bild: Die Psychotherapiepatienten stellen sich im Vergleich zur Gesamtbevölkerung als kontaktgestörter (E) und emotional labiler (N) dar und fühlen sich aufgrund depressiver Stimmungen und mangelnden Selbstvertrauens unfähiger, aktiv im Leben zu bestehen (M).

Das Anliegen der vorliegenden Untersuchung[2] ist, eine Stichprobe von Psychotherapiepatienten einer Vergleichsgruppe gegenüberzustellen und zu überprüfen, ob ein projektives Verfahren wie die Wunschprobe zu ähnlichen Ergebnissen kommt, ob andere Tendenzen auffallen oder ob eventuell über diese Testergebnisse hinausgehende Informationen gefunden werden können, die geeignet sind, stationäre Psychotherapiepatienten zu beschreiben.

---

1 Eckert & Biermann-Ratjen, 1985
2 Die Details der Untersuchung finden sich bei Winkler, 1999

2   Darstellung des Verfahrens

Diagnostisch läßt sich die Wunschprobe der Gruppe der Wortassoziations- und verbalen Ergänzungsverfahren zuordnen. Die Absicht des Testautors[1] war es, so etwas wie Charakter zu untersuchen, Lebensperspektiven, Einstellungen. Dazu wählte er die Irrealitätsebene, da er der Meinung war, daß es den Probanden auf diese Weise leichter falle, Dinge über sich preiszugeben.

Die in dieser Untersuchung verwendete Version der Wunschprobe wurde von Plaum weiterentwickelt und liegt bislang nur in unveröffentlichter Form vor.

2.1 Durchführung

Es handelt sich um ein Paper-Pencil-Verfahren mit 51 Items, das in der Regel von den Versuchspersonen selbständig ausgefüllt werden kann. Erfragt werden Akzeptanz bzw. Ablehnung bestimmter Items als hypothetische Daseinsform, subjektive Begründungen für die jeweilige Entscheidung, sowie die Erstellung einer Rangreihe aus allen Worten nach der persönlichen Valenz. Je nach Schnelligkeit und Bereitwilligkeit, sich auf die Sache einzulassen, benötigen die Probanden dazu ungefähr 30 bis 60 Minuten.

Folgende Items werden in alphabetischer Reihenfolge vorgegeben:

Abgrund, Almhütte, Auto, Berg, Blitz, Blumenvase, Briefkasten, Computer, Efeu, Fackel, Fähre, Fernglas, Filmkamera, Flugzeug, Forelle, Fotoalbum, Futterkrippe, Gedichtband, Gesetz, Glocke, Grashalm, Kirche, Kopfkissen, Krankenfahrstuhl, Kuß, Landkarte, Lehrbuch, Liegestuhl, Lokomotive, Ordnungssystem, Orkan, Palast, Perlenkette, Piratenschiff, Rabe, Rakete, Saxophon, Scheune, Schleier, Schoßhund, Seesand, Sonne, Striptease-Bar, Teufelsmaske, Tiger, Verkehrsampel, Vulkan, Wappen, Weinstube, Wiege, Zauberland.

Zur Veranschaulichung soll auf den nächsten Seiten die vollständig bearbeitete Wunschprobe einer Probandin der Psychotherapiestation dargestellt werden. Sie ist 34 Jahre alt. Diagnose: Angst-Neurose.

---

1 Kurt Wilde veröffentlichte 1953 die Idee der Wunschprobe in einem Artikel in der Psychologischen Rundschau. Siehe Literaturangaben.

Abbildung 1: Wunschprobe einer Probantin

Abgrund: nicht sein,   weil man sehr tief hineinfallen kann, das wünsche ich keinem.

Almhütte: sein,   weil dort meist fröhliche Leute sitzen.

Auto: sein,   weil es überall hinfahren kann, das bedeutet frei sein.

Berg: nicht sein,   weil auf einem herumgetrampelt wird.

Blitz: nicht sein,   weil er jemanden schmerzlich treffen kann.

Blumenvase: sein,   weil einem etwas schönes reingesteckt wird.

Briefkasten: sein,   weil ich viel neues erfahren kann.

Computer: sein,   weil ich beliebig viel einspeichern und abrufen kann.

Efeu: sein,   weil ich mich überall festhalten kann.

Fackel: sein,   weil ich immer Licht im Dunklen hätte.

Fähre: nicht sein,   weil ich mich nur auf Wasser fortbewegen könnte.

Fernglas: sein,   weil ich alles weit überblicken könnte.

Filmkamera: nicht sein,   weil ich auch schlechte Sachen aufnehmen müßte.

Flugzeug: sein,   weil ich mich endlos weit fortbewegen könnte.

Forelle: sein,   weil ich nur in Wasser überleben könnte.

Fotoalbum: sein,   weil ich in mir viele erfreuliche Ereignisse aufbewahren könnte.

Futterkrippe: sein,   weil ich den Tieren den Hunger stillen könnte.

Gedichtband: sein,   weil ich viel Poesie in mir hätte.

Gesetz: sein,   weil ich über alles bestimmen könnte.

Glocke: nicht sein,   weil ich links und rechts geschlagen würde.

Grashalm: nicht sein,   weil auf mir herumgetreten wird.

Kirche: sein,   weil es dort so still ist.

Kopfkissen: sein,   weil es einen Ort der Ruhe bedeutet.

Krankenfahrstuhl: sein,   weil ich Menschen helfen könnte.

Kuss: sein,   weil es etwas angenehmes, wohliges bedeutet.

Landkarte: sein,   weil mir dort Wege gewiesen werden.

Lehrbuch: sein,   weil ich sehr klug wäre.

Liegestuhl: nicht sein,   weil sich auf mich eine schwere Last legt.

Lokomotive: nicht sein,   weil ich nur auf Gleisen fahren könnte.

Ordnungssystem: sein,   weil alles seinen richtigen Platz hat.

Orkan: nicht sein,   weil er viele Gefahren birgt.

Palast: sein,   weil es sehr viel Reichtum bedeutet.

Perlenkette: sein,   weil ich etwas sehr wertvolles u. edles wäre.

Piratenschiff: nicht sein,   weil dort rauhes Klima herrscht.

Rabe: nicht sein,   weil er von vielen Menschen nicht gemocht wird.

Rakete: sein,   weil ich sehr schnell zu meinem Ziel käme.

Saxophon: nicht sein,   weil es mir zu laut wäre.

Scheune: sein,   weil sie ein Zufluchtsort ist.
Schleier: sein,   weil darunter eine glückliche Braut ist.
Schoßhund: sein,   weil ich ständig Streicheleinheiten bekäme.
Seesand: sein,   weil er so schön weich ist.
Sonne: sein,   weil ich jedem Wärme geben könnte.
Striptease-Bar: nicht sein, weil dort alles entblößt wird.
Teufelsmaske: nicht sein,   weil ich furchterregend wäre.
Tiger: sein,   weil ich mich sehr gut verteidigen könnte.
Verkehrsampel: sein,   weil ich jedem den Weg weisen könnte.
Vulkan: sein,   weil ich alles aus mir herauslassen könnte.
Wappen: sein,   weil ich weiß, wohin ich gehöre.
Weinstube: sein,   weil ich sehr viele Leute kennenlernen könnte.
Wiege: sein,   weil ich viel Geborgenheit geben könnte.
Zauberland: sein,   weil ich mir alle Wünsche erfüllen könnte.

Die Rangreihe:

1. Zauberland	18. Fotoalbum	35. Wappen
2. Sonne	19. Gedichtband	36. Lokomotive
3. Kuß	20. Futterkrippe	37. Saxophon
4. Blumenvase	21. Kirche	38. Liegestuhl
5. Schoßhund	22. Kopfkissen	39. Rabe
6. Schleier	23. Lehrbuch	40. Filmkamera
7. Palast	24. Landkarte	41. Orkan
8. Perlenkette	25. Rakete	42. Piratenschiff
9. Seesand	26. Scheune	43. Striptease-Bar
10. Wiege	27. Tiger	44. Teufelsmaske
11. Fernglas	28. Weinstube	45. Berg
12. Vulkan	29. Almhütte	46. Blitz
13. Efeu	30. Computer	47. Fähre
14. Fackel	31. Krankenfahrstuhl	48. Forelle
15. Flugzeug	32. Gesetz	49. Glocke
16. Auto	33. Ordnungssystem	50. Grashalm
17. Briefkasten	34. Verkehrsampel	51. Abgrund

2.2 Auswertung

Die Äußerungen der Probanden werden auf mehreren Ebenen ausgewertet, die im folgenden kurz dargestellt werden sollen.

2.2.1 Die ›sein versus nicht sein‹-Wahl des Probanden

Durch Zusammenzählen der als hypothetische Daseinsform angenommenen sowie der abgelehnten Items ergibt sich die Bejahungs- beziehungsweise Verneinungstendenz der Probanden. Eine qualitative Interpretation dieses Wertes ist nur sinnvoll unter Hinzuziehung weiterer Testverfahren, die ähnliche Anhaltspunkte liefern müßten. Jedoch kann hypothetisch angenommen werden, daß eine größere Annahmebereitschaft für eine eher positive Lebenseinstellung spricht, mehr Ablehnungen hingegen auf einen gewissen Negativismus hindeuten.

2.2.2 Das Kategoriensystem

Die Hauptinhaltskategorien

Für die Analyse der subjektiven Thematiken der Probanden wurde von *Plaum (1997)* ein Kategoriensystem entwickelt, das nach Aspekten der qualitativen Inhaltsanalyse erstellt wurde und in etwa hierarchisch aufgebaut ist: von einem undifferenziert hedonistischen Ausgangsstadium bis zu einer Wertorientierung auf hohem geistigen Niveau.

Die Auswertung der Begründungen der Versuchspersonen für die Akzeptanz oder Ablehnung eines Items als Daseinsform erfolgt durch Zuordnung zu 23 verschiedenen Themengebieten, die im folgenden tabellarisch erläutert werden sollen.

Tabelle 1: Kategoriensystem – Hauptkategorien

Thema	Beschreibung	Beispiele
Undifferenzierte Inhalte (UI)	Anderen Kategorien nicht zuzuordnen; fehlende Begründungen	…keine Ahnung, …weil ich es nicht sein möchte
Unspezifische Lebenslust (LL)	Unspezifische positive emotionale Äußerungen, wie sich freuen, Spaß haben; auch ›da geht es mir gut‹, ›das ist schön‹	…weil küssen schön ist, …weil es immer lustig zugeht
Unlust (UL)	Unspezifische negative Gefühle, Unlustbetonung, Angst, Wut	…mag ich nicht, …ekelhaft
Sinneswahrnehmungen (SR)	Sinnesreize aufnehmen: sehen, hören, riechen, fühlen, schmecken; oder auslösen: bunt sein, schön klingen, u.a.	…schön warm, …weil es einen schönen Klang gibt, …weil er so schön weich ist

Thema	Beschreibung	Beispiele
Reizrestriktion (RR)	Reizreduzierung: weniger Sinnes- reize wahrnehmen oder wollen; zu laut, sieht häßlich aus, stinkt; oder auch ›da ist es ruhig‹	... weil es mir zu laut wäre‹, ... weil mir der Rauch zu rußig ist‹, ... weil es da still ist‹
Bewegung (BE)	Motorische Aktivität, Anspannung und Anstrengung; motorische Bewegung	... weil Bewegung in ihm steckt‹, ... weil sie viel Schubkraft hat‹
Ruhe (RU)	Körperliche Ruhe, Entspannung, Inaktivität	... weil man sich damit ausruhen kann‹
Ausgriff (AG)	Erweiterung des Lebensraumes (nicht sozial); Interessantes erleben, Abenteuer, Abwechslung; ›In der Welt herumkommen‹, ›die Welt von oben sehen‹	... weil ich durch die Lande fahren kann‹, ... weil ich ans andere Ufer will, um Neuland zu entdecken‹, ... weil ich zum Mond fliegen kann‹
Rückzug (RZ)	Nicht sozialer Rückzug; keine Abenteuer, Sicherheit, Schutz, Abschirmung	... weil es mir zu groß und unüberschaulich wäre‹, ... weil ich mich verstecken könnte‹, ... weil sie ein Zufluchtsort ist‹
Körperbezug (KB)	Körperkontakt, Sexualität, eigene Gesundheit, Hygiene, Essen und Trinken	... Körperkontakt mit anderen‹, ... weil da so viel draufgedrückt wird‹
Distanzierung von der Körper- sphäre (KD)	Fehlen von Körperkontakt, Unbe- kümmertheit im Hinblick auf körperliche Gesundheit und Hygiene; Askese, sexuelle Enthaltsamkeit	... weil ich finde, daß Frauen und Männer auch noch etwas Schamgefühl haben müßten und sich nicht vor allen x-beliebigen Leuten nackt zeigen müßten‹
Konstruktive Tendenzen (KT)	Konstruktiv sein (nicht sozial), Einordnung; aufbauen, erhalten, Ordnung einhalten oder schaffen, Normorientierung	... nützlicher Gegenstand‹, ... Verkehrsfluß regeln und in geordneten Bahnen halten‹
Destruktive Ten- denzen (DT)	Widersetzlichkeit, Zerstörung, Normübertretung; auch Sinn- losigkeit, zum Beispiel ›ist unnütz‹	... weil der großen Schaden anrichtet‹, ... weil es sehr ruhestörend sein kann‹
Ökonomischer Wohlstand (ÖW)	materieller Reichtum, Luxus, Verschwendung	... verpulvert sinnlos Geld‹, ... weil es sehr viel Reichtum bedeutet"
Bescheidenheit in ökonomischer Hinsicht (ÖB)	Besorgtheit hinsichtlich materieller Güter; Armut, Sparsamkeit	... kriegt v.a. Rechnungen‹, ... ist zu teuer‹

Thema	Beschreibung	Beispiele
Selbstentfaltung (SE)	Selbstverwirklichung, personale Geltung und Wirkung, eigene Fähigkeiten und Möglichkeiten, Kreativität, Freiheit	...weil er fest im Leben steht, mächtig und unverletzbar ist‹, ...weil ich endlich weiß, welche Richtung ich einschlagen soll‹, ...weil sie viel darstellt‹
Ich-Einengung (IE)	Geringe Selbstentfaltungs- möglichkeiten, Zwang, Reglementierung, physische und psychische Vernichtung der eigenen Person	...weil er zu unauffällig ist‹, ...weil ich dann keine Möglich- keiten zum Ausweichen habe‹, ...wird von Kuh oder Rasenmäher umgemäht‹
Sozialer Kontakt (SK)	Erwähnung von sozialem Umfeld; Bezug zu Menschen und Tieren, Lieben und Geliebtwerden, soziale Sicherheit und Geborgenheit	...weil dort meist fröhliche Leute sitzen‹, ...weil er unter Gleichge- sinnten ist‹, ...weil sie am Hals einer schönen Frau hängt‹
Soziale Isolierung (SI)	Alleinsein, sozialer Rückzug	...weil sich keiner darum kümmert‹, ...weil ich alleine bin‹
Altruismus (AL)	Selbstloses Denken und Handeln, nützlich sein für Menschen und Tiere, gebraucht werden	...weil er auf Hilfe angewiesenen Menschen sehr gut helfen kann‹, ...weil ich hoffe, damit anderen Freude zu machen‹
Egozentrische Selbsterhöhung (ES)	Physische oder psychische Erhebung über Menschen und Tiere; Eitelkeit, Selbstherrlichkeit, Macht, Drohung, Egozentrismus, Aggression gegen Personen oder Tiere	...weil ich über alles bestimmen könnte‹, ...weil man ihn fürchtet‹, ...weil es den anderen Menschen Hab und Gut nimmt‹
Geistigkeit (GK)	Geistig-kulturelle Ausrichtung; Erwähnung von Kultur, Wissenschaft und Kunst, Zivilisation, Bildung, Religion, Weltanschauung; auch ›anspruchsvolle‹ Emotionen und Beschreibungen	...dient dem Klerus als Ver- breitungsort für antiquierte Moral‹, ...kann malerische Strände machen‹, ...weil er zu unwirklich ist‹
Natürlichkeit (NU)	Erwähnung von naturnahem Leben, unzivilisierter Existenz; Kulturlosigkeit, Wissenschafts- feindlichkeit	...weil ich jeden Tag den blauen Himmel sehen und die Sonne spüren kann‹, ...weil mir viele Sprüche zu theatralisch sind‹

Die thematischen Oberkategorien

Um eine bessere Überschaubarkeit der Daten zu erreichen, können bestimmte Kategorienpaare unter übergeordneten Themen zusammengefaßt werden. Diese thematische Einteilung wird in Tabelle 2 dargestellt.

Tabelle 2: Kategoriensystem – thematische Oberkategorien

Oberkategorie	Umfaßte Einzelkategorien
I. Undifferenzierte Inhalte	Undifferenzierte Inhalte
II. Elementarer Hedonismus	Unspezifische Lebenslust vs. Unlust
III. Elementare Sensumotorik	Sinneswahrnehmungen vs. Reizrestriktion, Bewegung vs. Ruhe
IV. Elementare Ichbezogenheit	Körperbezug vs. Distanzierung von der Körpersphäre, Selbstentfaltung vs. Icheinengung
V. Grundlegende Existenzmodi	Ausgriff vs. Rückzug, Sozialer Kontakt vs. soziale Isolierung
VI. Konstruktivität‹	Konstruktive Tendenzen vs. Destruktive Tendenzen, Altruismus vs. egozentrische Selbsterhöhung
VII. Kulturbezogene ›Mentalität‹	Ökonomischer Wohlstand vs. Ökonomische, Bescheidenheit. Geistigkeit vs. Natürlichkeit

Diese inhaltliche Strukturierung ermöglicht globale Interpretationen der Wunschprobe sowie einen übersichtlichen Inter-Gruppen-Vergleich.

Die ergänzenden Inhaltskategorien

Ein wichtiger Aspekt der Probandenantworten, der in den Hauptkategorien nicht berücksichtigt werden kann, ist die Person-Umwelt-Dimension. Hierbei kommt es vor allem auf die Wirkrichtung an, das heißt auf die Frage: Wirkt das Individuum auf die Umwelt oder wirkt die Umwelt auf das Individuum? Um die Wirkrichtung in der Aussage zu bestimmen, stehen vier ergänzende Kategorien zur Verfügung, welche für jedes Item unabhängig von den Hauptkategorien zusätzlich vergeben werden. Sie stellen Differenzierungen der Person-Umwelt-Komponente (P, U) dar.

In Tabelle 3 werden die ergänzenden Inhaltskategorien erläutert und mit Beispielen veranschaulicht.

Tabelle 3: Kategoriensystem – ergänzende Inhaltskategorien

Person-Umwelt-Dimension – Signierung Beschreibung	Beispiel
U – E Der Proband erlebt passiv eine Einwirkung von außen. ›Passiv erleidend‹	…weil ich da zertreten werde
U – F Der Proband wirkt auf die Umwelt, wurde jedoch durch äußere Umstände dazu veranlaßt. ›Fremdbestimmte Aktivierung‹	…weil ich dann so viel hinter mir herziehen müßte
P – H Der Proband wirkt aus eigener Motivation heraus aktiv auf die Umwelt. ›Eigene Aktivität‹	…weil ich dann jedem den Weg durchs Leben leuchten könnte
P – I Es erfolgt weder eine Wirkung von der Umwelt auf den Probanden noch umgekehrt. Vielmehr handelt es sich hierbei entweder um individuumzentrierte Antworten oder um solche, in denen keine eindeutige Wirkrichtung erkannt werden kann. ›Fehlender Umweltbezug‹	…weil er fest im Leben steht, mächtig und unverletzbar ist

Die Identifikation

Natürlich handelt es sich bei der Wunschprobe nur um eine spielerische Identifikation mit den vorgegebenen Begriffen. Die Probanden stellen sich in der Regel vor, Eigenschaften des Items zu besitzen.

Eine deutliche Identifikation liegt vor, wenn aus der Probandenantwort ersehen werden kann, daß dieser/diese wie das Item sein möchte oder nicht sein möchte. Zum Beispiel kann eine Antwort lauten: »Forelle möchte ich nicht sein, weil ich dann nur gegessen werde.«

Eine hohe Identifikationsbereitschaft spricht für eine gewisse Flexibilität, zum Beispiel bezüglich des Überschreitens der Grenze zwischen ›Realitäts‹- und ›Irrealitätsebene‹.

Kommen in einer Wunschprobe häufig Nicht-Identifikationen vor, so könnte das einerseits auf bestimmte Problembereiche des Probanden hindeuten, andererseits mag es aber auch an einer gewissen Unwilligkeit oder Unfähigkeit des Probanden liegen, sich auf die Testinstruktion einzulassen.

Die Rangreihe

Die Rangreihe wird in der Form interpretiert, in der sie vorliegt. Es ist lediglich darauf zu achten, ob Inkonsistenzen vorliegen, das heißt ob zuvor abgelehnte Items nun auf einem höheren Rangplatz zu finden sind als zuvor angenommene Items. Ein weiterer interessanter Aspekt ist, zu berücksichtigen, welche Items der Proband in seiner Reihe vergessen hat. Es wäre möglich, daß es sich hier um Verdrängungsprozesse handelt.

Zur Interpretation der persönlichen Rangreihen sollten jeweils auch die von den Probanden mit den Items assoziierten Themen herangezogen werden, um falsche Schlußfolgerungen zu vermeiden.

3   Methode

3.1 Darstellung der Stichprobe

Die Datenerhebung erfolgte in einer psychotherapeutisch orientierten Spezialstation einer psychiatrischen Klinik in einer mittelgroßen bayerischen Stadt. Da die Teilnahme an der Untersuchung freiwillig war, handelt es sich um eine selektive Stichprobe.

Von den 30 erfaßten Personen waren 18 weiblich und 12 männlich. Ihr Durchschnittsalter betrug 32,8 Jahre. Die jüngste Person war 18 Jahre, die älteste 51 Jahre alt. Sechzehn Personen hatten nach eigener Angabe einen Hauptschulabschluß, elf einen Realschulabschluß und zwei einen Universitätsabschluß. Eine Person gab an, gar keinen Schulabschluß zu haben.

Folgende Diagnosen waren vertreten: Angst-Neurose (3), Anorexia nervosa (1), Anpassungsstörung (1), Borderline Persönlichkeitsstörung (2), Depression (5), depressive Entwicklung (5), depressive Neurose (1), depressive Reaktion (1), emotional instabile Persönlichkeit (1), histrionische Persönlichkeit (2), infantile Persönlichkeit (1), narzißtische Persönlichkeitsstörung (3), selbstunsichere Persönlichkeitsstörung (2), Zwangsstörung (1), zyklothyme Persönlichkeit (1).

3.2 Die Vergleichsgruppe

Als Vergleichsgruppe wurden Personen aus chirurgischen Stationen dreier verschiedener Krankenhäuser herangezogen. Die Entscheidung für Krankenhauspatienten gründete auf der Überlegung, daß die äußerlichen Bedingungen denen der Psychiatriegruppe ähnelten, und daß in etwa eine gleiche Alters- und Bildungsverteilung zu erwarten war. Hinsichtlich der Geschlechtsverteilung und der Schulbildung zeigen die beiden Gruppen keine auffälligen Unterschiede. Jedoch ist der Altersdurchschnitt der Vergleichsgruppe signifikant[1] höher als jener der Psychotherapiepatienten, was bei der Interpretation der Ergebnisse beachtet werden sollte.

4 Vergleich der beiden Stichproben und Interpretation

4.1 Die ›Sein vs. nicht sein‹-Wahl

Die beiden Gruppen zeigen in ihrer Annahme- bzw. Ablehnungstendenz eine große Übereinstimmung. Es werden jeweils deutlich mehr Items akzeptiert als zurückgewiesen.

4.2 Die Hauptinhaltskategorien

Signifikante Gruppenunterschiede ($p < 0,05$) ergeben sich in den Kategorien ›Undifferenzierte Inhalte‹, ›Rückzug‹, ›Körperbezug‹ und ›Selbstentfaltung‹. Die ›Undifferenzierten Inhalte‹ sind in der chirurgischen Gruppe wesentlich häufiger zu finden ($M = 2,0$)[2] als in der psychiatrischen Gruppe ($M = 0,8$). Bei den anderen drei Themengebieten überwiegt deutlich die Gruppe der Psychotherapiepatienten. In der Kategorie ›Rückzug‹ kommt sie auf ein arithmetisches Mittel von 3,4, während die Vergleichsgruppe nur durchschnittlich 2,3 mal dieses Thema anspricht. Der auffällig stärkere ›Körperbezug‹ der psychiatrischen Patienten zeigt sich in einem Mittelwert von 5,9 Antworten pro Person zu diesem Thema, im Gegensatz zu 3,9 bei den chirurgischen Patienten. In die Kategorie ›Selbstentfaltung‹ fallen durchschnittlich 7,4 Äußerungen der psychiatrischen Gruppe. Die Vergleichsgruppe spricht dieses Thema deutlich weniger oft an ($M = 5,0$).

Weitere auffällige, jedoch nicht signifikante Gruppenunterschiede zeigen sich in den Kategorien ›Unlust‹, ›Sozialer Kontakt‹ und ›Soziale Isolierung‹, die jeweils ein Signifikanzniveau größer als 10 Prozent aufweisen.

---

1 u-Test nach Mann & Whitney

2 M = Häufigkeit der Nennungen gemittelt über Personen

Bei den ›Unlust‹-Äußerungen liegen die chirurgischen Patienten mit einem arithmetischen Mittel von 3,3 deutlich über dem Durchschnitt der psychiatrischen Patienten (M=2,4). Eine soziale Komponente erwähnen dagegen die Patienten der Psychotherapiestation deutlich häufiger (MSK=8,1; MSI=1,0)[1] als die Personen der Vergleichsgruppe (MSK=5,9; MSI=0,2).

Die häufigere Registrierung von ›undifferenzierten Inhalten‹ und Unlust-Äußerungen bei der Vergleichsgruppe spricht dafür, daß diese Probanden weniger bereit oder weniger in der Lage waren, sich auf die Aufgabe einzulassen, daß sie weniger Assoziationen zu den Items hatten oder weniger von sich preisgeben wollten. Daß die Kategorie ›Unlust‹ bei den chirurgischen- und nicht bei den Psychotherapie-Patienten stärker vertreten ist, paßt gut zum ›Gesamtbild‹ der Vergleichsgruppe, die schon bei der Durchführung der Untersuchung teilweise eher ablehnend und irritiert auf die Wunschprobe reagierte.

Der auffällige Wunsch der psychiatrischen Probanden nach ›Rückzug‹ entspricht den eingangs erwähnten Werten dieser Gruppe im Freiburger Persönlichkeitsinventar, ebenso die häufigere Erwähnung der Kategorien des Sozialkontaktes, falls diese als problematisch gesehen werden. Der größere Wunsch nach ›Selbstentfaltung‹ kann in diesem Sinne als Bedürfnis nach Kompensation angesehen werden.

Was die Kategorie ›Körperbezug‹ angeht, könnte man sich eine stärkere Ausprägung bei den chirurgischen Patienten vorstellen, da diese ja wegen körperlicher Probleme im Krankenhaus sind, und eine Operation etwas körperlich Bedrohendes darstellt. Daß jedoch die Psychotherapiepatienten in dieser Kategorie überwiegen, läßt sich gut mit den erwähnten Ergebnissen des FPI und den weiteren Ergebnissen dieser Untersuchung vereinbaren.

4.2.1 Die Hauptkategorien differenziert nach Annahme und Ablehnung

Werden die Thematiken daraufhin betrachtet, ob sie nach Annahme oder nach Ablehnung eines Items erwähnt werden, dann ergeben sich mehr signifikante Kategorien. Zusätzlich zu den bereits festgestellten Unterschieden finden sich nun Gruppendifferenzen in den Kategorien ›Lebenslust‹, ›Sinneswahrnehmung‹ und

---

1 MSK , MSI = arithmetische Mittel der jeweiligen Kategorien

›Reizrestriktion‹. Es wird deutlich, daß die chirurgischen Patienten ›undifferenzierte Inhalte‹ eher bei Ablehnung des Items bringen, daß die Patienten in Stationärer Psychotherapie ›Rückzug‹ eher bejahen als ablehnen, was auch bei der Vergleichsgruppe der Fall ist, jedoch nicht in der gleichen Ausprägung, und daß sie deutlich mehr positive Äußerungen zum ›Körperbezug‹ machen als die Vergleichsgruppe, aber dennoch auch bei ihnen die negativen Aspekte des Körperbezugs überwiegen.

Interessante Aspekte sind, daß sich bei den psychiatrischen Patienten im Gegensatz zur chirurgischen Gruppe auch Äußerungen finden lassen, die auf Ablehnung von Lebenslust hindeuten, daß sie Sinnesreize eher ablehnen als die Vergleichsgruppe und folglich auch die ›Reizreduzierung‹ positiver sehen. Auffallend ist ferner, daß sie deutlich häufiger als die chirurgischen Patienten sozialen Kontakt ablehnen, wobei jedoch trotzdem die positiven Äußerungen zur sozialen Komponente überwiegen.

Die Rückzugstendenz der Psychotherapiepatienten kann neben den naheliegenden Annahmen depressiver Strukturen oder gestörter Sozialbeziehungen auch daher kommen, daß sie sich zum Zeitpunkt der Erhebung in einem umfangreichen Gruppentherapieprogramm befanden. Sie waren also die meiste Zeit des Tages sowohl ständig von anderen Menschen umgeben, als auch mit vielen Eindrücken durch die Therapie überfrachtet. Unter diesen Umständen erscheint der Wunsch, sich von allem zurückzuziehen, plausibel. Was die positiven Äußerungen zum ›Körperbezug‹ angeht, scheint ein Wunsch nach Nähe und Zärtlichkeit zu bestehen, der in der Vergleichsgruppe weniger ausgeprägt zu finden ist. Jedoch wird bei differenzierter Betrachtung dieser Kategorie deutlich, daß in beiden Gruppen mehr negative Aspekte des Körperbezuges gesehen werden als positive. Für die chirurgischen Probanden ist diese Tendenz leicht durch ihre körperlichen Beschwerden erklärbar. Doch auch bei den Probanden der Psychotherapiestation ist ein solches Ergebnis nicht abwegig und entspricht zudem den anfangs erwähnten Werten dieser Gruppe im Freiburger Persönlichkeitsinventar. Vor allem die körperlichen Symptome depressiver Patienten könnten hier eine Rolle gespielt haben. Doch auch ein negatives Körperbild vieler Psychotherapiepatienten oder die Erfahrung eines sexuellen Mißbrauches, der bei schätzungsweise 20 Prozent der Klientinnen der Station vorliegt, können zu negativen den Körper betreffenden Äußerungen geführt haben.

Die stärkere Ablehnung von Sinnesreizen durch die psychiatrische Gruppe kann eventuell wieder durch die aktuelle Umwelt der beiden Gruppen erklärt werden. Während die chirurgischen Patienten eher reizdepriviert waren, befanden sich die Psychotherapiepatienten in einer Situation relativer Reizüberflutung. Daneben ist denkbar, daß diese Personen aufgrund ihrer psychischen Erkrankung oder ihrer Persönlichkeit sensibler auf Sinnesreize reagierten und von daher schneller überfordert waren.

Schließlich wird bei der differenzierten Betrachtung noch deutlich, daß die psychiatrischen Probanden häufiger als die Vergleichsgruppe ablehnende Äußerungen zum Sozialkontakt machen. Diese Tendenz entspricht den anfänglichen Erwartungen und erscheint plausibel, wenn man annimmt, daß Patienten in Psychotherapie oft gestörte Sozialbeziehungen oder schlechte Erfahrungen mit anderen Menschen haben.

4.3 Die Oberkategorien

Hier weisen beide Gruppen ähnliche Antworttendenzen auf, d.h. die jeweils am häufigsten und am wenigsten oft angesprochenen Themen sind für beide Gruppen die gleichen. Dennoch lassen sich bei der statistischen Prüfung[1] signifikante Unterschiede finden (p < 0,05).

Der erste signifikante Gruppenunterschied liegt in den ›undifferenzierten Inhalten‹. Wie bei der Betrachtung der Hauptkategorien erwähnt, haben die Patienten der chirurgischen Stationen deutlich mehr Äußerungen wie ›weiß nicht‹, ›kann nichts damit anfangen‹ oder ausgelassene Items als die psychiatrischen Patienten. Dagegen liegen die Personen der Psychotherapiestation weit höher in der Dimension ›elementare Ichbezogenheit‹. Mit einem Mittelwert von 21,4 sprechen sie diese Kategorie deutlich häufiger an als die Vergleichsgruppe (M=16,0). Auch zu den ›grundlegenden Existenzmodi‹ weisen die Patienten der Psychotherapiestation deutlich mehr Äußerungen (M=16,4) auf als die Chirurgiepatienten (M=13,0).

In zwei weiteren Dimensionen zeigen sich interessante Unterschiede, die jedoch nicht signifikant sind: Bei der Vergleichsgruppe finden sich mehr Äußerungen, die dem ›elementaren Hedonismus‹ zuzuordnen sind, wohingegen die ›elementare

---

1 u-Test nach Mann & Whitney

Sensumotorik‹ etwas öfter von den psychiatrischen Patienten angesprochen wird. Äußerungen zur ›Konstruktivität‹ und ›kulturbezogenen Mentalität‹ finden sich bei beiden Gruppen in gleichem Maße.

Diese Ergebnisse können folgendermaßen interpretiert werden: Während die Vergleichsgruppe mehr undifferenzierte und oberflächliche Antworten gab, werden für die Probanden der Psychotherapiestation genau diejenigen Themengebiete signifikant, die für eine Psychotherapie ausschlaggebend sind und wiederum auch durch die Therapiesituation in den Vordergrund gerückt werden.

Darüber, warum die psychiatrischen Probanden in der Kategorie der ›elementaren Sensumotorik‹ überwiegen, kann nur spekuliert werden. Jedoch ist der Gruppenunterschied ohnehin gering.

4.4 Die ergänzenden Inhaltskategorien

In den Person-/Umwelt-Kategorien zeigen sich keine signifikanten Gruppenunterschiede. Erwartungsgemäß sehen sich die psychiatrischen Patienten aber tendenziell öfter in der passiv erleidenden Rolle (M=12,1) als die Vergleichsgruppe (M= 10,2). Ein weiterer interessanter Aspekt ist, daß die chirurgische Gruppe nur in der Kategorie ›fehlender Umweltbezug‹ überwiegt. Mit einem Mittelwert von 28,7 übertrifft sie die psychiatrische Gruppe, welche hier 26,2 durchschnittliche Registrierungen aufweist.

Auch bei differenzierterer Betrachtung nach Annahme und Ablehnung zeigen sich keine signifikanten Gruppenunterschiede in den Person-/Umwelt-Kategorien. Auffällig ist lediglich, daß die psychiatrische Gruppe eine Wirkung aus der Umwelt fast doppelt so häufig ablehnt wie annimmt (U–: M=8,4; U+: M=4,8)[1]. Bei der Vergleichsgruppe ist diese Tendenz weniger ausgeprägt (U–: M=6,3; U+: M=4,8). Dieses Ergebnis könnte darauf hinweisen, daß die Psychotherapiepatienten ihre Umwelt eher als feindlich erleben als die Vergleichsgruppe, was an schlechten Erfahrungen oder auch an paranoiden Tendenzen liegen könnte.

---

1 M = arithmetisches Mittel: U– = Umweltbezug bei ablehnenden Äußerungen, U+ = Umweltbezug bei annehmenden Äußerungen

4.5 Die Identifikationsbereitschaft

Was die Bereitschaft betrifft, sich mit den Items der Wunschprobe zu identifizieren, sich also auf das Gedankenspiel einzulassen und von der Realitäts- in die Irrealitätsebene zu wechseln, liegen die psychiatrischen Patienten deutlich vorne. Die Vergleichsgruppe erwies sich als signifikant ›unwilliger‹ oder auch unfähiger, derartige Gedankenexperimente mitzumachen.

Diese Tendenz kann auf verschiedene Weise begründet werden. Zum einen kann die größere Bereitschaft der psychiatrischen Gruppe, sich auf Irreales einzulassen, schon vor der Therapie vorhanden gewesen sein und sozusagen einen Teil der Persönlichkeit oder einen Teil der Krankheit dieser Probanden ausmachen. Eine andere Ursache könnte die psychoanalytische Ausrichtung der Therapiestation sein. Dort wird viel mit Phantasie, Vorstellungsvermögen, Projektionen und Deutungen gearbeitet, so daß die Anforderungen der Wunschprobe für die Probanden möglicherweise nichts Neues mehr waren. Eine weitere mögliche Ursache ist, daß die Klienten vor der Aufnahme auf die Station nach bestimmten, für die Therapie bedeutsamen Kriterien ausgewählt werden: Sie sollten ein bestimmtes Abstraktionsniveau besitzen, ihre Phantasie einsetzen können, sowie fähig und bereit sein, über sich und psychische Faktoren der Entstehung ihrer Krankheit nachzudenken.

4.6 Die Rangreihe

Es erfordert eine beachtliche kognitive Leistung und einigen Zeitaufwand, alle 51 Items der Wunschprobe nach der subjektiven Valenz zu ordnen. Daher ist es nicht verwunderlich, daß nicht alle Versuchspersonen bereit waren, diese Aufgabe vollständig zu erfüllen oder daß manche währenddessen einige Items vergaßen. Vollständige Rangreihen liegen nur von 16 Personen der psychiatrischen Stichprobe und von 17 Personen der Vergleichsgruppe vor.

Tabelle 4 zeigt die Item-Kennwerte für beide Gruppen nach den Medianen der Psychotherapieklienten geordnet.

Tabelle 4: Vollständige Rangreihe

Item	Psychotherapiestation Rang – Median	Chirurgie Rang – Median	Signifikanz*
Zauberland	1,0 – 5,5	3,0 – 8,0	n.s.
Kuß	2,0 – 6,5	1,0 – 4,0	n.s.
Kopfkissen	3,0 – 8,0	12,0 – 20,0	.0072**
Sonne	4,0 – 8,5	2,0 – 7,0	n.s.
Tiger	5,0 – 9,5	14,5 – 21,0	n.s
Berg	6,0 – 16,0	6,0 – 11,0	n.s.
Fackel	7,0 – 16,5	12,0 – 20,0	n.s
Flugzeug	8,5 – 18,0	33,5 – 29,0	n.s.
Fotoalbum	8,5 – 18,0	9,0 – 17,0	n.s
Gedichtband	10,5 – 19,0	23,5 – 25,0	n.s.
Wiege	10,5 – 19,0	4,0 – 9,0	n.s
Lehrbuch	12,5 – 20,0	12,0 – 20,0	n.s.
Saxophon	12,5 – 20,0	31,0 – 28,0	n.s
Fernglas	14,5 – 20,5	8,0 – 16,0	.0393*
Filmkamera	14,5 – 20,5	16,5 – 22,0	n.s
Seesand	16,0 – 21,0	27,0 – 26,0	n.s.
Schoßhund	17,0 – 21,5	48,5 – 42,0	.0243*
Landkarte	18,0 – 22,0	10,0 – 19,0	n.s.
Almhütte	19,0 – 22,5	5,0 – 10,0	.0492*
Liegestuhl	20,0 – 23,5	27,0 – 26,0	n.s.
Efeu	21,0 – 24,0	18,5 – 23,0	n.s.
Palast	22,5 – 24,5	40,5 – 35,0	n.s.
Weinstube	22,5 – 24,5	16,5 – 22,0	n.s.
Fähre	24,0 – 25,0	20,0 – 24,0	n.s.
Perlenkette	26,0 – 26,0	36,0 – 32,0	n.s.
Rakete	26,0 – 26,0	43,5 – 38,0	n.s.
Scheune	26,0 – 26,0	21,0 – 24,0	n.s.
Blitz	28,0 – 26,5	37,0 – 33,0	n.s.
Auto	29,5 – 27,0	31,0 – 28,0	n.s.

Item	Psychotherapiestation Rang – Median	Chirurgie Rang – Median	Signifikanz*
Futterkrippe	29,5 – 27,0	7,0 – 15,0	.0149*
Krankenfahrstuhl	31,0 – 27,5	38,0 – 34,0	n.s.
Kirche	32,0 – 28,5	18,5 – 23,0	n.s.
Grashalm	33,0 – 29,5	35,0 – 31,0	n.s.
Glocke	34,5 – 30,0	23,5 – 25,0	n.s.
Verkehrsampel	34,5 – 30,0	40,5 – 35,0	n.s.
Lokomotive	36,0 – 30,5	27,0 – 26,0	n.s.
Gesetz	37,5 – 31,0	45,5 – 39,0	n.s.
Schleier	37,5 – 31,0	29,0 – 26,0	n.s.
Forelle	39,0 – 31,5	14,5 – 21,0	n.s.
Vulkan	40,0 – 32,0	45,5 – 39,0	n.s.
Blumenvase	41,0 – 34,0	23,5 – 25,0	n.s.
Wappen	42,0 – 35,5	42,0 – 37,0	n.s.
Computer	43,5 – 36,0	31,0 – 28,0	n.s.
Orkan	43,5 – 36,0	47,0 – 41,0	n.s.
Briefkasten	45,0 – 37,0	23,5 – 25,0	n.s.
Ordnungssystem	46,0 – 38,0	39,0 – 35,0	n.s.
Piratenschiff	47,0 – 38,5	43,5 – 38,0	n.s.
Rabe	48,0 – 40,0	43,5 – 29,0	n.s.
Strip-Tease-Bar	49,0 – 45,0	48,5 – 42,0	n.s.
Abgrund	50,0 – 46,0	51,0 – 49,0	n.s.
Teufelsmaske	51,0 – 50,0	51,0 – 48,0	n.s.

* Unterschied zwischen beiden Gruppen, berechnet nach dem u-Test nach Mann & Whitney

Zur Interpretation dieser Ergebnisse müßten die subjektiven Assoziationen der einzelnen Probanden zu den Items herangezogen werden, da jede Person etwas Unterschiedliches mit den Items verband. Da bei den Psychotherapiepatienten vor allem die Items ›Kopfkissen‹ und ›Schoßhund‹ auffallen, soll nun auf diese beiden etwas näher eingegangen werden.

Bei der Betrachtung der einzelnen Äußerungen zum Item ›Kopfkissen‹ wird deutlich, daß die Probanden der Psychotherapiestation sehr häufig von ›Kuscheln‹,

Weichheit und Geborgenheit sprechen. Bei dieser Gruppe scheint ein starker Wunsch nach Nähe, Geborgenheit und Körperkontakt zu bestehen, während die Vergleichsgruppe mit dem Item ›Kopfkissen‹ eher Ruhe und Entspannung verbindet. Die gleiche Thematik kann man auch bei den Assoziationen zum ›Schoßhund‹ finden. Während die Chirurgiepatienten diese Daseinsform vehement ablehnen mit der Begründung, nicht bevormundet und ›verhätschelt‹ werden zu wollen, steht die Gruppe der Psychotherapiepatienten dem Item sehr ambivalent gegenüber. Die eine Hälfte lehnt es ebenso stark und mit der gleichen Begründung ab wie die Vergleichsgruppe; die andere Hälfte assoziiert damit zumeist ›geliebt, gestreichelt und umsorgt werden‹, so daß bei ihnen der ›Schoßhund‹ auf den ersten Rangplätzen erscheint.

Die drei Items, die von der Vergleichsgruppe signifikant bevorzugt wurden, sind schwer zu interpretieren, deshalb soll in diesem Rahmen auf sie nicht näher eingegangen werden.

5   Differenzierte Betrachtung der psychiatrischen Stichprobe

Bei den Probanden der Psychotherapiestation handelt es sich um Patienten mit sehr unterschiedlichen Diagnosen, die bisher alle zu einer Gruppe zusammengefaßt wurden. Nun wäre es aber möglich, daß z.B. ein Patient mit depressiver Symptomatik in der Wunschprobe anders reagiert als ein Patient mit einer narzißtischen Persönlichkeitsstörung. Aus diesem Grund soll hier unter den Probanden der Psychotherapiestation differenziert werden. Es werden drei Teilgruppen nach Diagnosen gebildet und deren Daten miteinander verglichen:

Teilgruppe 1: 12 Probanden mit depressiver Symptomatik,
Teilgruppe 2: 12 Probanden mit Persönlichkeitsstörungenn
Teilgruppe 3:   6 Probanden mit sonstigen Störungen:
                Angststörungen (3), Zwangsstörung (1), Anorexia nervosa (1), Anpassungsstörung (1).

5.1 Demographische Daten

Die demographischen Daten der einzelnen Teilgruppen sind Tabelle zu entnehmen.

Tabelle 5: Teilgruppen der Psychotherapieklienten – demographische Daten

	Teilgruppe 1, depressive Symptomatik	Teilgruppe 2, Persönlichkeitsstörungen	Teilgruppe 3, Sonstige
Geschlecht	6 männlich 6 weiblich	5 männlich 7 weiblich	1 männlich 5 weiblich
Alter	36,3 Jahre (s=8,3)*	30,6 Jahre (s=6,2)*	30,0 Jahre (s=11,7)*
Ausbildungs-abschluß	1 kein Abschluß 5 Hauptschule 6 Realschule	8 Hauptschule 3 Realschule 1 Studium	3 Hauptschule 2 Realschule 1 Studium

* Standard-Abweichung

5.2 Annahme/Ablehnung und Identifikation

In diesen Bereichen ließen sich keine bedeutsamen Unterschiede zwischen den einzelnen Teilgruppen finden.

5.3 Die Hauptkategorien und thematischen Oberkategorien

Auch in den thematischen Kategorien zeigen sich bei der Gesamtbetrachtung keine signifikanten Teilgruppen-Unterschiede. Differenziert nach Zustimmung oder Ablehnung ergeben sich in den Hauptkategorien nur wenige auffällige Ergebnisse. Lediglich diese sollen an dieser Stelle kurz beschrieben werden. Es fällt auf, daß die Teilgruppe mit der Diagnose ›Persönlichkeitsstörung‹ einen Körperbezug nur halb so oft ablehnt wie die anderen Teilgruppen (p < 0,05 im Vergleich zur Teilgruppe mit depressiver Symptomatik, p < 0,10 im Vergleich zur Teilgruppe ›Sonstige‹). Für die Kategorie ›Destruktivität‹ wird das Ergebnis zwar nicht signifikant, doch besteht eine Tendenz dahingehend, daß die depressiven Personen das Thema wesentlich weniger ablehnen als die anderen beiden Diagnosegruppen (p < 0,10). Die Tatsache, daß die Probanden mit Persönlichkeitsstörungen sich weniger negativ zum ›Körperbezug‹ äußern als die beiden anderen Teilgruppen, kann mit verschiedenen Annahmen erklärt werden. Zum einen bestehen eventuell bei den depressiven und den ›sonstigen‹ Krankheitsbildern mehr körperliche Symptome. Zum anderen wäre es möglich, daß die drei Personen mit narzißtischer Persönlichkeitsstörung das Bild ihrer Gruppe ›aufwerten‹, da sie sich und ihren Körper nur positiv darstellen.

Die weniger starke Ablehnung von Destruktivität durch die Gruppe der depressiven Probanden läßt sich nur erklären, wenn man diese Tendenz als Eigendestruktivität interpretiert.

5.4 Die ergänzenden Inhaltskategorien

Die Teilgruppe der Probanden mit Persönlichkeitsstörungen weist in ihren Antworten deutlich mehr Personbezug auf als die beiden anderen Diagnosegruppen, was sich hauptsächlich in einem höheren Mittelwert der Kategorie I äußert.

Dieses Ergebnis spricht für einen größeren Egozentrismus der persönlichkeitsgestörten Probanden, wohingegen die beiden anderen Diagnosegruppen sich mehr an der Umwelt orientieren. Differenziert nach Annahme und Ablehnung ergeben sich keine signifikanten Teilgruppenunterschiede in den Umweltkategorien.

Insgesamt kann nach dieser differenzierten Betrachtung festgestellt werden, daß die Unterschiede zwischen den verschiedenen Diagnoseteilgruppen geringer sind als die zwischen der psychiatrischen und der chirurgischen Gruppe, was die Vorgehensweise in der untersuchten Station, alle Psychotherapiepatienten zu einer Gruppe zusammenzufassen, rechtfertigt.

6 Diskussion

Die Ergebnisse dieser Arbeit zeigen, daß sich die Psychotherapiepatienten zumindest in bestimmten Wunschprobenkategorien auffällig von der Vergleichsgruppe unterscheiden. Diese Tendenz sowie die Tatsache, daß zwischen den beiden untersuchten Gruppen mehr Unterschiede bestehen als zwischen den einzelnen Diagnosegruppen der Therapiepatienten, spricht für die diskriminative Validität des Verfahrens im Hinblick auf die globale Unterscheidung zwischen Psychotherapie-Patienten und Kontrollgruppe.

Darüber hinaus stimmen die Ergebnisse mit den anfänglich geschilderten Persönlichkeitsprofilen stationärer Psychotherapiepatienten im *Freiburger Persönlichkeitsinventar* und *Gießen-Test* überein; ein weiteres Anzeichen für die Validität der Wunschprobe im klinischen Bereich.

Dennoch entstand bei der Auswertung der Eindruck, daß die Ergebnisse der Wunschprobe mehr Informationen enthalten, als das Kategoriensystem berücksichtigt. Was intuitiv an Gruppenunterschieden auffällt, sind pathologische Anzeichen bei den Probanden der Psychotherapiestation, die mit dem Kategoriensystem nicht erfaßt werden konnten. Es ist schwierig, diese Auffälligkeiten an einzelnen Beispielen zu zeigen, da sie sich aus vielen kleinen Anzeichen im gesamten Antwortverhalten der Personen zusammensetzen. Dennoch soll versucht werden, nachfolgend einige besonders charakteristische Äußerungen anzuführen. Es werden jeweils mehrere interessante Stellungnahmen einzelner Psychotherapiepatienten dargestellt, um die Aussagekraft des Verfahrens zu verdeutlichen:

PT-Station, Nr.1:

Abgrund möchte ich sein,   weil man dort alle verletzenden, ungerechten sowie alle bösen Menschen hinunterstoßen könnte.

Blitz möchte ich sein,   weil er ungerechte, verletzende beziehungsweise böse Menschen bestrafen könnte.

Efeu möchte ich sein,   weil er einen gewissen Schutz für die vier Wände in die ich mich zurückziehen kann darstellt.

Perlenkette nicht,   weil ich eine solch enge Verbindung mit so vielen Menschen, in einer Kette, nicht eingehen möchte.

Piratenschiff möchte ich sein,   weil ich mich dann an Menschen die mich enttäuscht haben rächen könnte.

Rakete möchte ich sein,   weil sie unliebsame Menschen auf den Mond schießen könnte.

Verkehrsampel sein,   weil ich dann das Leben meist genauso gut regeln könnte.

PT-Station, Nr.5:

Efeu möchte ich sein,   weil ich weg klettern kann wo mich niemand erreichen kann.
Fähre möchte ich sein,   weil sie mich weg bringen kann.
Orkan möchte ich sein,   weil ich manchmal von Gefühl alles zerstören will.
Scheune möchte ich sein,   weil ich in Heu spielen kann und Geruch von Tieren liebe ich.
Schleier möchte ich sein,   weil ich mich verstecken kann.
Striptease-Bar nicht,   weil wieder die gräßliche Männer drin sind mit bösen Blicken.
Teufelsmaske nicht,   weil ich Angst habe.
Vulkan möchte ich sein,   weil ausbrechen kann.
Wappen möchte ich nicht sein,   weil es ist tot, es kann nicht streicheln und gibt keine Wärme ab.

PT-Station, Nr.8:

Briefkasten nicht,   weil sich keiner drum kümmert.
Gedichtband nicht,   weil man sehr wenig hineinschaut.
Kirche möchte ich nicht sein,   weil wenige hingehen.
Kopfkissen möchte ich sein,   weil es jeder benötigt.
Landkarte nicht,   weil man sie sehr wenig benötigt.
Liegestuhl nicht,   weil er sehr selten benutzt wird.
Ordnungssystem nicht,   weil es nicht viele Leute interessiert.
Orkan möchte ich nicht sein,   weil ihn keiner mag.
Perlenkette möchte ich sein,   weil sie gerne getragen wird.
Saxophon möchte ich sein,   weil es häufig benutzt wird.
Schoßhund möchte ich sein,   weil er beachtet wird.
Wiege möchte ich nicht sein,   weil sie nur sehr wenig genutzt wird.

PT-Station, Nr.10:

Auto möchte ich nicht sein,   weil die Idee des Autos schon längst überholt ist und dieses einen technologischen Unsinn darstellt.
Efeu möchte ich nicht sein,   weil das Schmarotzertum liegt mir nicht.
Fackel möchte ich nicht sein,   weil wer mit dem Feuer spielt kommt darin um.
Grashalm möchte ich sein,   weil er dem Boden als auch den Hilfesuchenden Schutz und Halt geben kann.
Ordnungssystem nicht,   weil dieses einer meiner großen Feinde in mir ist.
Palast möchte ich nicht sein,   weil diese merkantilistischen Symbole der unausgegorenen Macht alle eingeebnet gehören.
Vulkan möchte ich nicht sein,   weil das Magma in mir schnell zu Lava werden könnte.

PT-Station, Nr.11:

Gesetz möchte ich sein,   weil die Liebe das oberste Gesetz ist. Der Mensch kann nicht leben ohne die Liebe.
Landkarte möchte ich sein,   weil ich mich finden lassen will.
Schleier möchte ich sein,   weil er Reinheit bedeutet im geistigem Sinne.

PT-Station, Nr.21:

Blitz möchte ich sein,   weil er gezielt zerstörerisch sein kann.
Kuss möchte ich nicht sein,   weil er eine kurzfristige und oft nicht ernstgenommene Angelegenheit ist, wodurch auch Konflikte entstehen, die schwer verletzen.
Weinstube nicht,   weil ich mit Alkohol usw. nichts mehr zu tun haben will.

PT-Station, Nr.22:

Schleier möchte ich sein,   weil ich mit ihm über die Wiese tanzen kann. Prinzessin spielen.

Zauberland möchte ich sein,   weil ich als ein anderes Wesen vielleicht Kraft hätte, *dort bestehen zu können*. (Hervorhebung von der Probandin.)

PT-Station, Nr.25:

Briefkasten möchte ich sein,   weil ein Briefkasten Ruhe ausstrahlt, wenn er da so an der Wand hängt, Hoffnungen weckt, aber auch Unruhe auslösen kann. Ein breites Spektrum von Emotionen.

Efeu möchte ich nicht sein,   weil es in ... eine Efeustraße gibt, an die ich eine sehr schlechte Erinnerung habe. Das Wort EFEU weckt sofort wieder diese Erinnerung. (Anmerkung: Der Ortsname wurde aus Datenschutzgründen nicht genannt.)

Forelle möchte ich sein,   weil ich lieber ein Tier (oder eine Pflanze) wäre (egal welches) als ein Mensch. Weil jedes Tier und jede Pflanze seine Aufgabe in der Natur hat.

Glocke möchte ich nicht sein,   weil die Glocke Menschen zusammenruft. Glocken sind sehr laut.

Kopfkissen nicht,   weil ein Kopfkissen wird oft zweckentfremdet, zum Beispiel zusammengerollt, bei einer Kissenschlacht mißbraucht, bei einem Wutausbruch geschlagen und getreten.

Kuss möchte ich nicht sein,   weil ein Kuß oft nicht das ist, was er eigentlich sein sollte. Er hat zwei Gesichter.

Liegestuhl nicht,   weil auf einem Liegestuhl wird sich ausgeruht, er wird mißhandelt, wird zusammengeklappt, darauf rumgetrampelt. Er kann sich nicht dagegen wehren.

Rabe möchte ich sein,   weil der Rabe ein Tier ist. Er hat eine wichtige Aufgabe in der Natur, auch wenn er meistens mißverstanden wird.

Saxophon nicht,   weil ein Saxophon benutzt wird. Es kann sich nicht wehren. Es ist seinem Besitzer ausgeliefert.

Schoßhund nicht,   weil ein Schoßhund unnatürlich ist. Kein Hund fühlt sich als Schoßhund wohl. Ich möchte ein normal gehaltener Hund sein.

Seesand möchte ich nicht sein,   weil darauf herumgetrampelt wird. Er wird unterdrückt.

Tiger möchte ich sein,   weil der Tiger ein Tier ist. Er hat eine wichtige Aufgabe in der Natur. Er hält das natürliche Gleichgewicht aufrecht.

Wappen möchte ich nicht sein,   weil ein Wappen die Familie verkörpert. Nach außen die heile Welt und dahinter die wirkliche Welt mit Feindschaft und Haß.

Wiege möchte ich nicht sein,   weil eine Wiege symbolisiert die harmonische, glückliche Familie. Die gibt es aber meistens nicht.

Zauberland möchte ich sein,   weil ich in meinem Zauberland in Frieden und Harmonie mit vielen Tieren leben könnte. Und dort die Natur intakt wäre.

Durch die Beispiele sollte unter anderem verdeutlicht werden, daß sich oft unter den Äußerungen der Probanden bestimmte Themen finden, die für die jeweilige Person charakteristisch sind und die sich öfters wiederholen. Zum Beispiel erwähnt Proband 1 oft das Thema Rache, Probandin 8 das Thema ›Benötigt werden‹. Auch Anzeichen möglicher Denkstörungen im Sinne von Plussymptomen lassen sich mit Hilfe der Wunschprobe finden. Ein Beispiel liefert das Item ›Wappen‹ von Probandin 5.

Manche Probanden machen Andeutungen, die eventuell von großer Bedeutung für eine Psychotherapie sind, zum Beispiel Probandin 5 mit dem Item ›Striptease-Bar‹ und Probandin 25 mit dem Item ›Efeu‹.

7 Zusammenfassung

Die hier vorliegende Arbeit vergleicht 30 Klienten einer Psychotherapiestation und 32 chirurgische Patienten hinsichtlich ihrer Lebensthematik mit Hilfe der Wunschprobe nach Wilde. Die Ergebnisse stimmen mit den Aussagen einer anderen Studie zu Werten von Psychotherapiepatienten im Freiburger Persönlichkeitsinventar überein. Die untersuchte Gruppe zeigt ausgeprägtere Rückzugstendenzen, mehr Körperbezug und deutlichere Wünsche nach Selbstentfaltung als die Vergleichsgruppe. Auch eine soziale Komponente erwähnen die Psychotherapiepatienten häufiger, wobei die Äußerungen hierzu ambivalent sind. Zudem unterscheiden sich die beiden untersuchten Gruppen stärker voneinander als einzelne anhand der Störungsbilder definierte Teilgruppen der Psychotherapiestichprobe. Dies spricht für die diskriminative Validität des Verfahrens.

Ch. Löw

Soziale Unterstützung nach Stationärer Psychotherapie: eine sozialpädagogische Katamnesestudie

Eine Studie, durchgeführt von Lehrenden und Studierenden des Lehrstuhls für Sozialpädagogik an der Katholischen Universität Eichstätt in Zusammenarbeit mit der Psychiatrischen Klinik am Klinikum Ingolstadt, befaßt sich mit der Frage, inwieweit psychosoziale Problemlagen mit der Manifestation psychischer Störungen verbunden sind, und ob eine kontinuierliche soziale Unterstützung den Verlauf dieser Störungen positiv zu beeinflussen vermag.

Die Datenerhebung wurde im Dezember 1999 abgeschlossen, erste Ergebnisse werden in Kürze vorliegen. Hier kann im Überblick von der theoretischen und praktischen Konzeption dieser Studie berichtet werden.

Zunächst soll das theoretische Konzept der sozialen Unterstützung (social support) näher beleuchtet werden. Daran anschließend läßt sich die Fragestellung der Studie näher kennzeichnen.

1 Das Konzept der sozialen Unterstützung

Hinsichtlich der *geschichtlichen Entwicklung* taucht der Begriff ›Soziale Unterstützung‹ 1972 zum ersten Mal in der Literatur auf. Seitdem ist ein stetiges Anwachsen der Veröffentlichungen zu diesem Thema zu beobachten. Vor allem der Zusammenhang zwischen sozialer Unterstützung und Gesundheit wird seit Beginn der 80er Jahre intensiv erforscht (vgl. *Berner 1997 und 1999*).

Die Bedeutung des Themas ›Soziale Unterstützung‹ zeigten jedoch schon Soziologen und Epidemiologen vor mehr als hundert Jahren auf. Durkheims Studie zum Selbstmord gibt Hinweise darauf, daß Personen, die in stabilen Gruppen oder Beziehungen eingebettet sind, weniger Selbstmorde begehen als Personen ohne eine solche Integration (vgl. *Rosch 1988*).

»In der Psychologie hat das Konstrukt ›soziale Unterstützung‹ eine vergleichsweise junge Tradition. Betrachtet man seine wissenschaftshistorische Entwicklung, stellt man fest, daß am Anfang keine kohärente Theorie zur sozialen Unterstützung stand, sondern anwendungspraktische Überlegungen die Beschäftigung mit dem Konstrukt bestimmten. Man glaubte, neben dem Bewältigungsverhalten einen weiteren varianzstarken Faktor gefunden zu haben, der erklären helfen könnte, warum manchen Personen die Anpassung an eine schwierige Lebenslage besser gelingt als anderen.« *(Aymanns 1992, S. 16)*

Vor allem in der Streßforschung, und hier besonders im Zusammenhang mit kritischen Lebensereignissen und Coping, gewann das Konzept der sozialen Unterstützung an Bedeutung.

Weder im Deutschen noch im Englischen hat sich eine einheitliche Definition des Konstrukts der sozialen Unterstützung durchgesetzt. Die Gemeinsamkeit der unterschiedlichen Definitionsansätze besteht darin, die Wirkung zwischenmenschlicher Beziehungen und unterschiedliche Variablen psychischer und physischer Gesundheit zu betrachten. Ein Konsens über die theoretische Konzeptualisierung der sozialen Unterstützung und ihre Operationalisierung besteht nicht. (vgl. *Schwarzer & Leppin 1989*)

Die Intention, mittels der sozialen Unterstützung positive Veränderungen zu erzielen, verdeutlicht die Definition von Badura. Demnach handelt es sich beim social support um »Fremdhilfen, die dem einzelnen durch Beziehungen und Kontakte mit seiner sozialen Umwelt zugänglich sind und die dazu beitragen, daß die Gesundheit erhalten beziehungsweise Krankheiten vermieden, psychische oder somatische Belastungen ohne Schaden für die Gesundheit überstanden und die Folgen von Krankheit bewältigt werden.« *(Badura 1981, S. 157)*

Nun gilt es, den Begriff der sozialen Unterstützung von dem Modell *soziales Netzwerk* abzugrenzen. Die Ursprünge des Netzwerkansatzes sind in der Sozialanthropologie und der Soziologie zu finden (vgl. *Berner 1997*). Schwarzer ordnet dem sozialen Netzwerk quantitative und strukturelle Aspekte von Sozialbeziehungen zu. »Ein soziales Netz läßt sich als ein Potential für sowohl positive als auch negative Interaktionen auffassen« *(Schwarzer 1996, S. 175)*. Die Integration in ein soziales Netzwerk ist also prinzipiell weder gut noch schlecht, ist aber eine wichtige Voraussetzung für soziale Unterstützung. Nur wer über soziale Bindungen verfügt, kann im Bedarfsfall auf sie zurückgreifen und hat die Chance auf soziale Unterstützung. Eine Gleichsetzung des Modells soziales Netzwerk mit dem Konstrukt der sozialen Unterstützung ist also nicht angezeigt und findet in der Forschung auch nicht statt. Die soziale Unterstützung sieht Schwarzer speziell als Beitrag zur Problembewältigung an und unterstreicht dabei den qualitativen und funktionalen Aspekt dieser Sozialbeziehunge. (vgl. *Schwarzer 1996*)

Berner faßt zusammen: »Das Konzept des sozialen Netzwerks fragt primär danach, wie viele und welche Arten von Beziehungen eine Person unterhält und wie diese Beziehungen untereinander gestaltet sind. Im Konzept der sozialen Unterstützung geht es darum, welche funktionale Bedeutung diese Beziehungen für jemanden haben, das heißt, es wird nach Inhalten von sozialen Interaktionen gefragt.« *(Berner 1997, S. 12)*

Verschiedene Formen und Inhalte sozialer Unterstützung werden in der Literatur unterschieden. Hinsichtlich differenzierbarer Unterstützungsleistungen wird der ›social support‹ unterteilt in emotionale, instrumentelle und informationsbezogene Unterstützung. Weitere Arten der Unterstützung sind Status-Support, Gemeinsamkeitserleben, Bewertungs-Unterstützung (vgl. *Schwarzer & Leppin 1991*).

Pfaff (1989) reduziert die soziale Unterstützung auf folgende Grundelemente: Liebe/Zuneigung, Vertrauen, Teilnahme/Mitgefühl, Achtung, Bestätigung, Rat, Information, Mithilfe, Pflege, materielle Hilfe, Zugehörigkeit. Diese Grundelemente lassen sich den drei wichtigsten Leistungsdimensionen der sozialen Unterstützung folgendermaßen zuordnen:

– emotionale Unterstützung: Liebe, Zuneigung, Anteilnahme, Mitgefühl, Achtung, Bestätigung, Trost, Wärme,

– instrumentelle Unterstützung: materielle und finanzielle soziale Unterstützung (Versorgung mit Gütern, Sachleistungen oder Geld) sowie praktische Hilfe (zum Beispiel Pflege im Krankheitsfall),

– informationelle Unterstützung: Übermitteln von Informationen, Erteilen von Ratschlägen. *(vgl. Berner 1999)*

Weiterhin kann man auch zwischen wahrgenommener und erhaltener Unterstützung unterscheiden, eine Vorgehensweise, wie sie beispielsweise bei *Schwarzer (1996)* vorzufinden ist. Diese Unterscheidung ist notwendig, weil nicht jede Handlung in einem Netzwerk, die als Unterstützung gedacht ist, vom Empfänger auch als solche empfunden wird.

Die wahrgenommene Unterstützung wird auch mit ›perceived social support‹ oder potentielle Unterstützung bezeichnet. Hier geht es um die subjektive Überzeugung, unterstützt zu sein. Weitergedacht ist also nicht das tatsächliche Hilfehandeln für das Wohlergehen verantwortlich, sondern die Erwartungen, im Krisenfall umsorgt zu werden und sich auf das soziale Umfeld verlassen zu können. Vertreter dieser extremen Sichtweise, die soziale Unterstützung als überdauerndes Persönlichkeitsmerkmal verstehen, sind *Sarason u.a. (1990)*. Aussagen hierzu sind also eher prospektiv und beziehen sich auf vergangene Erfahrungen. (vgl. *Schwarzer 1986*) Die erhaltene soziale Unterstützung, auch ›received‹ oder ›enacted support‹, meint »Unterstützung, die in interpersonalen Interaktionen real (und damit prinzipiell auch beobachtbar) ausgetauscht beziehungsweise verabreicht wird«. *(Laireiter 1993, S. 34)*

Dieses Geschehen wird registriert, aber auch subjektiv bewertet. Es geht also um die Darstellung retrospektiv gerichteter Urteile. Die adäquate Forschung steht bezüglich dieses Bereichs der sozialen Unterstützung erst am Anfang, denn meist galt das Interesse der wahrgenommenen Unterstützung. Außerdem sind solche Interaktionsprozesse nur mit hohem Forschungsaufwand zu evaluieren, zum Beispiel durch direkte Beobachtung des realen Unterstützungsgeschehens. (siehe *Berener 1997*)

Bedeutsame Quellen sozialer Unterstützung aus dem natürlichen Umfeld sind Personen wie (Ehe-)Partner, Eltern und Kinder, Verwandte, Freunde und Bekannte, Nachbarn und Arbeitskollegen, Vorgesetzte und Untergebene. Zusätzlich sind auch professionelle Helfer zu nennen wie Ärzte, Pflegepersonen, Sozialpädagogen oder Psychologen. (vgl. *Sommer & Fydrich 1989*)

Der folgende Abschnitt beschreibt die Wirkung sozialer Unterstützung. In erster Linie haben Maßnahmen des ›social support‹ positive Veränderungen zum Ziel, nämlich die Verbesserung des Befindens einer Person und damit die Steigerung der allgemeinen psychischen Belastbarkeit. Die Veränderungen können auch direkt auf die Situation einwirken und auf diese Weise die tatsächliche Belastung der Person verringern. *(vgl. Berner 1997)*

Verschiedene Modelle versuchen, die Wirkungsweise des social support darzustellen. Im folgenden werden das Haupteffekt-, das Streß-Puffer- und das Präventionsmodell näher erläutert.

Nach dem Haupteffekt-Modell sozialer Unterstützung liegt der Akzent darauf, daß die Zugehörigkeit zu einer Gruppe Grundbedürfnisse des Menschen befriedigt. Dazu gehören Bindung, Kontakt, Geselligkeit, sich aufgehoben fühlen, Kommunikation. Als theoretische Begründung können hier der Symbolische Interaktionismus und Durkheims Anomietheorie herangezogen werden. Der Symbolische Interaktionismus führt die Entwicklung von Selbstbewertung, sozialer Identität und psychischem Wohlbefinden auf soziale Interaktionen zurück. Soziale Unterstützung wirkt sich infolgedessen förderlich auf das psychische Wohlbefinden aus.

Als Ursache für psychosoziales Wohlbefinden benennt Durkheim soziale Integration. Durch das Eingebundensein in die Gruppe wird der Mensch vor Unsicherheit und Desorganisation des sozialen Funktionierens geschützt. Die soziale Unterstützung, eine Folge der sozialen Integration, wirkt sich stärkend auf das Befinden aus. (vgl. *Nestmann 1988*)

Es wird grundsätzlich angenommen, daß die soziale Unterstützung nicht an ein Vorhandensein von Problemen geknüpft ist. Positive Auswirkungen auf das Selbstwertgefühl und das Wohlbefinden sind vielmehr immer zu verzeichnen. Befindet sich eine Person in einer Problemlage, liegen die Haupteffekte des social support dominant in ›Nebenprodukten‹ und Begleiterscheinungen des alltäglichen Lebens. »Unterstützung liegt eher in dem, was die Betroffenen aus ihren Bezügen herausziehen, als in dem, was ihre Bezugspartner als Hilfe bei erkannter Belastung anbieten.« *(Nestmann 1988, S. 79)*

Beim Streß-Puffer-Modell wird dagegen von einer vorhandenen Problemlage ausgegangen, aufgrund derer soziale Unterstützung ihre Wirkung zeigt. Die negativen Folgen einer Belastung, zum Beispiel eines kritischen Lebensereignisses, werden abgemildert. Der Mensch reagiert nicht in so starker Weise auf den Stressor, es besteht ein geringer Zusammenhang zwischen Streß und Symptomatik.

Auch ist der Betroffene besser in der Lage, die Belastungen zu bewältigen. Dies ist dann gewährleistet, wenn die verfügbare Unterstützung paßgenau auf die Art der Belastung zugeschnitten ist. (vgl. *Aymanns 1992*)

Das Präventionsmodell nimmt an, daß durch ein hohes Maß an ›social support‹ Belastungen ferngehalten werden. Soziale Unterstützung verringert also die Wahrscheinlichkeit von belastenden Lebensereignissen. Die Unterstützung ist »temporär und kausal dem Streßgeschehen vorgeordnet; sie verhindert das Auftreten der Stressoren selbst oder mindert deren Ausmaß.« *(Schwarzer & Leppin 1989, S. 42)*

Pfaff (1989) schildert im Zusammenhang mit der Bewältigung von Streß drei weitere Ansatzpunkte für soziale Unterstützung: Die Unterstützung des Bewertungsprozesses, des Problemlösungsprozesses und der Regulation von Streßreaktionen.

Die Unterstützung des Bewertungsprozesses setzt bereits vor der Entstehung von Streßreaktionen an. *Lazarus* beschreibt in seinem Streßmodell, daß eine Situation und ihre Bedeutung für das subjektive Befinden kognitiv bewertet werden (primäre Bewertung). Dann werden die Anforderungen den persönlich vorhandenen Ressourcen zur Bewältigung von Streß gegenübergestellt (sekundäre Bewertung). »Dieser Entscheidungsprozeß entscheidet darüber, ob die Person sich eher herausgefordert oder bedroht sieht oder Verlust beziehungsweise Schaden annimmt.« *(Lazarus & Folkmann 1984, S.32)*

Soziale Unterstützung kann nun zunächst einmal – ansetzend bei der primären Bewertung – dazu verhelfen, die Ereignisse nicht als bedrohlich einzuschätzen. Sie trägt dazu bei, daß sich die Person herausgefordert fühlt beziehungsweise die Situation als irrelevant oder gar positiv bewertet. Das Vorhandensein von sozialer Unterstützung kann auch auf die sekundäre Bewertung Einfluß nehmen. Wenn die betroffene Person sich ausreichender Bewältigungsressourcen bewußt ist, wird sie zu der Überzeugung gelangen, mit den Anforderungen fertig werden zu können. (vgl. *Berner, 1997*)

Eine weitere Möglichkeit des ›social support‹ ist die Unterstützung des Problemlösungsprozesses. Hier sind vor allem die Formen des ›social support‹ zu nennen, die handlungsbezogene Inhalte aufweisen, zum Beispiel Informationen und Ratschläge geben, materielle und praktische Hilfen ermöglichen (vgl. *Berner 1999*).

›Social support‹ kann schließlich zur Regulation von Streßreaktionen beitragen, die infolge der belastenden Ereignisse möglicherweise auftreten. Hier greift die Puffer-Wirkung der sozialen Unterstützung. Sie ist für viele Forscher maßgeblich, um emotionale Spannungen zu lösen, Streß abzumildern oder zu neutralisieren (vgl. *Berner 1997*). *Pfaff (1987)* schildert hier vor allem die positive Wirkung von Gesprächen. In ihnen können die Probleme bereits ein Stück weit verarbeitet und Lösungsmöglichkeiten entwickelt werden.

Verschiedene Studien befassen sich mit der Frage, inwieweit die Verfügbarkeit, die subjektive Wahrnehmung und die Wirkung sozialer Unterstützung von verschiedenen Moderatorvariablen beeinflußt werden (vgl. *Berner 1999*).

»Soziales Unterstützungsverhalten ist nicht ›per se‹ vorhanden, sondern wird in unterschiedlichem Maße durch das Individuum mobilisiert und genutzt. Umgekehrt ist sein Verhalten auch von entscheidender Bedeutung dafür, ob das Individuum von den anderen als ihrer Hilfe bedürftig wahrgenommen wird oder nicht.« *(Fillipp & Aymanns 1987, S.384)* Es stellte sich heraus, daß sehr extrovertierte Personen oder Menschen mit einem hohen Selbstwertgefühl deutlich mehr soziale Unterstützung wahrnehmen. Von ihrem Umfeld erhalten diese Personen auch mehr Hilfe. Ängstliche und depressive Menschen scheinen dagegen weniger Unterstützung wahrzunehmen und auch zu erhalten. (vgl. *Aymanns 1992*)

Hohes Selbstwertgefühl kann sich jedoch auch ungünstig auf die Annahme von Hilfeleistungen auswirken. Maßgeblich hierfür ist die Reziprozitätsnorm. Nach *Aymanns (1992)* prüfen die Betroffenen zunächst die Wiedergutmachungsschuld, in die sie durch die Annahme der Hilfe geraten könnten. Besonders Personen mit hohem Selbstwertgefühl, und von diesen am ehesten die Männer, fühlen sich dieser Reziprozitätsnorm verpflichtet und lehnen demzufolge die Hilfe eher ab.

Ein weiterer Einflußfaktor ist die Selbstenthüllungsbereitschaft eines Menschen. Um adäquate Hilfestellung zu erhalten, muß der Betroffene in einem gewissen Maß bereit sein, seine Probleme offenzulegen. Je transparenter sich die Situation für den Helfenden darstellt, um so größer ist die Passung zwischen der gewährten Unterstützung und den Bedürfnissen des Empfängers (vgl. *Aymanns 1992*).

Auch hat sich »aktives Bemühen und Suchen nach sozialer Unterstützung… als guter Prädiktor für tatsächliche Hilfeleistung erwiesen«. Auf diese Weise räumt der Betroffene selbst ein, nicht allein mit der Situation zurechtzukommen und fremde Hilfe zu benötigen. *(Aymanns 1992, S. 69)*

Da der Begriff ›Soziale Unterstützung‹ von vornherein eine positive Wirkung unterstellt, sollen nun mögliche negative Auswirkungen des social support aufgeführt werden, die zu einem Scheitern der Unterstützung führen können. Beim Betroffenen kann das Selbstwertgefühl gefährdet sein, wenn er auf fremde Hilfe angewiesen ist. Seine eigene Abhängigkeit führt möglicherweise Gefühle von Kontrollverlust und Hilflosigkeit herbei. (vgl. *Rosch 1988*)

Die soziale Unterstützung sollte nicht durch normativen Druck die Entscheidungsfreiheit des Empfängers einengen. Auf der anderen Seite jedoch erweckt eine sehr zurückhaltende Unterstützung beim Empfänger den Eindruck, die Hilfe werde nicht aus echter Zuneigung gewährt, sondern nur als Pflichterfüllung angesehen.

An diesem Punkt sei nochmals die Reziprozitätsnorm erwähnt. Wenn der Empfänger keine Möglichkeit sieht, sich für die Hilfeleistungen zu revanchieren, wird er sich eventuell zurückziehen. (vgl. *Eder-Debeye 1988*)

Auch der Geber kann von negativen Konsequenzen der sozialen Unterstützung betroffen sein. Es ist möglich, »daß der Kontakt mit Opfern von Lebenskrisen als belastend erlebt wird. Zum einen wird im Kontakt...die Idee von der eigenen Unverletzlichkeit in Frage gestellt. Zum anderen verfügen nur wenige Menschen über Erfahrungen im Umgang mit Personen in Krisensituationen, und die Befürchtung, gar ungewollt zu einer Verschlechterung des Zustandes beizutragen oder zumindest nicht helfen zu können, kann zu Verhaltensunsicherheiten und zu ›stereotypen‹ Unterstützungsreaktionen führen«. *(Filipp & Aymanns 1987, S. 391)*.

2 Soziale Unterstützung von Psychiatriepatienten

Welchen Einfluß nimmt nun soziale Unterstützung auf den Verlauf von psychischen Störungen und wie wirkt sie sich speziell bei Patienten nach einer Stationären Psychotherapie aus? Um diese Frage zu klären, wurden 50 Patienten der Ingolstädter Psychiatrischen Klinik am Klinikum Ingolstadt in die Katamnesestudie aufgenommen. Bei den vorliegenden Störungsbildern handelte es sich um Depressionen, Angsterkrankungen und Alkoholismus.

Elf der Patienten durchliefen die zehnwöchige Therapie auf der psychotherapeutischen Spezialstation. Als Auswahlkriterium galt bei ihnen die Erstmanifestation der psychischen Störung. Außerdem sollte keine gravierende psychische oder physische Komorbidität vorliegen. Bei der Auswertung ergab sich folgender Forschungsplan:

Tabelle 1: Erstmanifestation der psychischen Störung

	Alkoholismus	Depression	Angststörungen	Summe
Datenerhebung	10	10	5	25
Datenerhebung und soziale Unterstützung	10	10	5	25
Summe	20	20	10	50

Die Datenerhebung gliederte sich in die Aufnahme retrospektiver und prospektiver Daten sowie die Durchführung von psychologischen Testverfahren. Außerdem wurde die bei jeweils der Hälfte der Patienten erfolgte soziale Unterstützung stetig evaluiert.

Die Erfragung retrospektiver Daten fokussierte vor allem auf die letzten zwei bis drei Lebensjahre des Patienten vor seiner Aufnahme in die Klinik. Mit den Patienten wurde auf lerntheoretischer Basis eine Biographieanalyse durchgeführt.

Standardisierte Fragebögen dienten zur Erfassung von Aussagen über folgende Kriterien:
– Familie, Partnerschaft, Kinder,
– Beruf, Leistungsbereitschaft, Leistungsvermögen,
– Freizeit, soziale Kontakte,
– Gesundheit, Therapie,
– Emotionalität, Selbstbild.

Diese Daten wurden mehrfach erhoben, nämlich zunächst beim Beginn der Therapie im Klinikum und später bei der Entlassung der Patienten. Zur Gewinnung der prospektiven Daten kam schließlich dieses Instrument ein drittes Mal zur Anwendung, und zwar etwa ein halbes Jahr nach der Entlassung des Patienten.

Die psychologische Diagnostik umfaßte die Intelligenztests ›Standard Pattern Matrices‹ und den ›Mehrfachwahl-Wortschatztest‹. Zur Erfassung von Persönlichkeitsmerkmalen wurde auf die revidierte Fassung des ›Freiburger Persönlichkeitsinventars FPI-R‹ zurückgegriffen.

Bei der Hälfte der Patienten erfolgte soziale Unterstützung. Die Häufigkeit und Art dieser Unterstützung war stark vom Einzelfall abhängig. Inhaltlich waren folgende Punkte relevant:
– Bearbeitung dysfunktionaler Kognitionen,
– Aktivitätsaufbau und Tagesstrukturierung,
– Training sozialer Fertigkeiten,
– Hilfen bei allen Problemen des familiären und beruflichen Alltags.

Durch die Auswertung der quantitativen und qualitativen Daten wird nun die Wirkung der sozialen Unterstützung auf die Genesung der Patienten und ihren Lebensvollzug nach dem Klinikaufenthalt untersucht. Im Sommer 2000 werden die Ergebnisse vorliegen.

Zum gegenwärtigen Zeitpunkt kann darüber hinaus auf eine Folgestudie hingewiesen werden, die aktuell vom Lehrstuhl für Sozialpädagogik und der Psychiatrischen Klinik am Klinikum Ingolstadt durchgeführt wird. Im Gegensatz zur hier
kurz skizzierten Vorläuferstudie befaßt sie sich mit dem social support von Patienten, bei denen speziell eine chronifizierte psychische Störung vorliegt. Ausführ-
liche Berichte zu beiden Studien sind im Herbst 2000 zu erwarten.

꩜

Es geht weiter:

Sehnsucht – so brennend.
Das Sich-sehnen nach einer Sucht?
Die Sucht, sich etwas herbeizusehnen?
Sucht als das treibende Rädchen im Lebensgetriebe?
Sehnsucht – so brennend.
Jede Menschenseele wird getragen von Sehnsucht.

Schweigen. Reden.
Die Toten schweigen.
Die Lebenden reden.

Es geht um Leben und Tod.
Es geht um das lachende und das weinende Auge.
Gegensätze regieren das Leben.
Was wären wir so arme Menschen ohne Gegensätze?

Heike Bader

Autorenverzeichnis

Bader, Heike, Jahrgang 1964, abgebrochenes Psychologiestudium, derzeit Umschulung zur Bürokauffrau, 93/94 auf der Psychotherapiestation

Berger, Ruth, Jahrgang 1974, Dipl.-Psych., Ausbildung in Klientenzentrierter Gesprächsführung und Verhaltenstherapie, mehrere Monate Praktikantin auf der Psychotherapiestation, jetzt Promotionsstelle am Graduiertenkolleg ›Klinische Emotionsforschung‹ der Universität Heidelberg

Birk, Volker, Jahrgang 1954, Ergotherapeut, nach Tätigkeit im akutpsychiatrischen Bereich seit mehr als 10 Jahren verantwortlich für Gestaltungstherapie und Projektgruppe auf der Psychotherapiestation

Draugelates, Anka, Jahrgang 1972, Dipl.-Musiktherapeutin (FH , Nijmegen), Weiterbildung in Stimmtherapie, neben Tätigkeit auf psychiatrischen (Akut)Stationen seit 1997 Jahren verantwortlich für die Musiktherapie auf der Psychotherapiestation

Hartmann, Wolfgang, Jahrgang 1938, Prof. Dr. med., Facharzt für Neurologie und Psychiatrie, Psychotherapie, Chefarzt des Zentrums für Psychiatrie und Psychotherapie in Ingolstadt, zahlreiche Veröffentlichungen zu psychiatrischen Themen

Juranek, Rosita, Jahrgang 1944, Fachkrankenschwester für Psychiatrie, seit Eröffnung der Station Stationsleitung der Ingolstädter Psychotherapiestation

Lehmann, Erna, Jahrgang 1958, Fachkrankenschwester für Psychiatrie, stellvertretende Stationsleitung, arbeitet seit 1984 auf der Ingolstädter Psychotherapiestation

Löw, Christine, Jahrgang 1973, Studium der Diplom-Pädagogik an der Katholischen Universität Eichstätt mit Schwerpunkt Sozialpädagogik. Derzeit Projektmitarbeit am Lehrstuhl für Sozialpädgogik, der an der Initiative ›InnoRegio‹ des Bundesministeriums für Bildung und Forschung durch Begleitforschung beteiligt ist

Otto, Michaela, Jahrgang 1953, Dipl.-Religionspädagogin, drei Kinder, seit Scheidung tätig als Bankangestellte

Plaum, Ernst, Jahrgang 1940, Prof. Dr. rer. nat., Inhaber des Lehrstuhls für Differentielle und Persönlichkeitspsychoogie/Psychodiagnostik an der Katholischen Universität Eichstätt. Wichtigste Veröffentlichungen: Psychologische Einzelfallarbeit, Stuttgart, Lucius und Lucius 1992; Einführung in die Psychodiagnostik, Darmstadt, Wiss. Buchgesellschaft/Primus

Seel, Elisabeth, Jahrgang 1973, Dipl.-Psychologin

Thumann, Christine, Jahrgang 1967, Dipl.-Betriebswirtin (BA), Psychologiestudium an der Universität Eichstätt, Ausbildung in Klientenzentrierter Gesprächsführung, 1997–2000 Psychologische Assistentin auf der Ingolstädter Psychotherapiestation

Vogel, Ralf T., Jahrgang 1962, Dipl.-Psych. Dr. phil., Psychologischer Psychotherapeut, Supervisor, bis Herbst 1999 Leiter der Ingolstädter Psychotherapiestation, jetzt Leitender Psychologe der Klinik Carolabad, Chemnitz, Lehrauftrag zur Stationären Psychotherapie an der Technischen Universität Dresden

Weimeir, Stefanie, Jahrgang 1965, Dipl.-Psych., Erzieherin, Tätigkeit als psychologische Assistentin auf der Psychotherapiestation, jetzt Psychologin im Suchtbereich der Frankenalbklinik Engelthal

Winkler, Johanna, Jahrgang 1974, Dipl.-Psych., Ausbildung in Klientenzentrierter Gesprächsführung, Verhaltenstherapie, NLP; mehrere Monate tätig als Praktikantin auf der Psychotherapiestation

Literaturverzeichnis

Ahrens, R.C.: Von der Rolle und Identität zu pflegerischem Selbstverständnis. In: Psych. Pflege 3 (1997), S. 102–106

Arnold, E.: Deskriptive Einzelfallanalysen. Unveröff. Dissertation. Bern 1987

Badura, B.: Krankheitsbedingte Belastungen und Unterstützungen. Das Beispiel Herzinfarkt. In: B. Badura (Hrsg.). Soziale Unterstützung und chronische Krankheit. Zum Stand sozialepidemiologischer Forschung. Suhrkamp, Frankfurt 1981

Barde, B., Mattke, D. (Hg.): Therapeutische Teams. Vandenhoek u. Ruprecht, Göttingen 1993

Bassler, M.: Zum empirischen Forschungsstand von stationärer Psychotherapie. In: Vandieken, R., Häckl, E., Mattke, D.(Hg.): Was tut sich in der stationären Psychotherapie? Psychosozial Verlag, Gießen 1998

Bauer, R., Wiersma, I.: Zur Identität von Pflegekräften in der Psychosomatik. In: Psych. Pflege 2 (1996), S. 133–136

Becker, H.: Das Heidelberger stationäre Psychotherapiekonzept. In: Becker, H., Senf, W.: Praxis der stationären Psychotherapie. Thieme Verlag, Stuttgart 1988

Becker, H., Senf, W.: Praxis der stationären Psychotherapie. Thieme Verlag, Stuttgart 1988

Becker, P.: Allgemeine und Differentielle Psychotherapie auf systemischer Grundlage. In: Wagner, R. F., Becker, P.: Allgemeine Psychotherapie. Hogrefe, Göttingen 1999

Berger, M.: Psychiatrie und Psychotherapie. Psychotherapeut (1995) 40: 146–154

Berner, A.: Das Konzept ›Soziale Unterstützung‹ in seiner Bedeutung für die Rehabilitation. Forschungsergebnisse, Rehabilitationsaufträge und handlungspraktische Perspektiven. Eichstätt 1997

Berner, A.: Soziale Unterstützung (Social Support) – erste Forschungsergebnisse und sozialpädagogische Intervention in der Rehabilitation. In: H.-L. Schmidt, Hischer, E. (Hrsg.). Eichstätter Sozialpädagogische Arbeiten. Band 5. Rehabilitation und Sozialwelt. Eichstätt: BPB 1999

Bernstein, D. A., Borkovec, T. D.: Entspannungs-Training. Handbuch der progressiven Muskelentspannung nach Jacobson. Pfeiffer Verlag, München 1982

Bonstedt-Wilke, J. Rüger, U.: Kunst und Gestaltungstherapie. In: Heigl-Evers, A., Heigl, F., Ott, J. Rüger, U.: Lehrbuch der Psychotherapie. Gustav Fischer Verlag, Lübeck 1997

Broda, M.: Aspekte der Qualitätssicherung in der stationären Verhaltensmedizin. In: Laireiter, A.-R., Vogel, H. (Hg.): Qualitätssicherung in der Psychotherapie und psychosozialen Versorgung. dgvt Verlag, Tübingen 1998

Burth, M., Plaum, E.: Psychologisch-klinische Einzelfalldiagnostik und symptomorientierte, nichtindividuenspezifische Intervention. Psychol. u. Gesellschaftskritik 23/92, 1999, S. 94–103

Buttollo, W., Piesbergen, C., Höfling, S.: Ausbildung und methodische Ausrichtung psychologischer Psychotherapeuten. Rep. Psychol. 21, 1996, S. 126–137

Buttollo, W., Posner, R., Wentzel, A.: Integrative Psychotherapie bei Angststörungen. Huber Verlag, Bern 1999

Caspar. F., Grawe, K.: Psychotherapie: Anwendung von Methoden oder ein heuristischer, integrierender Produktionsprozess? Report Psychologie 7/1992

Danzinger, R. (Hg.): Psychodynamik der Medikamente. Springer Verlag, Wien 1991

Dilcher, K.: Klinisch-psychologische Forschung im stationären Setting. In: Jacobi, F., Poldrack, A. (Hg.): Klinisch-Psychologische Forschung. Hogrefe Verlag, Göttingen 2000

Dilling, H., Mombour, W. u. M.H. (Hg.): Internationale Klassifikation psychischer Störungen: ICD 10, Kap. V (F), Klinisch-diagnostische Leitlinien. Huber Verlag, Bern 1993

Dinger-Broda, A., Speight, I.: Allgemeinpsychologische und sozialpsychologische Grundlagen von Psychotherapie. In: SENF, W., BRODA, M.: Praxis der Psychotherapie. Thieme Verlag, Stuttgart 2000

Döring, K.: Aufnahmestation: Aufgabenstellung, Stationskonzept und Indikationskriterien. In: Bernhardt, P. (Hg.): Arbeitsbericht Hardtwaldklinik II, Bad Zwesten 1996

Doubrawa, R.: Integrative Therapie aus der Sicht eines Verhaltenstherapeuten. Report Psychologie 7/1992

Eckert, J.: Schulenübergreifende Aspekte der Psychotherapie. In: Reimer, Ch., Eckert, J., Hautzinger, M., Wilke, E.: Psychotherapie. Springer Verlag, Berlin 1996

Eckert, J., Biermann-Ratjen, E.: Stationäre Gruppenpsychotherapie. Springer Verlag, Berlin 198

Eckert, J. Biermann-Ratjen, E.: Stationäre Psychotherapie. In: Pfäffin u.a.: Der Mensch in der Psychiatrie. Springer Verlag, Berlin 1988

Eder-Debye, R.: Social Support und medizinische Versorgung. S. Roderer Verlag, Regensburg 1988

Ermann, M.: Psychotheraputische und psychosomatische Medizin Kohlhammer Verlag, Stuttgart 1997

Fäh, M., Fischer, G.: Sinn und Unsinn in der Psychotherapieforschung. Psychosozial Verlag, Gießen 1998

Faller, H. Frommer, J. (Hg.): Qualitative Psychotherapieforschung. Ansanger Verlag, Heidelberg 1994

Fiedler, P.: Mythen, Gegenwart und die Zukunft psychologischer Therapie. Verhaltenstherapie u. Verhaltensmedizin 19. Jg., Heft 1, 1998

Fiedler, P.: Verhaltenstherapie in und mit Gruppen. Beltz Verlag, Weinheim 1999

Fiedler, P.: Integrative Psychotherapie bei Persönlichkeitsstörungen. Hogrefe Verlag, Göttingen 2000

Fiedler, P.: Mythen, Gegenwart und die Zukunft psychologischer Therapie Verhaltenstherapie und Verhaltensmedizin 1998, 19/1

Fiedler, P.: Verhaltenstherapie in und mit Gruppen. Belz Verlag, Weinheim 1999

Fiedler, P.: Integrative Psychotherapie bei Persönlichkeitsstörungen. Hogrefe Verlag, Göttingen 2000

Filipp, S. Aymanns, P.: Die Bedeutung sozialer und personaler Ressourcen in der Auseinandersetzung mit kritischen Lebensereignissen. In: Zeitschrift für Klinische Psychologie, Band XVI, Heft 4. 1987.

Fischer, G., Kleib, B.: Psychotherapieforschung: Forschungsepochen, Zukunftsperspektiven und Umrisse eines dynamisch-behavioralen Verfahrens. In: Hildemann, K. D., Pottroff, P.: Psychotherapie – Quo vadis? Hogrefe Verlag, Göttingen 1997

Flatten, G., Ludwig-Becker, F., Petzold, E. R.: Stationäre Psychotherapie. In: Studt, H. H., Petzhold, E. R. (Hg.): Psychotherapeutische Medizin. De Gruyter Verlag, Berlin 1999

Fliegel, S., Groeger, W., Künzel, R., Sorgatz, H.: Verhaltenstherapeutische Standardmethoden. Beltz pvu, Winheim 1998

Franke, W.: Stationäre Psychotherapie und Psychosomatik. In: Nissen, G. (Hg.): Verfahren in der Psychotherapie. Kohlhammer Verlag, Stuttgart 1999

Freud, S.: Psychische Behandlung G.W. Bd. V, S. 287–315, 1942

Freud, S., Breuer, J.: Studien über Hysterie, G.W. Bd I, S. 72 ff

Frohburg, I.: Gesprächstherapie – ein wissenschaftliches Verfahren. Report Psychologie 22/1/2000

Fürmaier, A. M.: Psychoanalyse und Verhaltenstherapie. Integrationsansätze in der stationären Psychotherapie. Prax. Psychother. Psychosom. 1987; 32, S. 287–293, Springer Verlag 1987

Fürstenau, P.: Entwicklungsförderung durch Therapie. Pfeiffer Verlag, München 1992

Geyer, M., Misselwitz, I., Röhrborn, H., Venner, M.: Psychosomatische Medizin und Psychotherapie in Ostdeutschland vor und nach der Wende. In: Neun, H. (Hg.): Psychosomatische Einrichtungen. Vandenhoek. u. Ruprecht, Göttingen 1994

Grawe, K., Donati, R., Bernauer, F.: Psychotherapie im Wandel. Von der Konfession zur Profession. Hogrefe, Göttingen 1994

Grawe, K.: Grundriß einer Allgemeinen Psychotherapie. Psychotherapeut 1995, 40, S. 130 bis 45

Grawe, K.: Research-informed psychotherapy. Psychotherapy Research 1997, 7, S. 1–19

Grawe, K.: Psychologische Therapie. Hogrefe, Göttingen 1998

Grawe, K.: Allgemeine Psychotherapie: Leitbild für eine empiriegeleitete psychologische Therapie. In: Wagner, R. F., Becker, P. (Hg.): Allgemeine Psychotherapie. Hogrefe, Göttingen 1998

Grotjahn, M.: Kunst und Technik der analytischen Gruppentherapie. Fischer, Frankfurt 1985

Hager, W., Leichsenring, F., Schiffler, A.: Wann ermöglicht eine Therapiestudie direkte Wirksamkeitsvergleiche zwischen verschiedenen Therapieformen? PPmP 2000, 2, S. 51–62

Hand, I.: Verhaltenstherapie – Mit dem ersten Dezenium ins neue Millenium. Verhaltenstherapie 2000; 10, S. 4–5

Hartwich, P.: Kreativ-bildnerische Therapien bei Persönlichkeitsstörungen. In: Hartwich, P., Haas, S., Mauerer, K., Pflug, B. (Hg.): Persönlichkeitsstörungen. Psychotherapie und Pharmakotherapie. VWP, Sternfeld 1997

Hefel, J.: Die Abwehr von Authentizität. Körperbild und Zyklothymie. Iba Verlag, Gontenschwil 1996

Heigl-Evers, A., Ott, J. (Hg.): Die psychoanalytisch-interaktionelle Methode. Vandenhoek u. Ruprecht, Göttingen 1998

Heim, E.: Praxis der Milieutherapie. Springer Verlag, Berlin 1985

Hilpert, H., Schwarz, R., Beese, F.: Psychotherapie in der Klinik: Von der therapeutischen Gemeinschaft zur stationären Psychotherapie. Springer Verlag, Berlin 1981

Hoffmann, S. O., Egler, U. T., Bassler, M., Nickel, R., Petrak, F., Porsch, U: Psychotherapeutische Kombinationsbehandlung. Psychotherapeut 1998, 48; S. 282. Springer Verlag, Berlin 1998

Hoffmann, S. O., Liedke, R., Schneider, W., Senf, W.: Psychosomatische Medizin und Psychotherapie. Schattauer Verlag, Stuttgart 1999

Hohage, R.: Welcher Patient in welche Klinik? In: Praxis Psychth. U. Psychosom. 38, 1993

Horch, U., Turkfeld, H.: Arbeitsbereich der Krankenschwester – Versuch einer Standortbestimmung. In: Becker, H., Senf, W.: Praxis der stationären Psychotherapie. Thieme Verlag, Stuttgart 1988, S. 154–164

Huber, W.: Entwicklung der integrativen Therapie. In: Senf, W., Broda, W. (Hg.): Praxis der Psychotherapie. Thieme Verlag, Stuttgart 1997

Janssen, P. L.: Behandlungsmodelle der stationären Psychosomatik und Psychotherapie. In: Prax. Psychother. Psychosom 1983, Bd. 28, S. 95–102

Janssen, P. L.: Psychoanalytische Therapie in der Klinik. Klett-Cotta, Stuttgart 1987

Janssen, P. L., Martin, K.: Struktur und Methodik der stationären Psychotherapie aus psychoanalytischer und verhaltenstherapeutischer Sicht. Psychotherapeut 1998, 43, S. 265–276, Springer Verlag, Berlin 1998

Janssen, P. L., Martin, K.: Methodik der stationären Psychotherapie. In: Janssen, P. L.(Hg.): Psychotherapeutische Medizin. Schattauer Verlag, Stuttgart 1999

Juchli, L.: ›Krankenpflege‹ Praxis und Theorie der Gesundheitsförderung und Pflege Kranker. Thieme Verlag, Stuttgart 1987

Kast, V.: Die Dynamik der Symbole. Grundlagen der jungschen Psychotherapie. Walter Verlag, Olten 1992

Klussmann, R.: Psychotherapie. Springer Verlag, Berlin 2000

Kokott, Uffmann-Frey: Die Projektgruppe als Therapiemethode. Schriftreihe Psychiatrie, BTZ-Verlag, Köln 1996

Kernberg, O. F.: Schwere Persönlichkeitsstörungen. Klett-Cotta, Stuttgart 1994

Koch, U., Potreck-Rose, F.: Stationäre psychosomatische Rehabilitation – ein Versorgungssystem in der Diskussion. In: Strauss, B., Meyer, A.E.: Psychoanalytische Psychosomatik. Schattauer Verlag, Stuttgart 1994

König, K.: Einzeltherapie außerhalb des klinischen Settings. Vandenhoek u. Ruprecht, Göttingen 1993

König, K.: Einführung in die stationäre Psychotherapie. Vandenhoek u. Ruprecht, Göttingen 1995

König, K.: Therapien in Gang bringen und konzentrieren. Vandenhoek u. Ruprecht, Göttingen 1997

Kühnlein, I., Mutz, G.: Psychotherapie als Transformationsprozeß. Westdt. Verlag, Opladen 1996

Laireiter, A. (Hg.): Soziales Netzwerk und soziale Unterstützung. Konzepte, Methoden und Befunde. Huber Verlag, Bern 1993

Lazarus, R. S., Folkmann, S.: Stress, appraisal and coping. Springer, New York 1984

Luborsky, L.: Einführung in die analytische Therapie. Göttingen 1995

Maaz, H.-J.: Analytische Psychotherapie in Ostdeutschland – vor und nach der Wende. In: Bell, K., Höhfeld, K. (Hg.): Psychoanalyse im Wandel, S. 278 –292. Psychosozial Verlag, Gießen 1995

Mans, E. J.: Qualitätssicherung in der stationären psychoanalytischen Psychotherapie. In: Laireiter, A.-R., Vogel, H. (Hg.): Qualitätssicherung in der Psychotherapie und psychosozialen Versorgung. dgvt Verlag, Tübingen 1998

Mayring, P.: Einführung in die empirische Sozialforschung. Pvu, Weinheim 1990

Meermann, R., Vandereyken, W.: Verhaltenstherapeutische Psychosomatik in Klinik u. Praxis. Schattauer Verlag, Stuttgart 1991

Meermann, R., Vandereyken, W. (Hg.): Verhaltenstherapeutische Psychosomatik, Klinik, Praxis, Grundversorgung. Schattauer Verlag, Stuttgart 1969

Mertens, W.: Einführung in die psychoanalytische Therapie. Bd 1 – 3, Kohlhammer Verlag, Stuttgart 1990

Meyer, A. E.: Historische Entwicklung des Fachgebiets Psychosomatik/Psychotherapie in Deutschland. In: Ahrens, S. (Hg.): Lehrbuch der psychotherapeutischen Medizin. Schattauer Verlag, Stuttgart 1997

Milonig, B., Teiner, A., Walter, H., Zyhlarz, G., Grünberger, L., Linzmayer, L., Kaster, S.: Die klinische Anwendung der bewegungsanalytischen Therapie Methode Gary Rick. In: Hofmann, P. u.a. (Hg.): Klinische Psychotherapie. Springer Verlag, Wien 1996

Müller, A., Knauss, W.: Stationäre gruppenanalytische Psychotherapie. In: Becker, H., Senf, W.: Praxis der stationären Psychotherapie. Thieme Verlag, Stuttgart 1988

Nestmann, F.: Die alltäglichen Helfer: Theorien sozialer Unterstützung und eine Untersuchung alltäglicher Helfer aus vier Dienstleistungsberufen. de Gruyter, Berlin 1988

Nickel, R., Petrak, F., Bassler, M. Hoffmann, S. O.: Stationäre verhaltenstherapeutisch-psychodynamische Kombinationsbehandlung. Psychotherapeut 1999; 44, S. 241–247, Springer Verlag 1999

Orlinsky, D. E.: ›Learning from many masters‹ – Ansätze zu einer wissenschaftlichen Integration psychotherapeutischer Behandlungsmodelle. In: Petzold, H., Märtens, M. (Hg.): Wege zu effektiven Psychotherapien. Verlag leske u. budrich, Opladen 1999

Paar, G., Schneider, W.: Indikation zur stationären psychosomatischen Rehabilitation. In: Janssen, P. L. (Hg.): Psychotherapeutische Medizin. Schattauer Verlag, Stuttgart 1999

Peichl, J., Pontzen, W.: Bedeutung und Erarbeitung des Fokus in der intregrativen klinischen Psychotherapie. In: Psychotherapeut 40/1995, S. 284–290

Petzold, H.: Diskussionsbeitrag in Zillig, W.: Integrative Psychotherapie: Fiktion oder Fakt. Report Psychologie, 7/1992

Pfaff, H.: Soziale Unterstützung am Arbeitsplatz und psychisches Befinden. In: Badura et al. Leben mit dem Herzinfarkt. Eine sozialepidemiologische Studie. Springer-Verlag, Berlin 1987

Pfaff, H.: Streßbewältigung und soziale Unterstützung zur Regulierung individuellen Wohlbefindens. Deutscher Studien-Verlag, Weinheim 1989

Plaum, E.: Allgemeine Regeln zur Auswertung der Wuschprobe. Unveröff. Manuskript, Univ. Eichstätt 1997

Plaum, E.: Weshalb fährt der IC781 am 26. Geburtstag von Sabine M. um 13.45 Uhr mit einer Geschwindigkeit von 82,5 km/h durch den Bahnhof von Eichstätt. Oder: Das Elend mit der Suche nach Wirkfaktoren in einer hochkomplexen Realität. Gestalt Theory 21/1999, S. 191ff

Potreck-Rose, F., Matthey, K., Neun, H.: Psychosomatische Einrichtungen in der Übersicht. In: Neun, H. (Hg.): Psychosomatische Einrichtungen. Vandenhoek u. Ruprecht Verlag, Göttingen 1994

Potthoff, P.: Der aktuelle Stnd der Psychotherapie. In: Hildemann, K.D., Potthoff, P.: Psychotherapie – quo vadis? Hogrefe Verlag, Göttingen 1997

Reimer, Ch., Eckert, J., Hautzinger, M., Wilke, E.: Psychotherapie. Ein Lehrbuch für Ärzte und Psychologen. Springer Verlag, Berlin 1996

Reinecker, H. (Hg.): Lehrbuch der Klinischen Psychologie. Hogrefe, Bern 1994

Rick, C.: Tanztherapie. Eine Einführung in die Grundlagen. Stuttgart 1989

Rick, C.: Bewegungsanalytische Therapie. Iba Verlag, Gontenschwil 1996

Rief, W.: Praxisorietierte Forschung in der Verhaltensmedizin. Vortrag zum 7. Kongreß der Dt. Ges. f. Verhaltensmed. u. Verhaltensmod., Prien 1999

Rief, W..: Rezension von Grawes ›Psychologische Therapie‹.Verhaltenstherapie 1999, 9, S.60 f

Rief, W., Bribaumer, N. (Hg.): Praktische Biofeedback-Therapie. Schattauer Verlag, Stuttgart 1999

Rosch, I.M.: Kritische Lebensereignisse. Eine sozialpsychologische Analyse. Kohlhammer, Stuttgart 1988

Ruff, W., Leikert, S.: Stationäre tiefenpsychologische Psychotherapie – eine eigenständige Behandlungsform. Psychotherapeut 1995, 40, S. 163–170

Sarason, I.G., Pierce, G.R., Sarason, B.R.: Social support: An enteractional view. Wiley, New York 1960

Sass, H., Herpertz, S. (Hg.): Psychotherapie von Persönlichkeitsstörungen. Thieme Verlag Stuttgart 1999

Schepank, H.: Die stationäre Psychotherapie in der Bundesrepublik Deutschland. Zeitschrift f. Psychosom. Med. u. Psychoth. 1987, Bd. 36, S. 152–156

Schmitt, G., Seifert, Th., Kächele, H.: Stationäre analytische Psychotherapie. Schattauer Verlag, Stuttgart 1993

Schottenloher, G.: Kunst- und Gestaltungstherapie. Eine praktische Einführung. Kösel Verlag, München 1989

Schattmayer-Bolle, K.: Die Bedeutung der Gestaltungstherapie bei eßgestörten Patientinnen – ein erster Schritt in der weiblichen Identitätsbildung. In: Schmitt, G., Seifert, Th., Kächele, H.: Stationäre analytische Psychotherapie. Schattauer Verlag, Stuttgart 1993

Schneider, W.: Die Bedeutung der Psychotherapieforschung für die stationäre Psychotherapie. In: Petzold, H., Märtens, M. (Hg.): Wege zu effektiven Psychotherapien Bd. 1, S. 285–302). Leske u. Budrich, Opladen 1999

Schott, H.: Die Chronik der Medizin. Dortmund 1992

Schüssler, G.: Psychotherapie und Medikamente in der Psychosomatik. Z. f. Allg. Med. 71, 1995

Schwäbisch, L., Siems, M.: Anleitung zum sozialen Lernen. Rohwolt, Hamburg 1985

Schwarzer, R.: Psychologie des Gesundheitsverhaltens. Hogrefe, Göttingen 1986

Schwarzer, R., Leppin, A.: Sozialer Rückhalt und Gesundheit. Hogrefe, Göttingen 1989

Senf, W.: Theorie der stationären Psychotherapie. In: Becker, H., Senf, W.: Praxis der stationären Psychotherapie. Thieme Verlag Stuttgart 1988

Shorter, E.: Über die Ursprünge der Psychotherapie in deutschen Wasserheilanstalten des 19. Jahrhunderts. In: Bongart, E.-J., Meermann, R. (Hg.): Stationäre verhaltenstherapeutische Psychosomatik auf dem Weg in das Jahr 2000. Schriftenreihe der Psychosomatischen Fachklinik Bad Pyrmont, Pyrmont 2000

Simmel, E.: Die psychoanalytische Behandlung in der Klinik. In: Simmel, E.: Psychoanalyse und ihre Anwendungen. S. 82–100. Fischer Verlag, Frankfurt a.M. 1993

Smeijsters, H.: Handboek Muziektherapie. Melos-Herleen 1995

Soppa, Y., Zacher, B.: Kunst- und Gestaltungstherapie. In: Ahrens, S.: Lehrbuch der Psychotherapeutischen Medizin, Schattauer Verlag, Stuttgart

Sommer, G., Fydrich, T.: Soziale Unterstützung: Diagnostik, Konzepte. F-SOZ Tübingen: Dt. Gesellschaft für Verhaltenstherapie 1989

Streek, U.: Klinische Psychotherapie als Fokalbehandlung. Z. f. Psychosom. Med. Psychoanal. 1/1991, S. 3–13

Streek, U.: Was hat sich gewandelt in der klinischen Psychotherapie? Prax. Psychother. Psychosom. (1991) 36, S. 12–23

Streek, U., Ahrens, S.: Konzept und Indikation stationärer Psychotherapie. In: Ahrens, S. (Hg.): Lehrbuch der psychotherapeutischen Medizin. Schattauer Verlag, Stuttgart 1997

Streek, U.: Fokus und Interaktion in der stationären Psychotherapie. In: Tress, W., Wöller, W. (Hg.): Psychotherapeutische Medizin im Krankenhaus – State of the Art. VAS Verlag, Frankfurt 2000

Thiel, A., Freyberger, H.J., Schneider, W., Schüssler, G.: Psychotherapie versus Pharmakotherapie? Psychotherapeut 43, 1998

Trautmann-Sponsel, R.D., Trautmann-Schareck, B.M., Zaudig, M.: Ein stationäres Gruppenkonzept zur kognitiv-behavioralen Therapie der Depression. In: Psychotherapie 5/2000, Bd. 5, Heft 1, S. 114–121

Tress, W., Ott, J.: Stationäre Psychotherapie – Innovation oder Sackgasse. In: Hildemann, K. D., Potthoff, B.: Psychotherapie – Quo vadis? Hogrefe Verlag, Göttingen 1997

Tress, W.: Für Jürgen Ott. In: Tress, W., Wöller, W.: Psychotherapeutische Medizin im Krankenhaus – State of the Art. VAS Verlag, Frankfurt 2000

Tschuschke, V., Heckrath, C., Tress, W.: Zwischen Konfusion un Makulatur. Zum Wert der Berner Psychotherapiestudie. Vandenhoek u. Ruprecht, Göttingen 1997

Tschuschke, V.: Zum Stand der Psychotherapie – Allgemeine oder Schulengebundene Psychotherapie. In: Henning, H., Rosendahl, W. (Hg.): Katathym-imaginative Psychotherapie als analytischer Prozeß. Pabst Science Publishers, Lengerich 1999

Teuschl, L., Gastpar, M.: Psychotherapie und Pharmakotherapie. In: Senf, W., Broda, M.: Praxis der Psychotherapie. Thieme Verlag, Stuttgart 1997

Ullrich De Muynck, R., Ullrich, R.: Das Assertiveness-Trainings-Programm ATP: Einübung von Selbstvertrauen und sozialer Kompetenz. Pfeiffer Verlag, München 1976

Vogel, R., Weimer, S.: Allgemeine Psychotherapie im stationären Kontext: Zur Berücksichtigung der Ergebnisse moderner Psychotherapieforschung auf einer Psychotherapiestation. In: Richardt, G., Krampen, G., Zayer, H. (Hg.): Gesellschaft im Wandel. Beiträge zur Angewandten Psychologie. Dt. Psychologen Verlag, Bonn 1997

Vogel, R., Weimer, S.: Grundkonzepte der Integration von Psychotherapie ins Psychiatrische Versorgungskrankenhaus. Beitrag für den Kongress der DGPPN 1996 in Düsseldorf

Vogel, R.: Eine Borderline-Therapie. Beitrag für den Kongreß der DGPPN 1996 in Düsseldorf

Vogel, R.: Gewalt und Narzißmus. In: Pulverich, G.: Gewalt – Möglichkeiten psychologischer Intervention. Dt. Psychologen Verlag, Bonn 1997

Vogel, R.: Stationäre Psychotherapie in der Bundesrepublik – Zum Stand der Dinge. In. Krampen, G., Zayer, H., Schönpflug (Hg.): Beiträge zur angewandten Psychologie. Dt. Psychologen Verlag, Bonn 1999

Vogel, R.: Psychologen in der Stationären Psychotherapie. In: Schorr, A.: Psychologie als Profession. Huber Verlag, Bern 2000 (im Druck)

Vogel, R.: Verhaltenstherapeutische Methoden innerhalb eines psychodynamischen Settings. Beitag zum 7. Kongreß der Dt. Ges. f. Verhaltensmed. u. Verhaltensmod., Prien 1999

Vogel, R.: Integrierte Behandlung von Patientinnen und Patienten mit remittierten schizophrenen Erkrankungen in der psychosomatisch-psychotherapeutischen Rehaklinik. Beitrag zum Forum Rehabiliatation 2000, Hamburg 2000

Vopel, K.W.: Interaktionsspiele. Bd. 1–6. ISKO Press, Hamburg 1984

Weimer, S.: Stationäre Psychotherapie – Effektivitätsprüfung eines bestehenden Therapiekonzeptes. Unveröff. Diplomarbeit, Eichstätt 1997

Wilde, K.: Die Wunschprobe. Ein neuer Test zur Untersuchung der chatakterologischen Dynamik. Psychol. Rundschau 1/1953, S. 213–224

Winkler, J.: Die Lebensthematik stationärer Psychotherapiepatienten, erfaßt mit der Wunschprobe nach Wilde. Unveröff. Diplomarbeit, Eichstätt 1999

Wolf, R. M.: Gestaltungs-/klinische Kunsttherapie. In: Tress, W., Wöller, W.: Psychotherapeutische Medizin im Krankenhaus – State of the Art. VAS Verlag, Frankfurt 2000

Yalom, I.D.: Theorie u. Praxis der Gruppenpsychotherapie. Pfeiffer Verlag, München 1992

Yalom, I.D.: Die Liebe und ihr Henker. Btb Goldmann, München 1999

Zielke, M.: Wirksamkeit stationärer Verhaltenstherapie. Belz pvu, Weinheim 1993

Zielke, M.: Entwicklung der stationären Verhaltenstherapie. In: Zielke, M., Sturm, J. (Hg.): Handbuch Stationäre Verhaltenstherapie, Beltz pvu, Weinheim 1994

Zielke, M., Sturm, J.: Indikation zur stationären Verhaltenstherapie unter besonderer Berücksichtigung der Angststörungen. In: Praxis der Klinischen Verhaltensmedizin und Rehabilitation, 23, 1993

Sachwortverzeichnis

Diana Pflichthofer

Spielregeln der Psychoanalyse

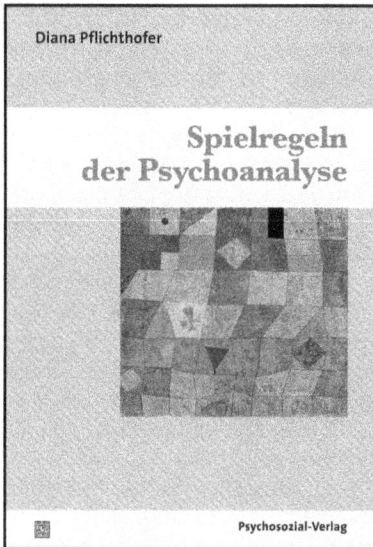

Diana Pflichthofer

Spielregeln der Psychoanalyse

Psychosozial-Verlag

2012 · 284 Seiten · Broschur
ISBN 978-3-8379-2222-6

Mit diesem Buch stellt Diana Pflichthofer die nicht selten geleugnete oder verdrängte reale Situation der Psychoanalyse ins Offene und integriert die Vielfalt der Praxis in die Theorie.

Sie befasst sich erstmals ausführlich mit den technischen Regeln Freuds und ihrer Rezeption. Methodisch zentral sind dabei Wittgensteins bisher vernachlässigter Begriff des »Sprachspiels« und das Moment der Selbstreflexion – sowohl des einzelnen Analytikers als auch der Fachwissenschaft im Ganzen.

An historischen und aktuellen Beispielen werden Zielsetzungen, Behandlungskonzepte und Regelwerke auf ihre theoretische Begründung sowie ihre praktische Umsetzung hin beleuchtet. Einerseits bietet das Buch einen guten Überblick über die Geschichte der technischen Regeln, andererseits werden darin neue Gedanken zur psychoanalytischen Praxis zur Diskussion gestellt. Somit werden sowohl Ausbildungskandidaten als auch erfahrene Kollegen angesprochen sowie alle diejenigen, die Freude und Interesse am psychoanalytischen Denken und Diskurs haben.

Walltorstr. 10 · 35390 Gießen · Tel. 0641-969978-18 · Fax 0641-969978-19
bestellung@psychosozial-verlag.de · www.psychosozial-verlag.de

Vamık D. Volkan

Die Erweiterung der psychoanalytischen Behandlungstechnik

bei neurotischen, traumatisierten, narzisstischen und Borderline-Persönlichkeitsorganisationen

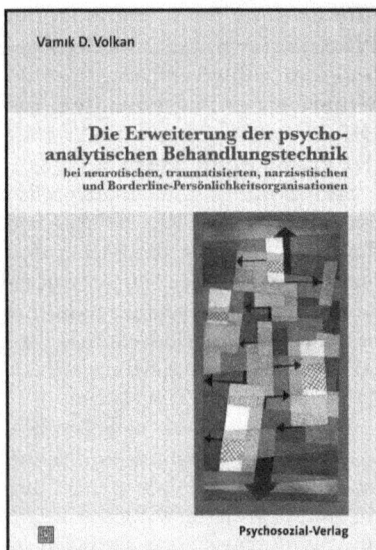

Vamık Volkan resümiert seine jahrzehntelange Erfahrung als Psychoanalytiker und Psychotherapeut und präsentiert dabei die psychoanalytische Technik, ohne besonderes Augenmerk auf irgendeine bestimmte psychoanalytische Schule zu richten. Er untersucht bekannte technische Konzepte, die im Weiteren überarbeitet, ausrangiert oder aktualisiert werden. Dabei finden auch bisher wenig untersuchte Bereiche Beachtung, etwa die enge Verknüpfung der ethnischen, nationalen oder religiösen Geschichte mit der inneren Welt und die Rolle des Handelns bei der Gesundung.

Die technischen Konzepte werden im Sinne der vom Autor entwickelten Feldforschungsmethode anhand von Fallbeispielen illustriert. Dabei hält Volkan auch die Gedanken des Analytikers während der Therapiestunde fest. Lehrenden und Lernenden bietet sich somit die Möglichkeit, die Verknüpfung zwischen klinischen Beobachtungen, dem psychodynamischen Verständnis und den daraus gezogenen technischen Erwägungen zu hinterfragen, sie mit den eigenen Methoden zu vergleichen und dadurch ihren Fokus zu erweitern.

2012 · 534 Seiten · Gebunden
ISBN 978-3-8379-2217-2

»Ein Geschenk sowohl für Lehrer als auch Studierende der Psychoanalyse.«
Michael Shoshani Rosenbaum, Psy.D.

Walltorstr. 10 · 35390 Gießen · Tel. 06 41-96 99 78-18 · Fax 06 41-96 99 78-19
bestellung@psychosozial-verlag.de · www.psychosozial-verlag.de

Dieter Adler

Der Antrag auf psychodynamische Psychotherapie

Ein Leitfaden zur Berichterstellung
(inkl. Kinder- und Jugendlichen- und Gruppenpsychotherapie)

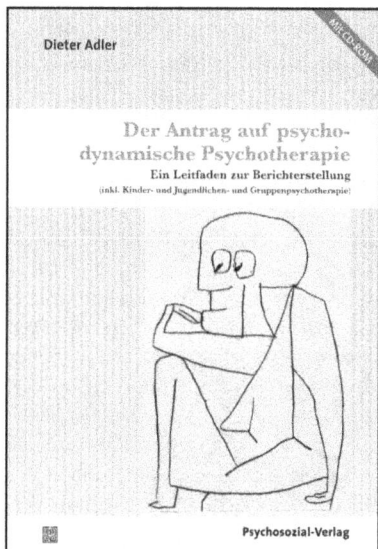

2. Aufl. 2013 · 584 Seiten · Gebunden
ISBN 978-3-8379-2197-7

Dieter Adler legt das erste umfassende Lehrbuch vor, das Schritt für Schritt durch den Dschungel der Antragstellung auf psychodynamische Psychotherapie führt.

Der »Antrag auf psychodynamische Psychotherapie« ist das Schreckgespenst, das unter dem Schreibtisch jeder psychotherapeutischen Praxis lebt. Die Angst vor der Ablehnung des Antrags führt häufig zu Unlust. Sowohl Ausbildungskandidaten als auch erfahrene Therapeuten klagen über Schwierigkeiten beim Verfassen der Berichte, weil es in der Ausbildung kaum oder gar nicht vermittelt wird.

Während seiner 20-jährigen Tätigkeit als Therapeut und Psychoanalytiker, in der Dieter Adler selbst über 1.000 Berichte verfasst hat, erwarb er fundiertes Wissen, das er in diesem Band vermittelt. Der Leser erfährt, wie er den Bericht an den Gutachter schnell, effizient und schlüssig schreibt. Darüber hinaus ist das Buch auch ein Nachschlagewerk für Psychotherapierichtlinien, -vereinbarungen und Beihilfevorschriften. Es ist nicht nur eine gelungene Anleitung für Anfänger, sondern auch ein nützlicher Ratgeber für Geübte.

Auf der beiliegenden CD-ROM finden Sie alle wichtigen gesetzlichen Vorschriften, Abrechnungsbeispiele und diverse Formulare, die Sie zum Antragschreiben benötigen. Darüber hinaus erhalten Sie eine Betaversion der Datenbanksoftware *Antrag Pro*, die Sie sechs Monate lang kostenfrei nutzen können. Dieses Programm hilft dabei, Ihre Berichte wirksam zu organisieren und erfolgreich zu verfassen.

Walltorstr. 10 · 35390 Gießen · Tel. 0641-969978-18 · Fax 0641-969978-19
bestellung@psychosozial-verlag.de · www.psychosozial-verlag.de

George Makari

Revolution der Seele

Die Geburt der Psychoanalyse

Die Geschichte der Psychoanalyse wurde bisher hauptsächlich in Form von idealisierenden Biografien ihres Begründers Sigmund Freud erzählt. Makari hingegen verbindet diese einzelnen Stimmen zu einem vielschichtigen Panorama. Makari bettet Freuds frühe psychologische Arbeit in den Kontext der großen Veränderungen ein, die die europäischen Wissenschaften des späten 19. Jahrhunderts erschütterten, und zeigt Freud als kreativen, interdisziplinären Synthesefinder. Er verfolgt die Entwicklung der heterogenen Bewegung der jungen Psychoanalyse bis zum Weggang von Bleuler, Jung und Adler. Schließlich betrachtet er die oft vernachlässigte Weimarer Phase und ihren Versuch, eine pluralistischere psychoanalytische Gemeinschaft aufzubauen.

Revolution der Seele sticht als das erste geschichtliche Werk heraus, das die zentralen Dilemmata in einer zusammenhängenden Erzählung darstellt, die diese angehende Wissenschaft der Psyche während ihrer Entstehung definierten, strukturierten und spalteten.

2011 · 648 Seiten · Gebunden
ISBN 978-3-8379-2039-0

»George Makari hat nichts Geringeres geschrieben als eine Geschichte des modernen Geistes.«
Paul Auster

Walltorstr. 10 · 35390 Gießen · Tel. 0641-969978-18 · Fax 0641-969978-19
bestellung@psychosozial-verlag.de · www.psychosozial-verlag.de

Otto Rank

Technik der Psychoanalyse Band I–III

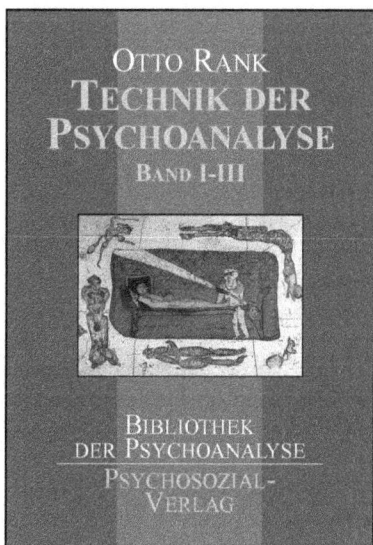

2006 · 530 Seiten · Hardcover
ISBN 978-3-89806-478-1

»Es ist nicht das intellektuelle Wissen, sondern das unmittelbar affektive Erlebnis in der analytischen Situation, welches das therapeutische Agens in der Kur ausmacht.«

Dies schrieb Otto Rank bereits 1926 und formulierte damit Einsichten in die Wirkungsweise des psychoanalytischen Prozesses, die erst viele Jahrzehnte später in den psychoanalytischen Mainstream Eingang finden sollten. Ranks 3-bändiges Werk über die *Technik der Psychoanalyse*, das hier nach über 70 Jahren des Vergessenseins wieder zugänglich gemacht wird, enthält noch weitere höchst spannende Überlegungen, die nicht nur von historischem Interesse sind, sondern auch unsere heutigen Ansichten zur psychoanalytischen Behandlungstechnik in einem neuen Licht erscheinen lassen. So war Rank in der ersten Psychoanalytiker-Generation derjenige, der die Bedeutung der frühen Mutter-Beziehung für die psychosoziale Entwicklung des Menschen in ihrer ganzen Tragweite entdeckte und auch den Begriff der »Prä-Ödipalität« prägte; eine Tatsache, die weitgehend unbekannt ist, da Ranks Werk nach seinem Bruch mit Freud innerhalb der Psychoanalyse kaum noch rezipiert wurde.

Walltorstr. 10 · 35390 Gießen · Tel. 0641-969978-18 · Fax 0641-969978-19
bestellung@psychosozial-verlag.de · www.psychosozial-verlag.de

Jean Laplanche

Neue Grundlagen für die Psychoanalyse

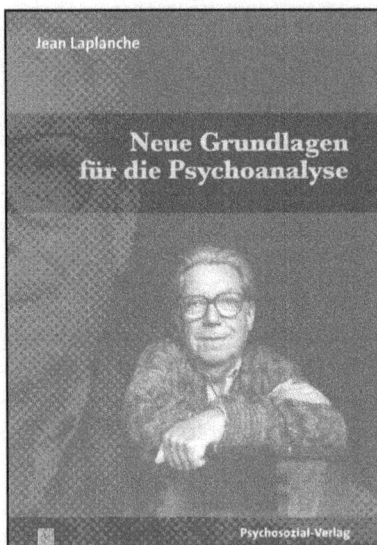

2011 · 200 Seiten · Broschur
ISBN 978-3-8379-2006-2

Mehr als 20 Jahre nach der Erstpublikation liegen die *Neuen Grundlagen für die Psychoanalyse* von Jean Laplanche erstmals in deutscher Übersetzung vor.

Das Buch ist eine Einladung zum selbstständigen Denken in und mit der Psychoanalyse. Der profunde Kenner des Freud'schen Werkes und Mitautor des *Vokabulars der Psychoanalyse* setzt sich darin kritisch mit den Ursprüngen der Psychoanalyse bei Freud und seinen Nachfolgern auseinander. Er entwickelt einen weitreichenden Vorschlag für eine Neubegründung der Psychoanalyse. Jean Laplanche verbindet in seiner Arbeit die unverblümte Kritik der Irrwege mit der Anerkennung der ureigenen, unverzichtbaren Elemente der Psychoanalyse. Das Buch bildet einen zentralen Moment im Schaffen des Autors und eröffnet den Weg zur »Allgemeinen Verführungstheorie«. Es ermöglicht, die Entstehung des Unbewussten, die Natur des Triebes, aber auch das Wesen der psychoanalytischen Praxis neu zu begreifen, und stellt insofern einen Meilenstein für eine metapsychologische Neubestimmung der Psychoanalyse dar. Auch der Bezug bzw. die Abgrenzung zu anderen Wissenschaften (u.a. Biologie und Linguistik) wird erläutert.

Walltorstr. 10 · 35390 Gießen · Tel. 0641-969978-18 · Fax 0641-969978-19
bestellung@psychosozial-verlag.de · www.psychosozial-verlag.de